普通高等教育"十三五"旅游与饭店管理专业系列规划教材

总主编 刘住

饭店管理概论

主　编　沈建龙
副主编　冯　清

西安交通大学出版社
XI'AN JIAOTONG UNIVERSITY PRESS

内 容 提 要

　　本书是普通高等教育"十三五"旅游与饭店管理专业系列规划教材之一。

　　本书在编写中根据高职高专院校学生的实际需要，吸收了中外饭店管理的先进经验，概括地介绍了饭店业基本情况及饭店管理的理论基础，阐述了饭店管理职能、饭店前厅管理、饭店客房管理、饭店餐饮管理、饭店康乐管理、饭店市场营销、饭店工程管理、饭店财务管理、饭店安全管理、饭店人力资源管理、饭店服务质量管理的基本内容及要求。全书内容丰富、要点突出、针对性强。

　　本书是高职高专院校旅游与饭店管理专业的教学用书，亦适合于本科低年级旅游与饭店管理专业的教学使用，也可作为饭店管理者的岗位培训教材和饭店从业人员的自学用书。

前言

改革开放三十余年后,我国饭店业飞速发展,至今全国的星级饭店总数已逾15 000家,对饭店业从业人员需求也急速增加。因此,为了培养更多高素质的饭店业应用型人才,我们根据高职高专旅游管理与饭店管理专业教学需要,编写了《饭店管理概论》一书。

本书在编写过程中所体现的特点是:第一,针对性。即针对高职高专旅游管理或饭店管理专业学生培养目标和目前饭店业的实际需要,强调理论联系实际。在理论上以必需、够用为度,在实践上着重培养学生的技术应用能力和创新能力。第二,实用性。本教材在内容安排上,结合饭店业的经营管理实际,具有很强的可操作性,而且内容翔实、要点突出。第三,先进性。本书在编著过程中吸收了大量的国内外饭店管理的先进经验,反映了饭店业实践和研究的新成果,内容具有相当的前瞻性。因此,本书既可作为高职高专旅游管理或饭店管理专业学生的教材,也可作为饭店管理人员的培训教材或自学用书。

本书由浙江旅游职业学院沈建龙担任主编,苏州市职业大学冯清担任副主编。参加本书编写的有:浙江旅游职业学院沈建龙(第1、2、3、6、8、10章),苏州市职业大学冯清(第4章),渭南职业技术学院高亚利(第5章),安徽城市管理职业学院洪滢(第7章),杨凌职业技术学院刘燕威(第9章),湖北生态工程职业技术学院张曹(第11章),宁夏大学人文学院王磊(第12章)和安康学院胡晓玲(第13章)。

本教材在编写过程中参阅了大量国内外文献和著作,并得到了西安交通大学出版社、各位编者所在院校的领导及有关同志的大力支持和有益帮助,在此一并表示感谢。

由于编者水平有限,经验不足,书中错漏之处在所难免,敬请各位批评指正。

编 者
2012 年 5 月

目录 Contents

第一章 饭店业概述

学习目标

◆ 了解中外饭店业的发展史。

◆ 熟悉饭店种类与等级、饭店组织机构和各部门职能。

◆ 掌握饭店服务的要求和饭店产品的构成内容。

◆ 掌握饭店业的发展态势。

第一节 饭店业的产生与发展

饭店(Hotel)一词起源于法国,原指接待贵宾的乡间别墅。现在意义上的饭店是以间(套)夜为单位出租客房,以住宿服务为主,并提供商务、会议、休闲、度假等相应服务的住宿设施,按不同习惯可能也被称为宾馆、酒店、旅馆、旅社、宾舍、度假村、俱乐部、大厦、中心等。

一、世界饭店业发展简史

欧洲最早的食宿设施起始于古罗马时期,其发展进程经历了客栈时期、大饭店时期、商业饭店时期和现代新型饭店时期等四个阶段。

(一)客栈时期(18世纪以前)

饭店业的发展经历了一条漫长的路,原始的客栈只为过往的旅客提供只有一张床的简易房间。在罗马帝国时期,客栈第一次兴旺起来,在每一个主要城市均有相当规模的客栈,这些客栈通常由自治政府所有并经营。

随着罗马帝国的衰落,长途旅行消失了。宗教朝圣成为当时最主要的旅游动机,因此,道路旁的客栈大多为慈善组织和宗教组织所经营。

随着欧洲大城市的发展,住宿业中出现了商业投资。如在英国,15世纪前后,以家族命名的客栈声名鹊起,这些客栈最初只是啤酒屋,有时也为客人提供粗糙的住宿设施。随着第一代公共交通设施——市内马车网络的发展和延伸,游客的流量迅速增加,同时为游客服务的客栈也随之增加。

当时的客栈除满足客人的食、宿这两项基本需求外,很少有其他服务项目,有时甚至连安全也得不到保障。

(二)大饭店时期(公元18世纪至19世纪末)

自18世纪后期开始,西欧、北欧、北美和日本等国家和地区逐步进入工业化时代,商贸活动急剧增加,进而刺激了饭店业的发展。

19世纪初期铁路的出现刺激了火车站附近新的、较大的饭店的建设,从而开创了饭店业发展史上的一个新纪元。沿海城市靠近码头的地方也成为饭店建设的理想选址。

1794年,在纽约建成的首都饭店(Capital Hotel)富丽堂皇,宛若宫殿。而1829年在波士顿建成的特里蒙特饭店(Tremont Hotel),被称为该时期的第一家现代化饭店。该饭店设有前厅(据说在此之前客人是在吧台上登记入住的),拥有170间客房,房门可以加锁,房内备有脸盆、水罐和肥皂(不必像以前那样去饭店后院接水洗澡),还有拥有200个餐位的能提供法式大菜的餐厅。特里蒙得饭店的建筑师依萨阿·罗杰斯(Isaiah Rogers)从此以饭店设计闻名,其设计为欧洲及其他地区所效仿。

1898年6月,巴黎的丽兹饭店(Ritz Hotel)在世界上第一个实现了"一个房间一个浴室",将饭店的发展推向该时期的顶峰。

这一时期的饭店业尽管发展很快,其客源对象仅为王侯贵族、达官富豪,但远离大众消费。

(三)商业饭店时期(公元20世纪初至二战时期)

在20世纪初期,饭店的卧室较小且不舒适,豪华饭店也是如此。客人们的大多数时间居留在宽敞的大厅、图书馆或类似的公共场所休息或社交。被称为"现代饭店之父"的美国人斯达特勒(Ellsworth Milton Statler)首先认识到不是所有的客人都想社交,许多客人更愿意待在自己的房间里。所以斯达特勒的饭店首先为客人提供独立卫生间、较大的客房、房内用膳服务、房内收音机及饭店间的预订服务。许多基础设施和经营控制成为今天的行业标准,如自来水、电话、门旁电灯开关等,这些都是斯达特勒的创新。

美国饭店业还带来了其他技术进步,如管道系统、下水道系统、中央供热系统、空调系统、客用电梯、电灯以及现代通讯系统的运用等。所有这些都很快为世界各国饭店所采用。

20世纪20年代,饭店业得到迅速发展。随着汽车工业的发展,也开始出现了汽车饭店。但到了30年代,世界性的经济危机席卷了欧美各个资本主义国家,经济的萧条使世界饭店业陷入了困境。

(四)现代新型饭店时期(二战以后至今)

二战结束后,世界经济逐步复苏并走向繁荣,汽车工业、航空运输业的发展使旅游人数剧增,从而也引起了对饭店需求的剧增。世界各国相继兴建具有浴室、地毯、空调等设施设备的现代新型饭店,其服务向多样化、综合化发展。

1. 连锁饭店快速发展

几个世纪以来,饭店业一直被描述成茅屋产业(cottage industry),每家饭店都是私人拥有的、独立经营的企业。偶尔也有一家著名饭店成功经营并管理少量同名饭店,但这种情况较为罕见。最早的成功案例是恺撒·里兹集团。里兹最初被雇佣为管家,以监督、巡视数家饭店的经营管理,并允许那些饭店以里兹饭店宣传自己,这是后来饭店管理合同的雏形。里兹集团在19世纪末期达到鼎盛时期,在欧洲的主要城市以及欧洲外的开罗、约翰内斯堡和纽约等地建有豪华饭店。

斯达特勒除了对饭店业的许多其他贡献外,也发展了最早的现代饭店集团之一。从1901年经营第一家饭店起,斯达特勒集团最终扩张为拥有十家主要饭店的企业。斯达特勒首先指出统一经营、管理数家大型饭店的经济和财务优势;通过集中采购、成本控制和市场营销,他就有可能提高利润。斯达特勒的大多数饭店统一命名,风格、规模类似。尽管斯达特勒成功了,但在两次世界大战中,饭店集团的发展仍很缓慢,一些美国最闻名的饭店独立拥有者通常看不起集团经营者。

康拉得·希尔顿(Conrad Hilton)、厄内斯特·亨德森(Earnest Henderson)和罗伯特·摩尔(Robert Moor)等人也是饭店业的先驱,他们在连锁饭店的发展中起了重要的作用,并首先开始国际化经营。特别是康拉得·希尔顿,被认为是饭店管理合同的创始人,这培育了饭店管理公司的发展。假日集团的创始人凯蒙斯·威尔逊(Kemmons Wilson)和华莱士·约翰逊(Wallace Johnson)在20世纪五六十年代通过假日饭店名称的特许经营并建立国内预订网络而充分利用了连锁饭店这一观念。特许经营使连锁饭店比管理或拥有饭店得以更快扩张。这种方式已经成为许多经济类型的饭店和汽车旅馆公司的标准操作模式。

2. 连锁饭店的国际化进程

尽管美国饭店的建筑和其他技术、管理创新为海外的饭店所效仿,但美国饭店公司一直到二战结束都没有在美国本土外发展。只有英国和瑞士的饭店集团在国外管理饭店,但数量也很少。尽管许多国家有里兹饭店,但这些饭店只是依靠里兹管理公司的咨询,实际上并非由管理公司控制。

对饭店经营者来说,在国外投资饭店有较高的风险,在国外的城市也难找到最佳的地理位置,而且筹资通常也更为复杂和困难,特别是在发展中国家,其建设、人员、当地风俗、经商方法等都有很大的不同。因为没有一家银行愿意承担提供全额贷款的风险,所以通常需要多个筹资渠道。另外,像其他国际性的企业一样,在国外经营的饭店存在汇率波动的问题及利润汇出的限制。此外,外国饭店集团经常面临国内饭店,有时是政府拥有或下属的饭店的竞争。

二战以前,上述问题足以阻止美国的饭店经营者投资于国外的饭店。另外,饭店业的经济中心原来在国内,美国人对国内生活也有足够的兴趣。但二战使这种情形变化了。随着战争的深入,全美各影院播放的新闻报道和新闻片为美国人提供了美国及其同盟国在其他国土作战的情况。美军战士及其家庭、普通公民越来越熟悉地球上其他地方的异域名字。因此,二战结束后,美国人产生了到战争及媒体使他们熟悉的地方去旅游的动机。

从某一程度讲,饭店业早期的国际扩张是由美国需要欠发达国家的经济发展而带动的。美国总统富兰克林·罗斯福(Franklin D. Roosevelt)为实施其对拉丁美洲的"睦邻友好政策",鼓励美国的公司在那儿兴建饭店。罗斯福发现通过发展旅游业可使拉美和加勒比海国家从美国赚取外汇,从而改善该地区的经济状况,并实现其"半球巩固"的目标。

当时美国卓越的泛美航空公司(Pan America)很快响应了国际饭店发展的号召。1946年,泛美航空公司成立了全资子公司——洲际饭店公司(IHC),开始在国外兴建饭店。洲际饭店公司具有双重作用:一是为国际旅游者,特别是泛美航空公司的乘客提供服务;二是为航空公司的机组人员服务。洲际饭店公司的第一家饭店购建于1949年,位于巴西 Belem。1982年,泛美航空公司将洲际饭店公司出售给英国的大都会公司时,他已经在世界各地拥有109家饭店。希尔顿国际饭店公司于1948年在波多黎各兴建的第一家饭店也可以说是响应了罗斯福总统协助该地区发展的号召。

二战后,美国饭店业在拉美和加勒比海国家经济发展中的作用同样发生在欧洲。战后美国外交政策的主要事务是帮助欧洲重建。政府鼓励美国饭店公司协助欧洲的重建工作。另外,欧洲组织了一些考察团体去美国学习并吸收美国饭店业的先进经验,以更好地满足美国旅游者的特殊需求。所有这些都促进了饭店业的国际化进程。

因为世界逐渐向全球化市场变化发展,所以饭店连锁公司、管理公司和开发商都开始寻求机会向日益增长的国际游客服务。大的饭店公司也认识到在国外的大力发展可帮助国内的饭店获得外国旅游市场的份额。经济的比较优势在国外的饭店中起了重要的作用,特别是在发展中国家,其土地和劳力成本、原料和资金成本均比发达国家低得多。

20世纪60年代,世界上的发达地区吸引了国际饭店公司的大部分注意力。最早以在大的口岸城市和世界性都市发展为主,因为这些饭店只需冒最低的财政风险并能吸引大多数投资者。其总的策略是在大都市确立其品牌,然后向第二类市场和度假区转移。随着喷气式飞机大范围地用于大众旅游,国际饭店公司开始在世界上的发展中地区加速发展。

直到20世纪80年代以后,亚洲,特别是中国经济的发展使得国际饭店公司的目光开始投向亚洲,自1984年喜来登入主北京长城饭店后,国际品牌在中国遍地开花。

二、我国饭店业发展简史

中国最早的食宿设施可追溯至春秋战国或更为远古的时期,其发展经历了如下历程。

(一)中国古代饭店业

1. 驿站

在古代的中国,政府公文的上传下达、各地书信的往来等全靠专人骑马或乘车传送,这就是中国古代史上的驿传制度。当时,为政府公差人员及信使提供食宿方便的是官办的驿站。

驿站刚建立时仅接待公差和信使,不接待其他客人;从秦汉后开始接待过往官员;至唐代开始广泛接待文人雅士;而到明清,则开始接待一般的过往旅客。

2. 迎宾馆

除驿站外,中国古代另一类官办食宿设施是迎宾馆。它以接待各国使者、各族代表及商客等为主,在春秋战国时称"诸侯馆"和"传舍";唐、宋时称"四方馆";元、明时称"会同馆";至清朝才真正称为迎宾馆。

3. 客栈

在商、周时期,中国民间出现了一种专门供过往旅客在旅途中休息、住宿、饮食的场所,当时称之为"逆旅",后称之为客栈。至春秋战国时期,从事商贸的人日趋增多,中国民间客栈业得以初步形成。到了比较发达的秦汉两代,手工业兴起,商业开始繁荣,促进了客栈业的发展。在唐、宋、明、清时期,社会生产力逐渐提高,手工业和商业进一步发展,客栈业也随着兴旺发达。

(二)中国近代饭店业

1. 西式饭店

1840年第一次鸦片战争后,西方列强纷纷入侵中国,在沿海地区划分势力范围并设立租界,随即在租界内兴建了许多具有西式风格的饭店。至1939年,在北京、上海、广州等23个城市,有外资建造并经营管理的西式饭店近80家。这些饭店与中国传统的客栈相比,规模宏大,设备豪华,设施完善,建筑结构、装饰等具有典型的欧洲风格,其主要任务是接待来华外国人,同时也成为当时达官贵人、上层人士频繁光顾的场所。

2. 中西式饭店

西式饭店的涌现,刺激了中国的民族资本涉足饭店业。1912年后,各地纷纷兴建包容中西风格的新式饭店,如北京的西山饭店、状元府饭店,上海的百乐门饭店、国际饭店等。这类饭店在本世纪 30 年代发展至鼎盛时期,与中国传统的客栈相比,无论在建筑、设施设备、规模等方面,还是服务项目、经营方式、管理水平等方面都有了明显的进步与发展。

(三)中国现代饭店业

1. 招待所阶段(1978 年以前)

建国初期,为了接待国际友人、前苏联和其他一些东欧国家的援建专家及各国华侨、港澳同胞,我国各地分别兴建了一批设施设备条件相对较好的高级招待所。这些招待所以完成外事或政治接待任务为主,不讲究经济效益,实行传统的经验管理。

2. 涉外饭店阶段(1979—1988 年)

1978 年以后,随着对外开放政策的实行,我国国际旅游业得到了迅猛的发展。为适应这种形势,原先的高级招待所在稍作整修后即承担繁重的涉外接待任务,从而成为第一批以接待境外宾客为主,区别于国内一般饭店的现代化涉外饭店,在习惯上称之为旅游饭店。起步阶段的多数饭店开始由事业单位向企业过渡,饭店管理也从以前的经验管理向科学管理转变。

在这一阶段,我国也开始引进外国的先进管理经验,其中较为典型的是长城喜来登饭店和建国饭店引进香港半岛集团的管理。特别是建国饭店的经营管理取得了极大的成功,因此,1984 年,国家旅游局在全国选择 50 家饭店推广建国饭店经验,次年又在全国 102 家饭店推广建国饭店管理经验。伴随着外资饭店的开业和境外管理的引进,这一阶段的饭店业开始不断学习国内外先进管理理论和方法,并建立自身的科学管理体系。

3. 星级饭店阶段(1988—1997 年)

1987 年,我国的饭店业经过多年的持续发展,已初具规模,饭店数量已达到 1823 家,共拥有客房 18.5 万间。但在饭店业的发展过程中不可避免地出现了一系列问题,其中较为突出的是在饭店的设计、建设、装修、经营、管理、服务等方面缺乏规范、缺乏规则、缺乏相应的秩序。当时海外客人对饭店的投诉也始终居高不下,因为这些客人是以国际规范、国际标准、国际眼光来看待饭店的。在这种情况下,国家旅游局领导高度重视,一批有识之士也提出应该采用国际惯例建立星级标准。1987 年,国家旅游局聘请世界旅游组织的专家到我国考察了 113 家饭店,全面、系统地调查、研究了饭店行业的实际情况,根据中国国情,结合国际经验,制定了中国饭店的星级标准,最后经国务院批准,于 1988 年正式开始宣传、贯彻和推行。

星级制度出台后,体现了蓬勃的生命力,受到了饭店的欢迎,其原因是星级标准符合饭店发展的需要,可帮助饭店在市场上准确定位。但同时也存在一定的困难:这是第一个旅游行业的标准,缺乏一定的工作经验,也有相当一部分饭店不理解,并表现出冷淡的态度,另一方面,在星级标准刚推行一年半之时即遭遇了市场的大起大落,许多饭店都在为生存而奋斗,根本无暇顾及星级标准。至 1993 年,全国的星级饭店总数已达 1186 家,占饭店总数的比重达到了46.47%,从客房数来看,则达到了 60.04%。

在这一阶段,饭店经营管理全面进入科学管理时期,从过去忽视市场需求转向通过标准化、规范化、科学化的管理来提高饭店服务质量和产品质量,从而满足市场的需求。同时星级饭店标准的制定与实施也为饭店业的发展提供了契机。

4. 全面发展阶段(1998—2000 年)

由于国内旅游的蓬勃发展和经济的突飞猛进,1998 年以后,中国饭店业焕发了巨大的生机。饭店业市场从不成熟的买方市场向成熟的买方市场转化,饭店的客源市场结构已从过去的单纯依靠游客转向拥有商务客人、度假客人、本地客人和游客等多种客源。在 2003 年 SARS 爆发时期,饭店业并没有出现像旅游业那样一落千丈的状况,在 SARS 过后更是得到了高速的发展,也有力地说明了这一点。随着国际饭店管理集团进入我国饭店市场步伐的加快,饭店竞争日趋激烈。许多饭店积极谋求自身的发展出路,不仅借鉴了国外饭店的先进理念,还融合了我国饭店的管理实践,通过服务人性化、营销网络化、集团化扩张等手段获得了较快的发展。

与此同时,新一轮饭店建设方兴未艾,饭店业经营体制也发生了根本的变化,民营饭店成为了饭店业的主体,饭店活力明显增强;与此同时饭店业态也发生了巨大变化,除了大量高星级饭店纷纷开始建设外,经济型饭店如雨后春笋般大量涌现。这一阶段,饭店业的经营管理也转向现代企业管理,职业经理人大量涌现,为饭店业的专业化管理奠定了基础。

5. 集团化发展阶段(2001 年以后)

中国饭店业的集团化发展进程始于 20 世纪 80 年代,2001 年以后,随着国际饭店集团大量进入,中国本土饭店集团也随着快速发展,并呈现如下特点:

(1)饭店集团规模进一步扩大,但规模较小集团的产业规模壁垒尚未形成。

(2)地产型新饭店集团快速进入规模集团市场行列。

(3)不同饭店集团选择不同市场档次定位战略,全面覆盖型、高档集中型和低端集中型品牌格局正在形成。

(4)城市化及市场竞争压力进一步推动饭店集团向二三线城市布局,全国性市场基本形成,但区域发展水平尚不均衡。

(5)标准化、品牌化、信息化及发展质量等集团软实力在企业成长中的作用增强,但集团间软实力差异明显。

(6)成员饭店国有资本比例呈现进一步下降态势,民营资本比例稳步上升。

(7)集团人力资源结构总体合理,但集团差异明显,集团培训力度有待加强。

(8)集团稳定性逐步提升,部分集团品牌影响力正在加强。

(9)集团正在由数量增长型向数量质量双增长转型,集团收益逐步提升;集团成员饭店经营数据指标总体健康,但与国际集团尚存在距离。

与此同时,我国饭店集团人力成本比例提升较快,接近国际平均值;能源成本、行政成本比例相对过高,集团财务指标呈现出明显地域差异性特征。

我国多数本土饭店集团仍立足高端,采取相对集中战略,但对中低端市场的控制能力日渐薄弱,尤其是在经济型连锁饭店集团以其治理结构和产品优势取得了强劲发展后,部分集团已经开始逐步退出低端市场,低端市场由现有经济型饭店集团主导的局面已基本形成。中国本土饭店集团将形成三个阵营:第一,全品牌型集团,包括锦江国际、港中旅酒店、宁波南苑、河南中州、阳光酒店、岷山饭店、山东银座、杭州旅游等;第二,高端品牌型集团,包括开元集团、金陵酒店、首旅建国、碧桂园凤凰、世贸君澜、雷迪森旅业等;第三,中低档饭店品牌集团,包括如家、格林豪泰、7 天、汉庭、星程等。

第二节　饭店的作用与特点

饭店业的发展对一个国家或地区的经济、文化等都有着积极的作用,同时饭店产品也有着其自身的特点。

一、饭店的作用

1. 饭店是旅游者进行旅游活动的基地

旅游者外出旅游离不开行、游、住、食、购、娱等活动内容,其中住宿和饮食这两项条件是必不可少的。因为这是维持生命和消除疲劳的最基本要求,也是旅游活动得以持续进行的基本保证。而住宿和饮食服务正是饭店的重要业务活动,饭店是旅游者名副其实的"家外之家"。

2. 饭店是创造旅游收入的重要部门

旅游者在饭店住宿和饮食,必然要支付食宿费用。饭店接待的宾客人数越多,提供的服务项目越齐全,饭店的收入也就越高。而大量的境外旅游客人,更使饭店成为吸收外汇的重要场所。因此,饭店在经济上的作用已日益为人们所重视。

3. 饭店是创造就业的重要途径

饭店业是一个劳动密集型行业,它可以比其他行业提供更多的就业机会。一般为,每增加一间客房,可提供1~1.5人的直接就业机会,同时还可以创造2~2.5人的间接就业机会,因为饭店业的发展必然会促进国民经济其他部门的发展。

4. 饭店业的发展水平标志着旅游业的发展水平

国际上通常以一个国家或地区饭店数量的多少、服务质量的优劣和管理水平的高低来衡量该国或地区的旅游业发展水平。因此,要发展旅游业,首先应考虑的是饭店业的发展,因此饭店与旅游交通、旅行社并称为旅游业的三大支柱。饭店业的发展水平,不仅影响到旅游者的旅游经历,而且也反映了一个国家或地区国民经济发展水平及其社会的文明程度。

二、饭店产品的特点

1. 有形产品与无形服务的结合

饭店产品既包括有形产品,如菜肴、酒水、客房、康乐设施等,也包括无形服务,如接待、礼貌、氛围等。两者有机的结合才构成饭店产品,其中有形产品是基础,无形服务是保证,缺一不可。客人在饭店的消费活动,几乎都离不开饭店工作人员的无形服务,但无形服务具有质量标准的非量化性和不稳定性、销售的超前性等特点,因此对饭店从业人员的素质提出了很高的要求,服务人员在服务过程中应时刻为客人提供尽善尽美的服务。

2. 不可储存性

饭店产品不能像工业产品那样储存起来,在日后或异地销售。饭店设施一天不利用,一天就不能创造价值,而且其失去的价值将永远无法弥补,如某日一间客房没有出租或某餐厅空无一人,就不能为饭店创造价值。这就要求饭店从业人员加强服务过程中的推销,尽力促进饭店产品的销售。

3. 季节性明显

饭店产品的供求季节性较为明显,旺季需求旺盛,淡季需求疲软。这种现象在景区和黄金周期间尤为突出,这就要求饭店从业人员提供优质服务,尽力在营业淡季时吸引客人,从而平衡饭店的经营季节性,增加和创造淡季需求。

4. 不可专利性

一家饭店不可能为自己的客房、餐饮、服务方式等申请专利,唯一能申请专利的是其名称及标志。其结果是如某一新产品如能创造良好的经济效益,其余饭店便会很快竞相模仿,使创造新产品的饭店失去优势。这就要求饭店从业人员在日常的服务工作中不断创新,时时处处为客人提供个性化服务,以保持饭店产品的竞争优势。

5. 品牌忠诚度低

虽然通过提供优质产品可以培育客人的消费忠诚,但由于产品的不可专利性,导致各饭店竞相效仿,造成各饭店的产品雷同。对于一般客人而言,只认定在一家饭店消费的意义不大,何况客人具有追新求异的消费心理,换一家新饭店,更能为客人带来满足感;另一方面,雷同的饭店产品使客人的选择余地大,因此,饭店产品的总体品牌忠诚度较低。这就要求饭店从业人员充分理解宾客需求,提供令客人完全满意的服务,提高客人的品牌忠诚度。

6. 对信息的依赖性强

饭店的主要客源来自外地,甚至外国,因此需要事先向客人提供各种准确、及时的饭店产品信息,才有可能促进产品销售。这就要求饭店从业人员及时了解各种饭店信息,并及时向客人介绍,从而使更多的客人了解饭店产品。此外,饭店应加强宣传,提高自己的形象和声誉,给每位来消费的客人留下美好的回忆,创造良好的口碑。

7. 脆弱性

国家的政局、经济发展、汇率变动、签证方式、自然灾害、社会安全等,每个因素都能对旅游业和饭店业产生重大影响,从而使饭店产品的销售波动性较大。这就要求饭店从业人员尽忠职守,做好本职工作,提高服务质量,从而吸引更多的客人。

第三节　饭店业态、等级与组织机构

业态(type of operation)一词源于日本,日本市场学家安士敏先生认为"业态是营业的形态"。业态是企业为目标市场客源群体提供确定的商品和服务的具体形态,是销售活动的具体形式。通俗地说,业态就是指企业的产品或服务卖给谁、卖什么和如何卖的具体经营形式。

业态分类的依据主要是企业的选址、规模、目标市场、产品结构、店堂设施、经营方式、服务功能等。

一、饭店业的业态分类

饭店业的业态根据分类方式不同分为以下几种。

(一)根据选址及目标市场分类

(1)商务型饭店:也称暂住型饭店,一般位于城市,靠近商业中心,以接待商务宾客为主。商务型饭店不仅讲究外观,也注重内部设施的富丽堂皇。其客房、餐饮有较高水准,各类服务设施,特别是商务活动所需的设施,如直拨电话、传真、会议或洽谈室、商务中心等齐全、完整。

(2)度假型饭店:大多位于海滨、温泉、山区、森林等地,以接待休闲度假的宾客为主。这类饭店除食宿设施外,还提供丰富的娱乐及体育服务,如滑雪、垂钓、划船、冲浪、高尔夫球、保龄球、射击场、棋牌等活动。

(3)长住型饭店:主要供宾客长期居住。饭店与客人之间往往经过签订租约的形式,确定租赁关系。这类饭店的客房多采用家庭式布局,配备宾客长住所必需的家具和电器设备,通常配有可供宾客自理饮食的厨房设备。由于房地产业和写字楼的发展,这类业态的饭店正在逐渐消失。

（4）会议型饭店：一般位于大都市的政治、经济、文化中心，或在交通方便的旅游胜地，以接待各类会议团体为主。会议型饭店除为宾客提供相应的食宿设施外，对会议设施如大小各异的会议室、投影仪、幻灯、扩音设备，摄放像设备，通信、视听设备，同声传译设备等有较高的要求。

（5）汽车饭店：大多位于公路干线上，因接待驾车旅行的人"停车食宿"而得名。汽车饭店的服务设施与服务项目均有限，但价格低廉，宾客办理住、离店手续简便，通常配有停车场和加油站，因而深受驾车旅行者欢迎。

（6）机场饭店：主要是为在机场过境及误机的旅客或机组人员等宾客提供食宿服务，根据机场规模及机场离城区的远近，规模大小不一。一般来说，机场饭店具有较高的规格，价格相对较高，但服务项目不多。

（二）根据规模分类

饭店规模通常以饭店所拥有的客房数来进行分类。

1. 国际上传统的规模分类

（1）小型饭店：客房规模在 300 间以下的饭店；

（2）中型饭店：客房规模在 300～600 间的饭店；

（3）大型饭店：客房规模在 600 间以上的饭店。

2. 通行的规模分类

（1）小型饭店：客房规模在 100 间以下的饭店；

（2）中型饭店：客房规模在 100～300 间的饭店；

（3）大型饭店：客房规模在 300 间以上的饭店。

（三）根据计价方式分类

1. 欧式计价饭店

欧式计价饭店是指饭店客房价格仅包括房租，不含餐饮等其他费用。

2. 美式计价饭店

美式计价饭店是指饭店客房价格包括房租及一日三餐的餐饮费用。

3. 修正美式计价饭店

修正美式计价饭店是指饭店客房价格包括房租、早餐以及午餐或晚餐任选一餐的餐饮费用。

4. 大陆式计价饭店

大陆式计价饭店是指饭店客房价格包括房租和大陆式早餐的费用。

5. 百慕大计价饭店

百慕大计价饭店是指饭店客房价格包括房租和美式早餐的费用。

6. 中式计价饭店

中式计价饭店是指饭店客房价格包括房租及中西式自助早餐的费用，这种计价模式为我国多数饭店所采用。

(四)根据服务功能分类

1. 全套服务饭店

全套服务饭店也称完全服务饭店(full-service hotels)是指具有住宿、饮食、购物、康乐、会议等多项服务功能的饭店,服务项目众多,配套设施非常齐全,满足客人全方位的需求。

2. 有限服务饭店

有限服务饭店也称非完全服务饭店(limited-service hotels)是指提供住宿和简单餐饮的饭店,除了客房及小型餐饮场所外,几乎没有任何配套设施,为客人提供有限服务。

以上是按饭店各种特点不同而进行的业态分类,但由于一家饭店通常兼有多种特点,因而往往能同时被归入上述任何一类。所以,要最终决定一家饭店的具体业态,应根据其主要特征来区分。

二、饭店的等级

世界各国饭店业的等级标准不尽相同。我国采用的是中华人民共和国国家质量监督检验检疫总局、中国国家标准化管理委员会发布的国家标准《旅游饭店星级的划分及评定》(GB/T14308—2010,代替 GB/T14308—2003)。该标准规定,星级分为五个等级,即一星级、二星级、三星级、四星级、五星级(含白金五星级)。最低为一星级,最高为白金五星级。星级越高,表示旅游饭店的档次越高。

我国的饭店业从 1988 年实施星级标准以来发生了多次变化,经历了 1993 年、1997 年、2003 年和 2010 年等多次修订。2010 版星级标准主要特征如下。

1. 强调必备项目

饭店必须达到某一星级的必备项目要求方能申请评定星级,必备项目必须逐条达标、缺一不可,每条必备项目均具有一条否决的要求。

2. 强调核心产品

2010 版标准把一、二、三星级饭店分类为有限服务饭店,强调其住宿的核心产品;而把四、五星级饭店分类为完全服务饭店,强调其产品的完整性,注重全面评价。

3. 强调绿色环保

2010 版星级标准中的必备项目表上明确规定各星级饭店必须具有"节能减排方案并付诸实施";在设施设备评分表上也有明确的"节能措施与环境管理"分值;而在运行质量评价表上更要求"饭店建立能源管理与考核制度,并有档案可查"。

4. 强调应急管理

2010 版星级标准要求各星级饭店均"应有突发事件处置的应急预案",三星级及以上饭店还必须"有年度实施计划,并定期演练";四、五星级饭店还必须特别关注"食品安全"。

5. 强调软件可量

2010 版星级标准强调每个服务项目的服务流程和员工的具体操作动作是否规范到位来评价饭店服务服务质量,而不是笼统的服务效果,体现了服务质量的可衡量性和星级评定的科学性。

6. 强调特色经营

2010 版星级标准在设施设备评分表中改变了以前几版星级标准中的公共及健康娱乐设

施的统一分类,而是根据业态不同情况而分成商务会议和休闲度假两大类,体现了引导、促进饭店业态多样化的发展需要。

三、饭店组织机构与职能

熟悉并掌握饭店组织机构及其职能有助于服务人员了解饭店情况;明确自己在饭店中的位置,以便更好地沟通与协调。

(一)饭店组织机构

饭店的组织机构因饭店规模、星级、服务内容、服务方式、管理模式等方面的不同而不同。饭店的组织机构如图1-1所示。

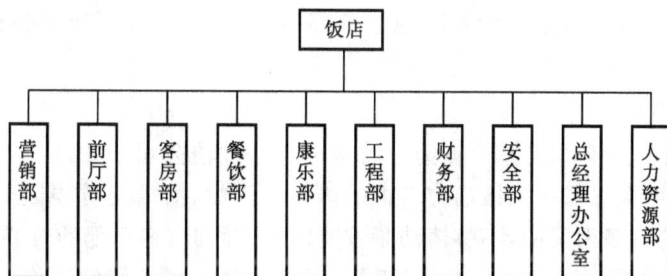

图1-1　饭店组织机构图

饭店组织机构没有统一的模式,在有些饭店中,前厅部与客房部合并为房务部,康乐部也可与客房部或餐饮部合并;也有些饭店还另设采购部、培训部、质检部、公共关系部、商品部等等。

(二)饭店各部门的职能

1. 营销部的职能

(1)制订销售计划。销售部应根据饭店的经营目标,收集并分析各种客源市场的流向动态,制订饭店招徕客源的销售计划,并组织实施。

(2)与客户建立良好的协作关系。销售部应与旅游行政管理部门、外事部门、各旅行社、航空公司、铁路局客运站和驻本地的商社、办事机构、企事业单位等保持密切的联系,并经常进行沟通,了解宾客需求,建立长期、稳定的良好协作关系,以促进饭店产品的销售。

(3)进行饭店产品的宣传推销。销售部应根据本饭店的实际情况确定目标市场,并及时对目标市场开展各种宣传、促销工作,以保证完成饭店下达的销售目标。

(4)反馈各种信息。销售部应将收集到的各种客源市场的信息反馈至饭店,参与研究饭店产品创新和组合开发,以使饭店产品更符合目标市场的需求,提高销售量。

2. 前厅部的职能

(1)销售客房。前厅部参与饭店的市场调研、预测和分析,协助制订房价和销售计划,配合销售部开展各类宣传促销活动;受理客房预订并对预订工作进行管理;接待客人(无论有无预订);为客人办理入住登记手续,安排客房并确定房价。

(2)提供各类前厅服务。前厅部为宾客提供的前厅服务主要有:去机场、车站、码头等地迎送客人的服务;行李服务;问讯服务;邮件服务;贵重物品的保管;投诉的处理;通过电话总机提供的各项服务等。

（3）联络、协调对客服务。前厅部在销售客房过程中掌握的客源信息将及时通报至饭店其他相关部门,使各部门能根据宾客需要提供针对性的服务;将受理投诉了解到的宾客的意见及处理情况及时反馈给有关部门。

（4）建立客账。饭店为登记入住宾客提供一次性结账服务。因此,前厅部应为每一位住店客人分别设立账卡,接受各营业点转来的客账资料,及时记录客人在住店期间的消费情况;每天晚上进行累计并予以审核;为离店客人办理结账、收款或转账等服务。

（5）处理各种信息、资料。前厅部作为饭店的信息中心,应将每天接受到的大量有关客源市场需求、产品销售情况、营业收入报表、宾客对饭店的意见及建议等信息进行分类并处理,及时向饭店管理结构报告或传递至相关部门;同时还为来店客人建立客史档案,记录宾客的基本信息及在饭店的消费情况,提供给各其他业务部门参考;前厅部还应将各种信息进行收存归档,以便随时取用。

3. 客房部的职能

（1）做好饭店清洁保养工作。美国旅馆基金会与宝洁公司于1994年的一项联合调查表明:在宾客初次或再次选择一家饭店应考虑的诸多因素中,清洁是首要因素;在宾客不再选择一家饭店应考虑的诸多因素中,不够清洁是首要因素。因此,客房部的首要任务是做好饭店的清洁保养工作,主要有:各类客房的清洁工作;饭店公共区域的清洁工作;办公区域的清洁工作;各种设施设备的保养工作等。

（2）提供各类客房对客服务。客房部应在宾客住店期间提供优质服务,让宾客完全满意。客房部为宾客提供的对客服务主要有:迎送宾客服务,电话服务,洗衣服务,客房送餐服务,会客服务,擦鞋服务,客房小酒吧服务,托婴服务,租借物品服务,鲜花服务,遗留物品处理,特殊客人（如残疾客人、醉酒客人等）服务,商务楼层服务,确保客人人身、财物安全等等。

（3）进行客房产品创新。客房部应根据宾客的需求和本饭店的特点进行客房产品的创新,从而以科学合理的使用功能及美好的艺术形式为宾客创造一个美观、舒适的生活环境。客房产品的创新主要体现为:客房种类的调整,如根据客源特点,适当减少标准房数量而增加单人房数量,增设无烟客房（楼层）、女士客房（楼层）、残疾人客房、儿童套房、商务套房等;客房陈设布置的变化,如以接待内宾为主的饭店可将客房中的小茶几变圆形为方形,以方便喜欢打牌的宾客,客房地面可满铺木地板等;服务方式的变化,从以我为主的"规范化服务"转变为以客人为主的"个性化服务",如商务楼层服务等;客房用品的更新换代,强调实用性及其环保性能等等。

（4）加强设备、物品控制。客房部应制订本部门的设备、物品采购计划,把好验收关和报废关;制定设备、物品的管理制度;做好设备的保养和报修工作;努力寻求降低客房成本的新举措。

4. 餐饮部的职能

（1）掌握市场需求、合理制订菜单。餐饮部应了解本饭店目标市场客源的消费特点和餐饮要求,掌握不同年龄、不同性别、不同职业、不同国籍和民族、不同宗教信仰的宾客的饮食习惯和餐饮需求,并在此基础上制订出能够迎合目标市场客源的菜单,从而满足宾客对餐饮服务的各种需求。

（2）进行餐饮创新、创造经营特色。饭店餐饮服务应具有吸引宾客并与其他饭店和社会餐馆、酒楼竞争的能力,最重要的是必须创造自己的经营特色。这就要求餐饮部应努力挖掘内部潜力,积极继承传统,研究开发新的菜点品种,并配以与之相适应的餐饮环境和特色服务。

(3)加强餐饮推销、增加营业收入。餐饮部应在饭店营销计划的指导下,研究、分析餐饮宾客的消费需求,精心选择推销目标,制订内、外部推销计划,开展各种形式的促销活动,积极招徕各种宴会,努力做好节假日和饭店特色餐饮的宣传推销,以争取更多的客源并尽力提高来店宾客的平均消费水平。

(4)控制餐饮成本、提高盈利水平。餐饮经营的目的是在满足宾客饮食需求的基础上为饭店创造利润。而要想提高餐饮盈利水平,除了扩大餐饮销售之外,就必须严控餐饮成本。首先是降低食品成本,餐饮部应根据饭店星级和目标市场客源的消费水平合理定价,控制食品原料的采购价格、数量和质量,加强食品原料的验收、库存和发放管理,减少食品原料的损耗和浪费等;其次是尽力降低劳力成本,餐饮部应做好营业量预测,根据劳动定额合理组织劳力和安排员工的工作时间,加强培训,提高员工的劳动效率,从而降低劳力费用;再次是减少低值易耗品的消耗,餐饮部应确定低值易耗品的消耗标准,在满足客人需求的基础上,尽量减少浪费和损耗,从而增加盈利。

5. 康乐部的职能

(1)满足宾客健身、健美和娱乐需求。康乐部应根据本饭店目标市场客源的康乐需求及饭店的财力向决策层提出适应性康乐设施、项目的设置建议,尽量全面满足宾客在健身锻炼、健美美容和娱乐享受等方面的需求。

(2)做好各种康乐设施、设备的保养。康乐部应根据康乐设施设备的种类、特点及使用要求进行日常保养和定期检修,尽力消除安全隐患,发现问题及时解决,并形成制度,确保其正常运行。

(3)确保康乐设施、场所的安全卫生。康乐部应通过检查、保养和维修等途径保证康乐设施的安全运行,并在服务中随时发现并消除一切不安全因素;还应制定详尽的卫生标准,并严格执行与落实,确保康乐场所符合有关部门规定的卫生要求。

(4)提供优质的康乐服务。康乐部员工应具有良好的服务态度,能指导并协助宾客正确使用康乐设施;组织趣味性或寓参与于娱乐的比赛等,从而使康乐设施发挥更大的魅力,吸引更多的客源。

6. 工程部的职能

(1)保证饭店的能源供应。工程部应确保为饭店供应能源的设备(如供电、供热、供冷、供汽等)的正常运行,并根据饭店各营业部门的业务需要保质、保量地供应能源,同时还应尽量节约能源消耗。

(2)加强设施设备的保养。工程部应根据设施设备的种类、结构、性能、运转时间和技术要求制订相应的保养计划,确保设施设备的正常运转。同时,还应对各部门使用设备的员工进行上岗培训,培训内容是他们将在工作中使用的设备的维修保养要求。另外,工程部维修人员应对饭店所有的设施设备进行巡回检查,以发现设施设备的任何不正常状况,发现问题,及时解决。

(3)进行设施设备的维修。饭店设施设备的种类繁多,而且相当一部分设备是 24 小时连续运转的,因此很容易产生故障或损坏现象,这就要求工程部建立健全的设施设备维修制度,遇有报修时,及时派工、及时修复,确保其正常运转。在进行设施设备维修时,应勤俭节约,既不浪费维修材料,又不拖延维修时间,尽量降低维修费用。

（4）做好设施设备的更新、改造。为了发挥设施设备的综合效益并避免其老化，增强饭店竞争能力，饭店的设施设备每隔数年即应进行更新、改造。如是小范围的局部项目，工程部应尽量自己施工；如是大范围或重大项目需由外单位施工时，工程部应做好监理工作。此外，当饭店举办重大活动时，如大型的宴会、会议或盛大活动等，工程部应协助并配合布置场地。

7. 财务部的职能

（1）编制财务计划、加强计划管理。财务部应根据有关部门规定的方针政策、制度、纪律及本饭店的实际情况，编制财务计划，并监督、检查计划的执行情况；筹措各项资金，并管好、用好资金。

（2）做好经济核算、控制成本费用。财务部应通过核算反映并监督饭店的经济活动及其成果，并对核算过程进行控制和管理；应利用会计资料，监督饭店运行过程中的倾向性问题，尽力降低成本，节约费用，从而提高饭店赢利水平。

（3）加强财务分析、提供决策参考。财务部应根据财务计划严格考核各项经济指标的执行情况；通过深入实际的调查研究，分析饭店经营管理状况，为饭店决策层提供财务信息资料，以促进饭店改善经营管理。

（4）坚持会计监督、维护财经纪律。财务部应严格遵守财经纪律，按照国家有关方针政策来组织经济活动和财务管理工作；对违反财经纪律和化公为私、损公肥私、铺张浪费等行为应坚决予以制止，从而保证饭店资产的保值、增值。

8. 安全部的职能

（1）开展安全教育、提高安全意识。安全部应经常开展安全和法制教育，使饭店全体员工牢固树立安全意识，认真贯彻"宾客至上，安全第一"的安全工作方针，要求员工在日常工作中，重视并注意安全。

（2）加强消防管理、确保消防安全。安全部应教育饭店全体员工加强监督检查，及时发现并消除火险隐患；组织消防安全意识、消防器材使用和火警后的处理等方面的培训；组建义务消防队，进行消防演习，从而确保饭店消防安全。

（3）抓好治安管理、维护饭店秩序。安全部应制定并落实全饭店的安全管理制度；加强日常的巡逻检查；协助公安机关查处治安案件和侦破一般刑事案件，确保饭店治安秩序。

（4）确保饭店重点和要害部位安全。安全部应着重巡查饭店的重点和要害部位，如大厅、财务部办公室、厨房、仓库等，确保其万无一失。此外，安全部还应做好饭店的重大活动和重要宾客的安全保卫工作。

9. 总经理办公室的职能

（1）制作有关公文。办公室应将饭店内的经营决策、管理措施、会议纪要等资料形成报告、备忘录、计划等文件，并按要求传送及存档。

（2）管理文书档案。办公室应做好饭店各项文书的收发、运转、催办、拟办、缮印、归档、妥善存放等工作。

（3）组织各种会议。办公室应负责总经理召集的各种会议的组织安排工作，如行政例会、办公会议等。

（4）处理行政事务。办公室负责饭店业务印章、介绍信及有关凭证的使用与管理；安排部门经理以上管理者值班；办公车辆的调配安排；信访接待等。

10. 人力资源部的职能

（1）设计组织机构并编制订员。人力资源部应在饭店决策层的领导下，根据饭店规模、等级和经营特点确定饭店的组织机构及各部门的人员编制。

（2）制定人力资源管理制度。人力资源部应根据饭店的人力资源方针政策制定各项管理制度，如员工守则、晋升、离职等。

（3）计划并实施员工的招收、培训。人力资源部应根据饭店经营业务需要制订饭店所需员工的招收与培训计划，并组织实施。

（4）定期对员工进行考评。人力资源部应根据员工各方面的工作表现，通过一定的项目或目标进行定期的考查，并形成制度，从而对员工进行科学、有序的分析和评价，公正、合理地确定员工的工作实绩及其在饭店中的价值。

（5）做好工资、福利及劳动保护工作。人力资源部应根据国家有关劳动工资的政策法规和饭店规定，做好员工的工资定级、调整等工作，并监督各部门劳动保护措施的执行情况。

第四节 饭店业的发展态势

经过近三十年的发展，我国饭店业成绩斐然。饭店业的发展也呈现出新的态势。

一、饭店业市场格局变化

随着饭店业的进一步发展，在新一轮市场格局变化中，我国的饭店业在市场供给、客源结构、档次类型等方面出现了较为显著的变化。

在市场总体供给方面，近年来我国星级饭店每年都高速增长，新建和改建的饭店陆续上市，使得我国饭店业整体容量不断扩大。

在档次结构方面，国际品牌饭店在高档饭店领域具有优势，而越来越多的国内饭店集团也开始向该领域迈进，一线、二线城市，甚至一些三、四线城市也出现了新建高星级饭店、改建和装修升级的潮流。

与此同时，国际饭店集团的低端品牌也逐步渗透进入中国市场。可以预见，中低端饭店市场的竞争也将日趋激烈。

在客源市场结构不断向着多样化、多层次化发展的拉动作用下，饭店业的产品结构不断向着丰富化发展，并逐步形成了多类型共同发展的产品结构。不少饭店根据目标市场的消费特征设计不同的饭店产品和服务，填补市场的空白，形成稳定的目标消费群体，市场形象鲜明，表现出很强的竞争力。

从饭店的类型来看，会议展览饭店、商务饭店、度假饭店、有限服务饭店、公寓饭店、汽车旅馆、青年旅舍等类型也都有所发展。

二、饭店集团化发展趋势明显

由于集团化发展能够带来规模经济效益、管理协同效应和范围经济效益，饭店集团在国际饭店业的竞争中表现出强大优势，在国际市场中占有巨大的市场份额。饭店业的集团化发展是全球饭店业发展的趋势。

一些著名国际饭店集团，如洲际（Inter-Continental）、希尔顿（Hilton）、温德姆全球（Wyndham Worldwide）、万豪（Marriott）、雅高（Accor）、最佳西方（Best Western）、喜达屋

(Starwood)、卡尔森(Carlson)、凯悦(Hyatt)等纷纷进驻我国。国际饭店集团在占领和巩固大中型城市市场以及高档饭店市场的基础上,将逐渐向中小城市以及中低档饭店市场扩张,这种战略思路可以概括为"全方位、多品牌"。

与此同时,我国的本土饭店集团在数量和质量上也有所增长。饭店集团化的各种模式都开始加快发展,充分预示着我国饭店集团化发展的良好前景。

三、高档饭店和经济型饭店成为投资热点

近阶段饭店建设两头热趋势十分明显,一头是高星级饭店项目纷纷上马;另一头是经济型酒店的建设如火如荼。与此同时,中档饭店正在向特色化、专业化方向发展,而家庭旅馆、度假设施、露宿营地等设施的发展也极为迅速。

首先,一座经典的饭店大楼可以成为城市标志性建筑、企业名片,在获取饭店经营绩效的同时能够发挥极好的广告宣传效应,而且还能满足政府及投资者成就感和荣誉感。其次,快速发展的经济和高于国民经济发展速度的旅游业为高星级饭店领域带来了更多的商务、会展、度假和观光旅游客人,也带来了更多的盈利机会。第三,高星级饭店作为饭店经营实体能不断地赚回利润,同时作为房地产性质存在可以保值增值。因此,高星级饭店在未来几年还将继续成为投资热点。

经济型饭店同样将成为竞争和投资的重点。随着有薪假期的实施、交通条件的改善、民众收入水平的提高,国内旅游迅速发展,国内客人已经成为饭店不可忽视的客源。未来国内客人的需求趋势是装修朴素、干净卫生、设施便利、价位适中的现代经济型饭店。

现代经济型饭店,并非质次价低,而是具备国际接待水准,提供有限服务,适合日益发展的大众需求的现代住宿设施。现代经济型饭店的特点是:有限硬件配置,有限服务,只提供舒适的住宿和简便餐饮,投资较少;注重品牌和连锁,不受星级标准束缚;关注宾客需求,一切从宾客的舒适和满意出发;注重控制成本,提高回报率;有稳定的中低端商务宾客和旅游者作为主要客源,保证了较高出租率;适合于有资金实力的民营企业介入,而且比较容易滚动发展。

由于以上一些原因,经济型饭店成为民营经济的看重领域,也成为近两年来国有企业集团、民营企业集团和外国饭店集团角逐的焦点领域。大批社会旅馆和企事业单位招待所在未来 3~5 年内将利用改造和改制机会加入经济型饭店队伍,并对中档饭店形成冲击。

四、民营企业成为饭店业重要力量

随着民营经济的蓬勃发展,与此相对应的民营饭店也逐渐成为饭店业的重要力量,尤其成为中小规模饭店的主体。在民营经济发达的地区,国有饭店通过形式多样的改制,盘活国有资本,国有饭店在规模上有所减少。根据饭店业市场化运作的要求,通过不断加快国有控股、股份合作、联营等形式的改制,使国有资本,尤其是固定资产形式的资本,重新回到市场得到有效利用。通过改制,饭店在资金筹措、用人机制和经营管理理念等方面均有所改变,提高了饭店经营效益和市场竞争力。

五、可持续发展理念成为饭店发展趋势

在当前建设资源节约型社会的大背景下,符合可持续发展理念的绿色饭店创建活动已成为饭店进一步提升经营管理水平的一种追求,也是取得经济、社会、环境效益多赢的重要途径。节约能源,减少消耗,保护环境,倡导绿色消费,提供绿色服务,将成为饭店业发展的重要

战略;绿色客房、绿色餐厅、绿色食品等将会成为饭店的重要服务产品。饭店企业将有意识地在顾客中进行绿色教育,引导顾客成为资源的节约者、环境的保护者、绿色生活方式的代表。在可持续发展观念的支配下,饭店企业将摆脱传统的"不是你死就是我亡"的竞争理念,取而代之的是"竞争双赢"理念,即饭店企业在竞争中不是以打败对手为最终目的,而是在和平共处的背景下相互促进,开展绿色营销,合理、高效地利用社会资源。

六、科技在饭店中的进一步应用

在知识经济时代,科技成为饭店企业生存和发展的资本。为满足现代人"求新奇、求享受、求舒适"的需求,饭店企业将会更多地应用各类新科技、新知识,强化现代企业的智能个性。当代科技和管理工具的广泛应用为饭店企业的差异化战略带来了更多的空间。

根据业界人士访谈,大部分饭店管理人员对科技在饭店业中的应用持肯定态度,认为饭店企业可利用新科技加强饭店信息管理,提高饭店服务能力,加强饭店控制能力,同时也认为科技在饭店业的应用是一个发展趋势。而大多数饭店顾客认为饭店可以根据自身类型、档次和实力等因素选择相应的科技产品。

思考与练习

1.国外饭店业的发展经历了哪些阶段?

2.中国现代饭店业的发展经历了哪些阶段?

3.饭店业态有哪些分类方法?

4.饭店产品有哪些特征?

5.2010版星级标准有哪些主要特征?

6.饭店各部门的职能分别是什么?

7.饭店业有哪些发展态势?

第二章 饭店管理的理论基础

学习目标

◆ 掌握饭店管理的含义和饭店管理者的能力要求。

◆ 掌握劳动分工论、早起人事管理理论的主要内容。

◆ 掌握科学管理理论、组织管理理论，了解行政管理理论和组织管理原则。

◆ 掌握人际关系理论、双因素理论，了解需求层次论、期望理论。

◆ 掌握管理科学理论的各个学派。

第一节 饭店管理及饭店管理者

一、饭店管理的涵义

激烈的市场竞争使饭店业进入了买方市场，饭店产品的供应远远大于需求。而饭店的竞争，从根本上说，是人的竞争。也就是说，饭店的生存与发展主要取决于饭店管理者的管理水平。

饭店管理是以管理学的一般原理为基础，综合运用多学科知识，从饭店业本身的业务特点和管理特点出发而成的一门独特的管理学科。即：为了有效地实现饭店的规定目标，饭店管理者遵循一定的原则，运用一定的方法，对饭店所拥有的人、财、物等资源进行计划、组织、指挥、协调和控制等一系列管理活动。它表明了饭店管理的目的、手段、要素和职能。

二、饭店管理者

饭店管理者是饭店管理的决定性因素，其素质的高低，直接影响到饭店管理的成败。饭店管理，简单地说是指饭店管理者使下属员工按时、保质、保量完成工作任务。即饭店管理者根据一定的规章制度如岗位职责和服务规程等，通过指导、检查、控制等方法，使下属员工把自己责任范围内的工作做得符合饭店要求。如客房部领班督促客房清扫员将客房的清洁卫生工作按要求在一定时限内做好；餐厅经理督促餐厅值台员做好餐前准备工作、餐中接待服务及餐后结束工作等。

（一）管理者的层次

在饭店中，由于管理者的责任和权限各不相同，因此饭店管理者也有不同的层次。

1. 高层管理者

高层管理者又称决策层（饭店总经理、副总经理），他们对饭店管理的成败负有主要责任，对饭店的发展、总体规划、人力、财力、物力的统筹安排等拥有充分的权力。其主要工作是对饭店进行宏观决策,确定饭店的方针、政策和目标等,考虑饭店的全局问题和战略问题。

2. 中层管理者

中层管理者又称管理层(部门经理),他们根据决策层的计划,把具体工作任务分配给各个下属班组去完成,负责本部门的一切业务。

3. 基层管理者

基层管理者又称控制层(主管、领班等),他们带领下属开展具体业务工作,按管理层的规定要求完成工作任务,管理本区域的具体事务。

(二)饭店管理者的能力要求

饭店管理者要使自己的工作有成效,就必须具备相应的能力。管理者的能力要求主要有以下几方面。

1. 技术能力

技术能力是指从事自己管辖区域内的管理工作所需的技能与方法,如餐饮部经理需懂得餐厅服务规程等。管理层次越低的管理者,就更需要具有技术能力。因为饭店的主管、领班的主要工作是训练、指导下属服务员,并带领他们完成接待任务。

2. 人际关系能力

人际关系能力是指饭店管理者与人相处的能力,主要体现在:与内外相关部门的相处能力,与客人沟通、处理投诉的能力,与下属建立良好合作关系的能力等。

3. 诊治能力

诊治能力是指饭店管理者发现问题、解决问题的能力。饭店业务具有宾客需求多变和由手工劳动完成等特点,因而极容易产生与饭店目标不协调的各种现象。所以,饭店管理者应具有敏锐的观察能力,善于发现饭店经营管理中出现的问题,提出解决问题的措施,并监督实施。

4. 分析能力

分析能力是指饭店管理者鉴别问题的能力。在诊治问题过程中,饭店管理者面对的只是饭店内部出现的各种表面现象,这就要求管理者在分析问题时要通过这些表面现象去抓住问题的实质,从而从根本上解决问题。

5. 应变能力

应变能力是指饭店管理者面对复杂多变的内部环境快速、果断地作出正确决策的能力。随着旅游业的进一步发展,饭店的内外环境如宾客需求、市场竞争、员工流动等变化无常。针对这些变化,饭店管理者应抓住问题的实质,快速作出有利于饭店目标的决策,使饭店的经营管理步入正常轨道。

6. 综合处理信息的能力

综合处理信息的能力是指饭店管理者高效、系统地处理饭店的内外信息从而作出有利于实现饭店目标的决策的能力。现在是信息社会,饭店每天都会收到各种信息,如竞争对手降房价、本地区新饭店的开业、宾客投诉、康乐项目不足等,饭店管理者应对这些信息进行过滤、加工,然后根据饭店实际情况作出决策,否则就会丧失时机或在竞争中失败。

7. 激励能力

激励能力是指饭店管理者调动下属员工工作积极性的能力。饭店管理者的特征之一是通过下属来实现自己的目标任务,所以员工工作积极性的高低直接影响管理者本身的工作成效;另一方面,饭店工作较为单调、繁重而极易使员工感到厌倦,所以也就更要求饭店管理者以更多的措施去激励下属员工工作。

8. 学习能力

饭店管理者应不断地学习新的知识,随时充实自己,才能跟上时代步伐并在激烈的竞争中进行有效的管理。

第二节　饭店管理理论

管理活动源远流长,人类进行有效的管理活动,已有数千年的历史,但从管理实践到形成一套比较完整的理论,则是一段漫长的历史发展过程。回顾管理学的形成与发展,了解管理先驱对管理理论和实践所作的贡献,以及管理活动的演变和历史,这对提高饭店管理者的管理水平是十分有益而必要的。

一、早期管理思想(19世纪末以前)

从人类社会产生到18世纪,人类为了谋求生存自觉不自觉地进行着管理活动和管理的实践,其范围是极其广泛的,但是人们仅凭经验去管理,尚未对经验进行科学的抽象和概括,没有形成科学的管理理论。早期的一些著名的管理实践和管理思想大都散见于埃及、中国、希腊、罗马和意大利等国的史籍和许多宗教文献之中。

18世纪到19世纪的工业革命使以机器为主的现代意义上的工厂成为现实,工厂以及公司的管理越来越突出,管理方面的问题越来越多地被涉及,管理理论开始出现萌芽。

(一)劳动分工理论

亚当·斯密(Adam Smith,1723—1790)是英国资产阶级古典政治经济学派创始人之一,1723年出生在苏格兰的克科底,青年时就读于牛津大学。1751年到1764年在格斯哥大学担任哲学教授。在此期间发表了他的第一部著作《道德情操论》,确立了他在知识界的威望。但是他的不朽名声主要在于他在1776年发表的伟大代表作是《国民财富的性质与原因的研究》(简称《国富论》)。亚当·斯密发现,分工可以使劳动者从事某种专项操作,便于提高技术熟练程度,有利于推动生产工具的改革和技术进步,可以减少工种的变换,有利于劳动时间的节约,从而提出了分工理论。其主要内容有以下几方面。

1. 分工成因

劳动生产力上最大的增进,以及运用劳动时所表现的更大的熟练、技巧和判断力,似乎都是分工的结果。其形成原因有三方面:

(1)劳动者的技巧因业专而日进。

(2)由一种工作转到另一种工作,通常须损失不少时间,有了分工,就可以免除这种损失。

(3)许多简化劳动和缩减劳动的机械的发明,使一个人能够做许多人的工作。

2. 分工受市场范围的限制

分工起因于交换能力,分工的程度,因此总要受交换能力大小的限制,换言之,要受市场广狭的限制。市场要是过小,那就不能鼓励人们终生专务一业。因为在这种状态下,他们不能用自己消费不了的自己劳动生产物的剩余部分,随意换得自己需要的别人劳动生产物的剩余部分。

3. 劳动分工对提高劳动生产率的原因

(1) 长期从事同一项工作,可提高劳动熟练程度。

(2) 节约从一项工作转到另一项工作所需时间。

(3) 有利于工具和机器的发明及改进。

(二)近代人事管理理论

罗伯特·欧文(Robert Owen,1771—1858)是19世纪初最有成就的实业家之一,是一位杰出的管理先驱者。欧文于1800—1828年间在苏格兰自己的几个纺织厂内进行了空前的试验。后人把他称为"现代人事管理之父"。欧文的代表作有《新社会观》、《新道德世界书》等,其主要的管理思想有以下几方面。

1. 新的管理制度

新管理制度的核心是废除惩罚,强调人性化管理。欧文根据工人在工厂的表现,将工人的品行分为恶劣、怠惰、良好和优质四个等级,用一个木块的四面涂上黑、蓝、黄、白四色分别表示。每个工人的前面都有一块,部门主管根据工人的表现进行考核,厂长再根据部门主管的表现对部门主管进行考核。考核结果摆放在工厂里的显眼位置上,所属的员工一眼就可以看到各人木块的不同颜色。这样,每人目光一扫,就可以知道对应的员工表现如何。刚开始实行这项制度的时候,工人表现恶劣的很多,而表现良好的却很少。但是,在众人目光的注视中和自尊心理的驱使下,表现恶劣的次数和人数逐渐减少,而表现良好的工人却不断地增多。为了保证这种考核的公正,欧文还规定,无论是谁认为考核不公,都可以直接向他进行申诉。这种无惩罚的人性化管理,在当时几乎是一个奇迹。

2. 良好的环境

欧文认为,好的环境可以使人形成良好的品行,坏的环境则使人形成不好的品行。他对当时很多资本家过分注重机器而轻视人的做法提出了强烈批评,并采用多种办法致力于改善工人的工作环境和生活环境。在工厂里,欧文通过改善工厂设备的摆设和搞好清洁卫生等方法,为工人创造出一个在当时看来尽可能舒适的工作场所。他还主动把工人的工作时间从13~14小时缩短到10.5小时。在新拉纳克厂区,人们看到的是一排排整齐的工人宿舍,每个家庭为两居室。欧文很注重绿化环境,在工人住宅的周围,树木成荫,花草成行,这对工人的身心健康有着十分积极的效应。为了使工人的闲暇时间有正当向上的娱乐和学习,消除酗酒斗殴等不良风气,欧文还专门为工人建造了供他们娱乐的地方——晚间文娱中心。这种娱乐中心,就是现在俱乐部、夜总会的雏形。

3. 教育制度

为了普及教育,欧文主张建立教育制度,实行教育立法。欧文认为,"教育下一代是最最重大的课题","是每一个国家的最高利益所在","是世界各国政府的一项压倒一切的紧要任务"。他的教育理念是:"人们在幼儿时期和儿童时期被培养成什么样的人,成年后也就是什么样的人。现在如此,将来也是如此。"在他这一理念的指导下,欧文非常重视儿童教育。他禁止他的工厂雇佣十岁以下的童工,并于1816年耗资一万英镑在他的厂区建立了第一所相当接近现代标准的公共学校——"性格陶冶馆",这所学校是新拉纳克的中心建筑,为2—14岁的少年儿童提供良好的教育,另外还附设有成人教育班。欧文制订的教学计划,侧重于儿童性格的培养以及儿童职业能力的提高。他的宗旨是"为了培养儿童的优良情操和实用技能,使他们能够成为有用的幸福的人而对他们进行教导"。他把"读、写、算、说"当做学生们必需的学习项目。欧文的教学思想、教学理念和教学计划在新拉纳克取得了巨大的成功,公共学校同时也成为对公众开放的社交和休闲中心。除了学校外,欧文还举办劳工食堂,创建工人消费合作社,设立工人医疗和养老金制度等。新拉纳克由此成为英国的模范社区,没有流浪汉,没有小偷小摸,几乎是资本主义"罪恶泛滥"中冒出来的一方净土。

二、古典管理理论(20世纪初到20世纪30年代)

19世纪末至20世纪初,西方一些管理学家在归纳和总结了前人的管理经验和知识的基础上,开始提出比较系统的管理理论。如泰勒的科学管理理论、法约尔的组织管理理论等古典管理理论。由此,管理理论得以进一步发展。

(一)科学管理理论

科学管理的奠基人泰勒(Frederick Wislow Taylor,1856—1915)被称为"科学管理之父",出生于美国费城一个中产阶级家庭。1878年进入一家钢铁厂当车工。他从担任领班开始就在工厂进行各种试验,专门从事管理研究,并发表了《计件工资制》(1895年)、《工厂管理》(1903年)、《科学管理原理》(1911年)等著名论著。在这些论著中,泰勒把在工厂对现场管理的研究成果总结成科学管理的基本理论,后人称为"泰勒制"。其主要内容有以下几方面。

1. 工作定额原理

工作定额原理是指在科学实验的基础上,制订出标准操作法,并据此对全体员工进行训练,从而制订较高的工作定额,这样企业的劳动生产率大为提高。

2. 标准化原理

一方面推广标准操作法,另一方面把工人使用的工具、机械、材料及作业环境等也加以标准化。这样,既有利于劳动定额的完成,又方便了管理者的控制。

3. 实行有差别的计件工资制

有差别的计件工资制是指对一工作设有两个不同的工资率,对那些用最短时间完成工作且质量较高的工人按较高的工资率计算工资,而对工时长、质量差的员工则按较低的工资率计算工资。如某个产品的日工作定额是12件,某人完成合格品12件,则按4.00元/件计发日工资48.00元,如只完成10件,则按3.50元/件计发日工资35.00元,而非40.00元。这样既提高了工人的生产积极性,又为资方降低了生产成本,实现了所谓的"协调与合作"。

4. 明确区分计划职能与作业职能

泰勒认为,计划职能是管理者的工作,应设立专门机构负责研究、计划、调查、控制和对操作者进行指导;而作业者只需服从计划职能部门的领导与指挥,执行上级的指令,明确做什么和怎么做。他提倡管理人员专业化。

5. 实行"例外原则"

例外原则是指企业的高级管理人员,将日常事务整理成规范化的处理程序,然后授权给下级管理人员去处理,而自己则主要处理那些没有规范的例外工作,但保留监督和检查下属管理者工作的权力。即高层管理者集中精力处理重大问题,而下层管理人员也可发挥其处理问题的能动性。

泰罗科学管理的核心是谋求最高的工作效率。泰罗对企业管理的贡献在于他主张一切管理问题都应当而且可能用科学的方法加以研究和解决；实行各方面工作的标准化，而不要单纯凭经验；协调，而不是不和，合作，而不是个人主义；以最高的产量，取代有限的产量，发挥每个人的最高效率，实现最大的富裕。正因如此，科学管理理论的许多内容，至今仍被视为管理的经典理论，并为以后管理理论的发展奠定了基础。

（二）组织管理理论

法国人法约尔（Henri Fayol，1841—1925）被称为"管理理论之父"，他大学毕业后进一矿山任工程师，后任一家矿业公司的总经理，并在法国的多种机构中从事过管理方面的调查和教学工作。他以一个完整的大企业为研究对象，于1916年发表了《工业管理与一般管理》，提出了他的管理理论，主要有以下方面。

1. 经营的六种职能活动

法约尔认为企业的经营活动包括以下六方面的内容。

（1）技术活动。技术活动即设计、加工和生产。

（2）商业活动。商业活动即原材料的采购和产品的销售。

（3）财务活动。财务活动即资本的筹措和使用。

（4）安全活动。安全活动即人身和财产的保护。

（5）会计活动。会计活动即统计、核算和成本控制。

（6）管理活动。管理活动即计划、组织、指挥、协调和控制。

2. 十四项管理原则

法约尔对企业管理进行了详尽的研究，提出了十四项管理原则。

（1）分工原则。组织内必须明确分工，如操作、管理等。

（2）权责原则。在组织内部，要求权力和责任相对应即权责统一。

（3）纪律原则。在组织内部的所有成员应相互尊重并服从纪律的约束。

（4）命令统一性原则。一个下属只听命于一个上级而不应同时受命于数人。

（5）指挥统一性原则。组织内各级管理者只能按层次逐级对自己的直接下属发号施令，不能越级指挥。

（6）个人利益服从集体利益原则。组织内的个人或小团体的利益不能违背组织目标，必须与组织目标相一致。

（7）集权原则。组织的决策权应相对集中。

（8）报酬原则。必须遵循按劳付酬、公平付酬、多劳多得的分配原则。

（9）等级链原则。在组织中，从最高层到最基层应建立关系明确的权力等级，明确规定每个成员在组织中的位置，使每个人明确自己向谁负责，谁又向自己负责。

（10）秩序原则。组织内的所有人和物必须各就各位且各在其位。

（11）公平原则。管理者对下属应公正、公平。

（12）人员稳定原则。组织内的人员一旦确定，不应随意调职或免职。

（13）团结原则。管理者应努力使组织内各部分和谐、团结。

（14）创造性原则。管理者应激发下属员工的工作积极性和创造性，形成创新性团队。

此外，法约尔还特别强调教育、培训的重要性，他认为通过教育、培训可提高企业的整体素质和管理水平。

（三）行政管理理论

德国管理学家马克斯·韦伯（Max Weber,1864—1920）被称为"组织理论之父"，他认为等级、权力和行政制度是一切社会组织的基础，因此提出了行政组织理论体系。其主要内容有以下方面。

1. 明确的分工

明确的分工即为实现组织目标，应把组织中的全部作业划分为各种基本的作业，将各作业任务分配给每位成员，而每个职位都有明确的权利和义务。

2. 建立职权等级体系

建立职权等级体系即所有下级都应接受上级的控制与监督，而作为上级不仅要对自己的行为负责，还要为自己所属的下级的行为负责。

3. 组织中人员的任用

该理论认为组织中人员的任用应根据职务要求，通过考试或教育培训来实现。

4. 人员的升迁和工资制度

该理论认为组织应以服务年限和工作实绩为标准进行人员的升迁和工资制度的制定，而且应有明文规定。

5. 规章制度

所有成员必须严格遵守组织的规章制度。

6. 理性的原则

管理者以理性的原则指导组织成员之间的关系及组织与外界的关系，而不应受个人情感的影响。韦伯认为这是最佳的组织形式，可提高组织的工作效率。

（四）组织管理原则

英国管理学家厄威克（Lyndall Urwick）较为系统地整理了法约尔、韦伯的管理理论，在其《管理的要素》、《组织的科学原则》等论著中提出了适用于一切组织的八项原则。

1. 目标原则

目标原则即任何组织都应有一个明确的目标。

2. 相符原则

相符原则即权力和责任必须相适应。

3. 职责原则

职责原则即上级对下属的行为应负绝对责任。

4. 组织阶层原则

组织阶层原则即在组织内应有明确的等级层次的划分。

5. 控制幅度原则

控制幅度原则即应控制每个上级管理者直接、有效地管辖下属的人数，通常为5～6人。

6. 专业化原则

专业化原则即每个人的工作都应限制为一项单一的职能，有利于其对专业技能的熟练掌握。

7. 协调原则

协调原则即每项单一的工作都必须与组织目标协调一致。

8. 明确性原则

明确性原则即每一项职务都要有明确的规定。

(五)管理七职能论

美国管理学家古利克(Luther Gulick)系统地研究了科学管理理论中有关管理职能的理论,在 1937 年出版的《管理科学论文集》(与 Urwick 合编)中提出了管理七职能论。它们包括以下七个方面。

1. 计划(Planning)

计划即制订实现企业目标的工作内容和途径方法。

2. 组织(Organizing)

组织即为实现企业目标,建立适当的组织机构,并规定各级人员的职责范围和协作关系。

3. 人事(Staffing)

人事即选择、培训和合理使用员工。

4. 指挥(Direction)

指挥即对下属进行有效的领导、监督和激励。

5. 协调(Coordinating)

协调即为实现企业目标,各部门之间应相互配合。

6. 报告(Reporting)

报告包括下级对上级报告和上级对下级的考核。

7. 预算(Budgeting)

预算包括财务的计划、核算、控制等。

科学管理理论不仅在当时起了重要的作用,而且至今仍为许多国家的企业所推崇,这些理论对现代饭店的组织原则、劳动定额、客房清扫的计件工资、饭店职业培训、服务规程制定、岗位职责的落实等诸方面也具有普遍的现实意义和指导意义。

三、现代管理理论(20 世纪 30 年代到 20 世纪 80 年代)

现代管理理论阶段主要是指行为科学理论及管理理论丛林。

(一)行为科学理论

所谓行为科学,就是对工人在生产中的行为及这些行为的产生原因进行分析研究,并提出相应对策,以便调节企业中的人际关系,从而提高生产效率。行为科学的产生有其深刻的社会背景,它是资本主义社会矛盾日益加剧的产物。20 世纪初期以后,随着泰勒制的广泛实行,工人阶级逐渐富裕起来,其觉悟也进一步提高,他们对资本家的剥削也有了深刻的认识。所以,工人阶级开始用罢工、怠工等形式来进行斗争,劳资矛盾日益尖锐化。在这样的情况下,西方管理学家们为缓和劳资矛盾,进一步提高劳动生产率而将心理学、社会学等理论引入企业管理的研究领域,从而提出了行为科学理论。

1. 人际关系理论

人际关系理论的基础是霍桑实验。

霍桑工厂是美国西方电器公司在芝加哥郊外的一家制造电话交换机的工厂。在 20 世纪 20 年代,其福利待遇较好,但工人劳动积极性不高,生产效率不理想。1927—1936 年,哈佛大学教授梅约(Elton Mayo)及助手罗特斯博格(Fritz J. Roethlisberger)去该厂进行了一系列实验,从而得出了人际关系理论的结论。

(1) 实验的内容。霍桑实验的内容由以下几部分组成:

①照明实验。实验人员选择了两个绕线圈的小组,一组为实验组,一组为对照组。实验组的工作场所的照明条件不断改变,对照组的照明条件不变。实验人员设想,实验组的产量会高于对照组,但实验结果为两个小组的产量几乎同比例增长,即照明条件的改变不是效率变化的决定性因素,产量增加的原因是工人们认为受到重视及在实验过程中管理人员与工人、工人与工人之间的关系融洽,这说明人际关系比照明条件更能提高劳动效率。

②福利实验。实验人员选择了 6 名女工在单独的房间里装配继电器,在实验过程中逐步增加一些福利措施,如允许工间休息、供应咖啡点心等。结果发现产量不断增加,但在这些福利措施撤销后,实验人员发现产量还在增加(设想会减少)。该实验反复进行了 5 年,结论完全一样。实验分析表明,福利条件的改善也非效率变化的决定性因素,产量增加的原因还是人际关系在起作用。

③群体实验。实验人员选择了 16 名男工人在单独的房间里从事绕线及焊接工作,并对这个小组实行特殊的工人计件工资制。实验人员设想工人会为多拿工资而提高产量。但实验结果是产量保持在中等水平上,且较为平均。实验分析表明,该小组为维护其群体利益,自发限制各人突破生产记录,而且约定不能向管理当局告密,因此得出了"非正式群体"的概念,并强调其自发的规范及"自然领袖"对人们的行为具有较强的约束力。

④谈话实验。梅约等人在霍桑工厂组织了历时两年多的谈话实验,实验中找员工个别谈话多达 2 万余人次,且规定在谈话过程中调查人员需耐心倾听而不能解释更不能驳斥员工对管理当局的意见与不满,并做详细记录。实验的结果是自实验开始后,工厂的整体产量大幅度提高,实验分析表明是员工发泄了对管理当局的不满后,心情舒畅,工作积极性大为提高。

(2) 实验的结论。

①工人是"社会人"而非"经济人"。"经济人"追求个人利益的最大化,只有金钱才能刺激其工作积极性。但霍桑实验表明,影响人的生产积极性的因素,除金钱以外,还有社会、心理因素,如追求人与人之间的友情、安全感、受人尊重等。因此必须从社会、心理方面来刺激其生产积极性。

②生产效率的高低取决于工人的"士气"。"士气"即工人的态度和情绪。而工人的"士气"又与工人的满足度有关。满足度即工人需要得到满足的程度,如金钱、安全、归属感、感情等。所以,管理者要通过提高工人的满足度来激励其"士气"。

③企业中存在"非正式群体"。"非正式群体"这种无形组织的特殊的规范,影响群体成员的行为,因此要重视其作用,即要善于倾听与沟通工人的意见,使正式组织的经济需要与"非正式群体"社会需要取得平稳,后来企业界就提出了"参与管理"(Management By Participation)这种管理形式,即让工人在不同程度上参与企业的决策。

④企业管理人员必须具有妥善处理人际关系的能力。因为人是社会人,而生产效率的提高又取决于工人的士气,因此,管理者最重要的素质之一就是善于处理人际关系,能够把握员工情绪,调动员工的工作积极性,提高生产效率。

霍桑实验的四个结论构成了人际关系理论的主要内容。人际关系理论把社会学、心理学等引进企业管理理论,为创立和发展行为科学理论奠定了基础,促进许多管理学家对组织中人的行为的研究。

2. 需要层次论

美国心理学家马斯洛(Abraham H. Maslow,1908—1970)在其《人类动机的理论》、《激励与人》等著作中,把人的需要按其重要性和发生的先后次序分为五个等级,称为"需要层次论"。

(1)生理需要。这是人类最原始、最基本的需要,是人类生存的必要条件,如衣、食、住、行、性及其他维持生活所必需的各种物资需要。

(2)安全需要。当一个的生理需要得到基本满足后,就想满足安全方面的需要,如摆脱失业的威胁、取得年老或伤残的保障、避免意外事故的侵袭、消除不公正待遇等。

(3)社交需要,又称社会需要。它包含两方面的内容:一是爱的需要,即爱别人及为人所爱,如爱情、友情等;二是归属的需要,即希望成为某一集团或群体的一员,渴望得到相互关心和照顾,有归属感而无孤独感。

(4)尊重需要,又称心理需要。它也包括两方面内容:一是内部尊重,即自尊,希望自己实力强,能独立自主,有自信心和自尊心;二是外部尊重,即受人尊重,希望自己有名誉地位,权力威望,受他人信赖和高度评价。

(5)自我实现需要,又称自我成就的需要。它是指实现个人理想与抱负、发挥个人的能力于极限的需要,如实现自己对未来生活与工作的期望等。

上述需要是按次序逐级上升的,前三种属低层次的需要,可借助外部条件如工资、制度等使人得到满足,后两种为高层次的需要,是从内心使人得到满足但永远不会感到满足的。需要层次论可帮助管理者把满足下属的合理需要与实现组织目标有效地结合起来,从而提高生产效率。

3. 双因素理论

美国心理学家赫茨伯格(Frederik Herzberg)在其《工作的推动》、《工作与人性》等著作中提出了"保健因素-激励因素理论",即影响人们工作的因素有两种。

(1)保健因素(hygiene factor)。保健因素是使人们维持工作现状而起保健作用的因素,主要是属于工作环境或工作条件方面的因素,如公司政策、与上级关系、工资水平、工作条件、生活条件等。这些因素一旦使工人满足,即可消除其不满,但不能激发其工作积极性。

(2)激励因素(motivation factor)。激励因素指能调动人们工作积极性的因素。它主要是属于工作本身或工作内容方面的因素,如工作成就感、得到上级赏识、工作富于挑战性、有晋升发展的可能等。这些因素的改善能激励人们的积极性和热情,从而提高生产效率。

对饭店而言,在影响饭店宾客满意度的诸多因素中,可以分为以下两大类因素:

(1)不满意因素。有些因素是宾客要求饭店必须做到的,如果做不到,宾客会非常不满意,这些因素即不满意因素,比如菜肴的质量、设施设备的安全性等;

(2)满意因素。有些因素是宾客期望饭店能够做到的,如果饭店做不到,宾客没有严重的不满意,但是当饭店满足了宾客的期望甚至于满足程度超过了宾客的期望时,宾客会非常满意,这些因素即满意因素,比如入住登记或结账的等候时间、饭店产品的增值服务等。

因此,影响宾客对饭店满意程度的因素可以将饭店产品分为三个层次,即不满意水平、期望水平和满意水平。

从期望水平到满意水平,在层次上与性质上存在不同,但在种类上可能是一致的,即满意因素是连续的变量,从期望水平到满意水平之间存在一个可接受的区间,区间的峰值为理想水平,区间的谷值为可接受水平。比如饭店的礼仪服务,如果做得较好,宾客认为这是应该的;做到很好,宾客的满意度会上升;而一旦没有做好,这个因素就会成为不满意因素。

因此,饭店应努力提供超出宾客期望的饭店产品,提高饭店宾客的满意度,最终形成宾客较高的品牌忠诚度。

4. 期望理论

美国维克多·弗鲁姆认为,人们从事某项活动、进行某种行为,其积极性的大小、动机的强烈程度与期望值和效价成正比。即:

$$激发力量＝期望值 \times 效价$$

这里的激发力量是指为达到某个目标而进行的行为的激励程度。期望值是指该员工根据个人经验判断其能够成功达到该目标的可能性,即概率。效价是指达到该目标对于满足该员工需要的价值,价值大,效价高,反之,效价低。

所以,对员工的激励力量取决于两个因素:吸引力和可能性。管理者为激发员工的工作积极性,一方面应使员工了解某项活动成果的吸引力,并尽可能加大这种吸引力。另一方面还应采取措施为员工创造条件,使员工有可能选择对他来说效价最高的目标,提高期望概率,提高员工对实现目标的信心,以激励员工。

5. X 理论和 Y 理论

美国麻省理工学院心理学家麦格雷戈(Douglas McGregor,1906—1960)在其《企业的人事方面》一书中提出了两种对立的理论:X 理论和 Y 理论。

(1) X 理论。X 理论是建立在"经济人"的假设基础上,其基本观点如下:

①多数人的天性是懒惰的,他们尽可能逃避工作。

②多数人的个人目标与组织目标相矛盾,必须以强迫、控制甚至处罚的方法使他们完成工作任务、实现组织目标。

③多数人胸无大志,不愿负责任而甘愿受他人领导。

④多数人工作是为满足低层次需要,只有金钱才能刺激其工作积极性。

⑤多数人符合上述设想,但也有少数人能自我鼓励,有责任心,这些少数人承担管理责任。

(2) Y 理论。Y 理论建立在"自我实现的人"(成为自己所希望的那种人)的假设基础上,其基本观点如下:

①一般人都是勤奋的,如果环境有利,人的工作如同休息和游戏一样自然。

②控制和惩罚不是实现组织目标的唯一方法,人们在工作中会自我控制和自我指导。

③在正常条件下,一般人不仅勇于承担责任,而且会主动寻求责任。

④人们承担的责任与获得的报酬密切相关。

⑤大多数人在工作中难发挥较高的想象力和创造力,但在现代工业条件下,人的智力、潜能只利用了一小部分。

(3) X、Y 理论的管理对策。

根据 X 理论的假设,相应的管理措施是:

①专职管理。即管理是少数人的事,工人的主要任务是听从管理者的指挥,明确做什么怎么做即可。

②任务管理。即管理工作的重点是完成生产任务,提高生产率。

③严格管理。即管理者应按制度从严要求,采取"胡萝卜加大棒"政策来奖惩工人,用金钱来刺激工人的生产积极性,用严厉惩罚措施来对待消极怠工者。

根据 Y 理论,相应的管理措施是:

①管理重点。应从任务管理转移到重视人的作用和人际关系方面来,减少或消除员工自我实现过程中所遇到的障碍或困难,为员工创造适宜的工作环境和工作条件,从而发挥人的潜力。

②管理职能。管理者的管理职能应转变为给下属创造适宜的条件而非指导,尊重和相信下属,并注意发挥个人或群体的作用。

③管理制度。企业的管理制度应保证员工能充分发挥自己的才能,在达到自己所希望的成就,满足个人需求的同时,完成组织目标。

除上述行为科学管理理论以外,还有许多管理学家也作出了重大贡献,如利克特(R. Likert)的"领导模式"、布来克(R. Black)和穆顿(J. Mautom)的"管理方格理论"、大内的"Z 理论"等。行为科学理论是一门研究人的学科,不但内容庞大、内涵丰富,而且和许多学科交织在一起。

(二)管理理论丛林

科学管理理论和行为科学理论主要是研究企业管理中对生产过程、人和物等方面的管理。但社会的发展使企业状况和环境发生了极大的变化,科学技术日益进步,生产力日益发展使企业所面临的困难也日益增多。因此,二战以后的 40 年代到 80 年代,除了行为科学理论得到长足发展以外,许多管理学者都从各自不同的角度发表自己对管理学的见解,形成了不同的管理学派。各个学派都有各有自己的代表人物,各有自己的用词意义,各有自己所主张的理论、概念和方法,孔茨(H. Koontz,1908—1984)称其为管理理论丛林。

1. 社会系统学派

切斯特·巴纳德(Chester I. Barnard,1886—1961)是现代管理理论中社会系统学派的创始人和代表人物。他在漫长的工作实践中,积累了丰富的经营管理经验,写出了许多重要的著作。其中最著名的是他在 1938 年出版的《经理人员的职能》,被誉为美国现代管理科学的经典性著作。10 年后,他又写成《组织与管理》。巴纳德的这些著作为建立和发展现代管理科学作出了重要贡献。

巴纳德的社会系统理论主要包括以下几个方面的内容。

(1) 组织与协作系统。巴纳德对组织的定义是:组织是一个协作的系统。他认为一个协作系统是由许多个人组成的。但个人只有在一定的相互作用的社会关系之下,同其他人协作才能发挥作用。个人对于是否参加某一协作系统(即组织)可以作出选择。他们的这种选择是以个人的目标、愿望、推动力为依据的。这些就是"动机"。而组织则通过其影响和控制的职能来协调和改变个人的行为和动机。但是,这种协调和改变并不总是能够成功,组织和个人的目标也不一定总是得到实现。

(2) 效力与效率原则。每一个正式的组织都有一个既定的目标,当组织系统内部各部分协作成功时,其目标就能够实现,即说明该系统具有"效力"。反之,若组织目标没有实现,其协作系统一定存在问题,行将崩溃或瓦解,所以,系统的效力是系统存在的必要条件。而"效率"是指系统成员个人目标的满足程度。系统"效率"则是个人效率综合作用的结果。如果一个系统是无效率的,它就不可能是有效力的,因而也就不可能存在。这样,巴纳德就将正式组织的要求与个人的需要结合起来了。这一理论被誉为管理科学思想上一大突破。

(3)经理人员的职能。在一个正式组织中,经理人员的作用就是在一个正式组织中充任系统运转的中心,并对组织成员的活动进行协调,指导组织的运转,实现组织的目标,因此,经理人员的主要职能包括:建立和维持一个信息交流畅通的系统;规定组织的目标;从组织成员那里获得必要的服务,并善于使组织成员提供为实现其组织目标所不可少的贡献。

(4)经理人员的权威问题。经理人员作为企业组织的领导核心,必须具有权威。而权威存在于组织之中,即权威是存在于正式组织内部的一种秩序,一种信息交流的对话系统。如果经理人员发出的指令得到了执行,在执行人的身上就体现了权威的建立,违抗指令则说明他否定了这种权威。因此,是否具有权威性的检验标准是接受指令的人,而不是发布指令的经理人员。通常,个人乐于接受指令,承认其权威性有四个条件:

第一,能够并真正理解指令;

第二,在决定接受指令时,相信其与组织的目标是一致的;

第三,认为与其个人的利益是不矛盾的;

第四,在体力上和精神上可以胜任。

巴纳德的社会系统理论中关于组织与管理的内容十分丰富,除上述内容外,它还十分强调经理人员在企业管理中的领导作用,特别论述了"领导的性质"的问题。这些理论都为现代管理理论的发展奠定了基础,作出了贡献。

2. 决策理论学派

决策理论学派的典型代表是美国的西蒙(H. A. Simon)、马奇(J. G. March)等人。它是吸收了行为科学、运筹学、系统理论和计算机科学等学科的内容而发展起来的理论。

决策理论学派认为,管理过程就是决策的过程,管理的核心就是决策。西蒙强调决策职能在管理中的重要地位,以有限理性的人代替有绝对理性的人,用"满意原则"代替"最优原则"。其主要内容有:

(1)决策是组织许多个人和集团决策的集合。企业组织机构、职能和决策联系在一起,而决策是组织许多个人和集团决策的集合。管理者决策的总和所形成的"混合决策"是管理的基本内容,所以管理要研究组织成员的决策和行为以及影响行为的各种因素。

(2)企业管理活动的中心是决策。计划的过程是决策,组织机构的形成和职权的划分是决策,决策贯穿组织的所有活动,管理的整个过程就是决策的过程,决策的正误会导致组织的成败和兴衰,所以,管理就是决策。

(3)决策是一个过程。决策是一个过程,而不是一次简单的行动。包括:明确目标、积累信息、拟制并评估方案、进行方案选优等步骤。

(4)决策的基本原则。决策的基本原则为:

第一,信息准确;

第二,决策建立在科学预测的基础上;

第三,以最优化原则作为其可行性原则;

第四,决策应针对影响全局的关键问题的解决为首要目标,不求面面俱到。

(5)决策的方法。在决策过程中,应既采用定量分析、电算技术等科学方法,又要重视管理者的经验,还应考虑社会、心理因素对决策的影响。

3. 系统管理学派

系统管理学派是从社会系统学派中派生出来的,其典型代表是美国的卡斯特(F. Kast)、罗森茨韦克(J. E. Rosen Zweig)、约翰逊(R. A. Johnson)等人。系统管理学派将企业作为一个有机整体,把各项管理业务看成相互联系的网络的一种管理学派。该学派重视对组织结构和模式的分析,应用一般系统理论的范畴、原理,全面分析和研究企业和其他组织的管理活动和管理过程,并建立起系统模型以便于分析。其理论要点主要有以下几方面。

(1) 企业是一个独立的系统。企业是由人、财、物、设备以及其他各种资源在一定目标下组成的一个系统。企业的成长和发展同时受到这些组成要素的影响,在这些要素中,人为主体,而其他要素则是被动的。

(2) 企业又是一个子系统。企业既是一个由许多子系统组成的系统,又是社会大系统中的一个子系统。企业受到周围环境,如宾客、竞争者、政府等的影响,同时也影响着环境,并在与环境的相互影响中达到动态的平衡。

企业内部存在着若干子系统,主要有:决策和目标子系统、业务技术子系统、社会心理子系统、组织机构子系统和外界因素子系统等。这些子系统还可以分成更小的子系统。各子系统相互作用、相互制约、相互促进,有着广泛的联系。

(3) 运用系统观念来进行管理。系统理论强调运用系统的观念来考虑管理的基本职能,强调整体性。要求整体目标最优,而非子系统目标的最优。确定了为完成系统目标,子系统所要完成的任务,以及个人在子系统和系统中的作用。这样,管理者就不会只重视一些与自己有关的特殊职能而忽视了整体目标,也不会忽视自身在组织中的地位和作用。

系统管理理论是在一般系统论的影响下形成的,它主要体现了管理哲学的改变。正如卡斯特所称,"它是有关管理工作的一种思维方式","它提供了把内部和外部环境的各种因素看作一个有机整体的一种框架的思路"。

4. 权变理论学派

权变理论是20世纪70年代在美国形成的一派管理理论。权变,简单地说就是权宜应变。权变理论认为,在企业管理中没有什么一成不变的、普遍适用的、最好的管理理论和方法。企业管理要根据企业所处的内部条件和外部环境来决定其管理手段和管理方法,即要按照不同的情景、不同的企业类型、不同的目标和价值,采取不同的管理手段和管理方法。其代表人卢桑斯(F. Luthans)在1976年出版的《管理导论:一种权变学》是系统论述权变管理的代表著作。

权变理论提出:管理与环境之间存在着一种函数关系。环境是自变量,管理的思想和方法是应变量。但它们之间不是一种简单的因果联系,而是一种"如果——就要"的关系。

在理论方法上,权变理论采用对大量事实和典型案例进行研究和概括,把千变万化的企业类型和管理方法归纳为几个基本类型,从而提出每一种类型的管理模式。

5. 经验主义学派

经验主义学派也称实例学派、经理主义学派,其典型代表是美国的德鲁克(Peter Drucker)、戴尔(E. Dale)等人。该学派认为,企业管理科学应以向大企业的经理提供管理当代企业的经验和科学方法为目标。它重点分析成功管理者实际管理的经验,并加以概括、总结出他们成功经验中具有的共性东西,然后使之系统化、合理化,并据此向管理人员提供实际建议,用于指导一般企业的管理,但应结合本企业的实际。

该学派的主要论点包括:

(1)有效的管理者。企业管理的成败取决于管理者,有效的管理者应"重要的事情先做",并"认识你的时间"。

(2)合理的组织机构。经验主义学派把企业组织模式归纳为五类:集权的职能性结构、分权的联邦式结构、矩形结构、模拟性分散结构、系统结构。

(3)理论联系实际。科学管理理论与行为科学理论结合起来才能适应企业发展的实际需要。

6.管理科学学派

管理科学学派的典型代表是美国的佰法(E. S. Buffa)等人。该学派认为,管理应以系统的观点运用数学、统计学的方法和电子计算机的技术,为现代管理的决策提供科学的依据,通过计划和控制以解决企业中的生产与经营问题。该理论是泰罗科学管理理论的继承和发展,其主要目标是探求最有效的工作方法或最优方案,以最短的时间、最少的支出,取得最大的效果。管理科学是指在一定的物质条件下,为达到一定的目的,运用数学的方法进行数量分析、统筹兼顾各方面关系,为选择最优方案提供数量依据。其主要理论有:

(1)决策论。决策论是研究在决策过程中所用的定量方法或数学模型如概率分析、模拟技术等供决策者作出最优选择。它不同于决策理论。决策理论比决策论的含义要广泛,如定性分析、确定决策的原则、程序、类型等。

(2)规划论。规划论是指管理者对企业拥有的人、财、物等资源作出最合理的安排,从而达到投入的最小或产出的最大。

(3)库存论。库存论是指根据企业的实际需要确定库存物品的最佳数量,以免库存物品过多造成资金积压、增加库存成本或者库存物品过少造成供应间断、增加采购费用。

(4)排队论。排队论又称随机服务系统论,是根据具体需要确定服务设施的最优数量,以免设施过少造成排队或设施过多造成闲置、浪费。

(5)对策论。对策论又称博弈论,是指针对具体问题,以数学方式如模型、数据等来表达各种对策的可能结果,使管理者选择最优对策,以便最为妥善地解决问题。战国时期的"田忌赛马"即是对策论的典型案例。

7.管理过程学派

管理过程学派又称管理职能学派,是美国加利福尼亚大学的教授哈罗德·孔茨和西里尔·奥唐奈里奇提出的。管理过程学派认为,无论组织的性质和组织所处的环境有多么不同,但管理人员所从事的管理职能却是相同的。孔茨和奥唐奈里奇将管理职能分为计划、组织、人事、领导和控制五项,而把协调作为管理的本质。孔茨利用这些管理职能对管理理论进行分析、研究和阐述,最终得以建立起管理过程学派。孔茨继承了法约尔的理论,并把法约尔的理论更加系统化、条理化,使管理过程学派成为管理各学派中最具有影响力的学派。

四、当代管理理论(20世纪80年代至今)

20世纪80年代后,管理理论的新发展主要表现在注重比较管理学和管理哲学,强调重点抓"企业文化"。认为管理的关键在与企业通过全体员工的教育和管理者的身体力行树立共同的信念、目标和价值观。同时随着科技发展、生产力的提高,也形成了各种理论流派,主要有Z

理论、竞争战略理论、学习型组织理论和企业再造理论。

(一)Z理论

Z理论(theory Z)由日裔美国学者威廉·大内(William Ouchi)在1981年出版的《Z理论》一书中提出来的,其研究的内容为人与企业、人与工作的关系。其基本内容有以下几方面。

1.畅通的管理体制

管理体制应保证下情充分上达;应让职工参与决策,及时反馈信息。特别是在制订重大决策时,应鼓励第一线的职工提出建议,然后再由上级集中判断。

2.基层管理者享有充分的权利

基层管理者对基层问题要有充分的处理权,还要有能力协调职工们的思想和见解,发挥大家的积极性,开动脑筋制订出集体的建议方案。

3.中层管理者起到承上启下的作用

中层管理者要起到统一思想的作用,统一向上报告有关情况,提出自己的建议。

4.长期雇佣职工

整理和改进来自基层的意见,企业要长期雇佣职工,使工人增加安全感和责任心,与企业共荣辱、同命运。

5.关心员工的福利

管理者要处处关心职工的福利,设法让职工们心情舒畅,造成上下级关系融洽、亲密无间的局面。

6.创造生动的工作环境

管理者不能仅仅关心生产任务,还必须设法让工人们感到工作不枯燥、不单调。

7.重视员工的培训

要重视职工的培训工作,注意多方面培养他们的实际能力。

8.职工的考核

考核职工的表现不能过窄,应当全面评定职工各方面的表现,长期坚持下去,作为晋级的依据。

大内认为,任何企业组织都应该对它们内部的社会结构进行变革,使之既能满足新的竞争性需要,又能满足各个雇员自我利益的需要。Z型组织也许就接近于这种新的组织形式。

(二)竞争战略理论

迈克尔·波特(Michael E. Porter),哈佛大学商学院著名教授,当今世界上最有影响的管理学家之一,开创了竞争战略理论。他认为行业竞争中决定规模的五种力量模型为供应商力量、替代品威胁、购买者力量、潜在竞争加入者威胁和竞争对手,这就是著名的"五力模型"。在激烈的商业竞争之中,只有灵活运用战略才能胜出,因此,在分析影响五种战略力量的基础上,波特为商界人士提供了三种卓有成效的战略,它们是成本领先战略、差异化战略和缝隙市场战略。

1.成本领先战略

成本领先战略要求坚决地建立起高效规模的生产设施,在经验的基础上全力以赴降低成本,抓紧成本与管理费用的控制,以及最大限度地减小研究开发、服务、推销、广告等方面的成本费用。贯穿于整个战略之中的核心是使成本低于竞争对手,但质量、服务以及其他方面也不容忽视。

2. 差别化战略

差别化战略是将公司提供的产品或服务差别化,树立品牌形象。实现差别化战略可以有许多方式:设计名牌形象、技术上独特的性能和特点、顾客服务和商业网络及其他方面具有独到之处。一家企业如果成功地实施了差别化战略,它就能在一个产业中赢得高水平收益。

3. 专一化战略

专一化战略是主攻某个特殊的顾客群、某产品线的一个细分区段或某一地区市场。这一战略依靠的前提思想是:公司业务的专一化能够以高的效率、更好的效果为某一狭窄的战略对象服务,从而超过在较广阔范围内竞争的对手们。波特认为这样做的结果,是公司或者通过满足特殊对象的需要而实现了差别化,或者在为这一对象服务时实现了低成本,或者二者兼得。这样的企业可以使其赢利的潜力超过产业的普遍水平,而这些优势可保护企业抵御各种竞争力量的威胁。

(三)学习型组织理论

学习型组织是美国学者彼得·圣吉(Peter M. Senge)在《第五项修炼》(The Fifth Discipline)一书中提出的管理观念。他认为,企业应建立学习型组织,其涵义为面临变化剧烈的外在环境,组织应力求精简、扁平化、弹性因应、终生学习、不断自我组织再造,以维持竞争力。

学习型组织不存在单一的模型,它是关于组织的概念和雇员作用的一种态度或理念,是用一种新的思维方式对组织的思考。在学习型组织中,每个人都要参与识别和解决问题,使组织能够进行不断的尝试,改善和提高它的能力。学习型组织的基本价值在于解决问题,与之相对的传统组织设计的着眼点是效率。

学习型组织应包括以下五项要素。

1. 建立共同愿景(building shared vision)

愿景可以凝聚公司上下的意志力,透过组织共识,大家努力的方向一致,个人也乐于奉献,为组织目标奋斗。

2. 团队学习(team learning)

团队智慧应大于个人智慧的平均值,以做出正确的组织决策,透过集体思考和分析,找出个人弱点,强化团队向心力。

3. 改变心智模式(improve mental models)

组织的障碍,多来自于个人的旧思维,例如固执己见、本位主义,唯有透过团队学习,以及标杆学习,才能改变心智模式,有所创新。

4. 自我超越(personal mastery)

个人有意愿投入工作,专精工作技巧的专业,个人与愿景之间有种"创造性的张力",正是自我超越的来源。

5. 系统思考(system thinking)

应透过资讯搜集,掌握事件的全貌,以避免见树不见林,培养综观全局的思考能力,看清楚问题的本质,有助于清楚了解因果关系。

学习是心灵的正向转换,企业如果能够顺利导入学习型组织,不只能够达到更高的组织绩效,更能够带动组织的生命力。学习型组织的基本理念,不仅有助于企业的改革和发展,而且它对其他组织的创新与发展也有启示。但学习型组织的缔造不应是最终目的,重要的是通过迈向学习型组织的种种努力,引导出一种不断创新、不断进步的新观念,从而使组织日新月异,不断创造未来。

(四)企业再造理论

企业再造理论是 1993 年开始在美国出现的关于企业经营管理方式的一种新的理论和方法,它以一种再生的思想重新审视企业,并对传统管理学赖以存在的基础——分工理论提出了质疑,被称为管理学发展史上的一次革命。该理论的创始人是原美国麻省理工学院教授迈克尔·哈默(M. Hammer)与詹姆斯·钱皮(J. Champy),他们认为企业为了能够适应新的世界竞争环境,必须摒弃已成惯例的运营模式和工作方法,应以工作流程为中心,重新设计企业的经营、管理及运作方式,进行所谓的"再造工程"。其主要内容有以下方面。

1. 对原有流程进行全面分析,发现其存在问题

根据企业现行的作业程序,绘制细致、明了的作业流程图。通过对企业原来生产经营过程的各个方面、每个环节进行全面的调查研究和细致分析,对其中不合理、不必要的环节进行彻底的变革。

2. 设计新的流程改进方案,并进行评估

重新设计和安排企业的整个生产、服务和经营过程,使之合理化。为了设计更加科学、合理的作业流程,必须群策群力、集思广益、鼓励创新。

对于提出的多个流程改进方案,还要从成本、效益、技术条件和风险程度等方面进行评估,选取可行性强的方案。

3. 制订与流程改进方案相配套的改进规划,形成系统的企业再造方案

企业业务流程的实施,是以相应组织结构、人力资源配置方式、业务规范、沟通渠道甚至企业文化作为保证的,所以,只有以流程改进为核心形成系统的企业再造方案,才能达到预期的目的。

4. 组织实施与持续改善

实施企业再造方案,必然会触及原有的利益格局。因此,必须精心组织,谨慎推进。既要态度坚定,克服阻力,又要积极宣传,达成共识,以保证企业再造的顺利进行。

企业再造方案的实施并不意味着企业再造的终结。在社会发展日益加快的时代,企业总是不断面临新的挑战,这就需要对企业再造方案不断地进行改进,以适应新形势的需要。

现代管理理论浩如烟海,在实际管理过程中,仅以某种理论来管理饭店是难以奏效的。现代管理者应根据饭店的具体情况,综合运用多种管理理论,才能使企业取得预期效益。

思考与练习

1. 什么是饭店管理?
2. 饭店管理者的层次有哪些?
3. 饭店管理者必须具备哪些能力要求?
4. 泰勒的科学管理理论的主要内容有哪些?
5. 法约尔的十四项管理原则是什么?

6. 行政管理理论有哪些主要内容？

7. 厄威克的组织管理原则有哪些？

8. 管理七职能论有何内容？

9. 霍桑实验的内容有哪些？得出了什么结论？

10. 需要层次论有什么内容？

11. 双因素理论是什么？

12. 期望理论有何内容？

13. X、Y 理论的内容和对策分别是什么？

14. 社会系统学派的理论有何内容？

15. 决策理论学派的理论有何内容？

16. 系统管理学派的理论有何内容？

17. 权变理论学派的理论有何内容？

18. 经验主义学派的理论有何内容？

19. 管理科学学派的理论有何内容？

20. Z 理论有何主要内容？

21. 竞争战略理论有何主要内容？

22. 学习型组织理论有哪些要素？

23. 企业再造理论有哪些内容？

第三章 饭店管理职能

学习目标

◆ 了解计划职能的含义、作用和类型,掌握计划的制订与实施。

◆ 了解企业文化,掌握组织运行机制、人力配备要求。

◆ 掌握指挥的类型、协调的种类以及沟通技巧。

◆ 了解控制对象,掌握控制步骤。

◆ 了解创新的特点,掌握创新的要求。

管理是人们进行的一项实践活动,是人们的一项实际工作,一种行动。人们发现在不同的管理者的管理职能工作中,管理者往往采用程序具有某些类似、内容具有某些共性的管理行为,比如计划、组织、控制等,人们对这些管理行为加以系统性归纳,逐渐形成了"管理职能"这一被普遍认同的概念。所谓管理职能(Management functions),是管理过程中各项行为的内容的概括,是人们对管理工作应有的一般过程和基本内容所作的理论概括。

饭店管理过程中同样离不开这五大职能。饭店管理的核心就是管理者通过执行管理职能来实现饭店的经营目标。也就是说,执行管理职能是饭店管理者的主要职责,饭店管理职能贯穿于饭店管理全过程。

第一节 计划职能

计划职能就是指饭店通过周密的、科学的调查研究,分析预测,并进行决策,以此为基础确定未来某一时期内饭店的发展目标,并规定实现目标的途径方法的管理活动。简单地说,计划就是饭店管理者预先决定要做什么,如何做,何时做和由谁做,即计划的前提是决策,决策的结果形成计划。在市场经济条件下,社会、经济的发展为饭店的发展提供了机会,但也带来了风险。计划职能就是利用各种机会有效地利用现有资源,实现饭店最佳的经济效益和社会效益,即饭店利益的最大化,同时使饭店经营风险最小化。因此,在饭店管理中,首先要有科学合理的计划。

一、计划职能的作用

1. 确立了饭店统一行动的目标

饭店管理者和员工分布在各个不同的部门工作,他们一般都非常关注自己部门的利益,不太考虑饭店整体利益。而有一个完整的计划,则可以帮助他们了解饭店的整体利益,增强其全局观念。因此,计划职能通过确定饭店的经营管理目标,为饭店内各部门、各环节及各位员工的工作或行动指明了方向,明确了责任,有利于相互之间的沟通与协调。使饭店所有成员互相配合,最终实现饭店目标。

2. 充分利用饭店各种资源

计划职能可使饭店对所拥有的人、财、物等资源进行合理而有效地组合与调配,使人尽其才、物尽其用,减少人力、物力、财力的浪费。从而形成尽可能大的接待能力,并实现饭店效益最大化。

3. 增强适应环境变化的应变能力

计划职能在确定饭店目标的同时也规定了实现目标的途径和方法。这些途径和方法充分考虑了饭店内外环境的变化及其趋势,使饭店在市场竞争日趋激烈、宾客需要日益多变的环境中求生存、图发展,变被动为主动,增强了饭店的应变能力。而成功的饭店,通常都具有比对手更强的适应能力和应变能力。

二、计划的类型

按照不同的分类标准,饭店计划可分为不同的类型,最常用的是按时间分类和按范围分类。

1. 按时间分类

按时间分类,可以将饭店计划分为:长期计划、中期计划和短期计划。

长期计划是指饭店在较长时期(一般在三年以上)内有关饭店发展方向、规模、经济、设备、人员、等级等方面的战略性、纲领性计划。由于计划期较长,未来存在着大量的可变因素,如社会潮流、政府政策、经济发展以及客源需求的变化等。所以长期计划不宜过于具体,应符合"远粗近细"的计划原则。

中期计划是计划期在一到三年的计划。中期计划中,年度计划的制订较多。年度计划是指饭店具体规定计划期全年度和年度内各部门、各阶段的目标和任务的计划。它是饭店全体员工在计划年度内的行动纲领和依据,是饭店最重要的计划。

短期计划是指饭店以一个季度(季度计划)或一个月(月度计划)为期限对饭店各种工作所做的具体安排。它是年度计划的具体化,对各种任务和具体事项要落实到部门、班组,是饭店员工实施的执行性计划,所以应尽量详细、具体、明确、具有可操作性。

2. 按范围分类

按范围分类可以将计划分为:饭店总体计划和各部门的分类计划,即部门计划。

饭店总体计划是指确定整个饭店目标和任务的综合性计划,它包括饭店的计划目标的制订、目标的分解及其说明、计划的实施过程及其措施方法等内容。

部门计划是指饭店内各部门为实现饭店的总目标而制订的本部门在计划期内需完成的具体目标和任务的实施性计划。所以部门计划制订是以饭店总目标和政策为指导的,它包括部门的具体目标、实施细则等内容。

另外,饭店接待业务计划也越来越受到饭店的重视,它是饭店计划的具体化,在饭店接待业务中起着重要的作用。

三、计划的制订

制订计划是管理的基础。计划制订是否恰当直接影响到饭店管理的成效。

制订饭店计划必须充分考虑饭店的各种内外信息。对广泛收集的饭店内外信息进行整理分析。在信息准备基础上,管理者制订饭店计划草案以供相关人员讨论。并根据讨论意见对草案进行反复修改,使之更可行、更具体化。

当饭店上下相关人员对计划草案达成共识后,即可把可行的计划确定下来,作为日后工作的依据。

计划制订程序如下:

1. 描述宗旨

管理者要正确地理解组织的宗旨,并将其贯彻到计划的制订和实施工作中。目前大多体现在指导思想中,所以指导思想的每一句话都要深思熟虑,它是整个计划的最精华部分,是计划的灵魂所在,也是一个饭店宗旨的高度体现。

2. 评估状况

管理者应对当前内外部的状况作出正确科学的评估,是制订计划的前提。对组织自身的优势和劣势、外部环境的机会和威胁进行综合分析。尤其对危机要有清醒的、足够的估计。切忌过高地估计自己,造成过于乐观。这样会出现一碰到问题就束手无策的状况。

3. 确定目标

目标是组织期望达到的最终结果,要说明基本方针和要达到的目标,规定各个主要部门的工作目标。工作目标设置要适当,尽可能量化,通过努力一定能达到的。

4. 确定前提条件

管理者应明确要达到目标需要哪些政策支持、物质支持、人力支持、财力支持、技术支持等。

5. 制订计划方案

要有可供选择的两个或两个以上的合理方案,以便分析最为合理的方案。

6. 评价备选方案

比较各个方案的利弊,确定标准和对各个标准的权数,对各个方案进行评价。必要时要借助于数学方法和电脑计算技术等评价手段来评价。

7. 挑选可行方案

有时可供选择方案的分析和评估表明两个或两个以上的方案是合适的,在此情况下,在采取首先方案的同时,可把其他几个方案作为后备方案。

8. 制订辅助计划

辅助计划就是总计划下的分计划。总计划靠辅助计划来支撑,而辅助计划又是总计划的基础,否则总计划会成为空中楼阁。

9. 编制预算

把计划转变成预算,使之数字化。企业的全面预算体现收入和支出的总额,所获得的利润或者盈余,以及主要资产负债项目的预算。如果预算编制得好,可以成为汇总各种计划的一种手段,也可以成为衡量计划完成进度的重要标准。

四、计划的实施

编制计划的目的是为了使饭店所有管理者和员工实施计划,实现计划目标。计划的实施分计划的执行和计划的控制两方面。

1. 计划的执行

饭店计划一旦确定,就应将其分部门、分层次、分阶段层层分解,逐一落实到部门、班组、员工,分解至饭店业务活动的淡季、平季、旺季或月、周等。

计划展开分解后,使得饭店计划成为各个部门和每位员工的具体工作任务,为有效地完成这些任务,就必须授予相应的权利,并规定达到计划目标后的相应利益,做到责、权、利三者的和谐统一。即饭店通过落实岗位责任制和经济责任制,要求各岗位的员工和管理者按规定的标准完成工作任务,并承担一定的经济责任。同时,饭店应实行统一指挥,才可计划目标不偏离饭店整体计划,并层层落实下去,取得预期效果。

但由于计划是对未来的设想,所以在执行过程中必然会碰到由于未来不确定性所带来的各种障碍和困难,如天灾人祸、经济衰退、无序竞争等。因此,为确保计划目标的实现,饭店管理者应善于想方设法、因事制宜地逐个克服与解决各种问题。

在执行计划过程中,管理者还必须通过严格的考核制度和分配的激励机制调动员工积极性,监督计划的执行情况,检查计划的执行结果,及时发现问题,并予以彻底地解决。

2. 计划的控制

管理者通过检查计划的实施结果,将实际结果与计划目标进行比较,找出两者之间差异。然后针对找出的差异进行认真分析,主要分析造成差异的原因,例如,是计划目标的问题,还是计划执行的问题,或是外部环境变化的问题等。

根据差异原因,饭店必须修订计划。但无论是局部修订还是总体修订都必须慎重,均需饭店店务会议或办公会议反复讨论、论证后决策,并报上级主管部门批准。

另外,饭店还应根据计划实施的实际结果,客观、公正地对计划进行评价,反思计划的制订和实施过程,总结经验教训,为下期计划的科学合理性提供参考。

第二节 组织职能

饭店组织职能是指为了有效地达到饭店计划目标,管理者确定组织结构,进行人、财、物、时间、信息等资源的调配,并划分部门、分配权力和协调饭店各种业务活动的管理过程。组织职能是计划职能的自然延伸,它贯穿于饭店管理的全过程,包括组织结构、人员配备、企业文化等内容。

一、组织结构

组织结构就是组织的框架体系,好像人由骨骼确定体型一样。最主要的问题是管理的幅度与管理层次。

1. 管理层次与管理幅度

组织结构中纵向垂直管理层的层级数就是管理层次或管理层级。一个管理者直接有效领导下属的数量称为管理幅度或管理跨度。

管理层次与管理幅度成反比关系,有两种基本的管理组织形态:

(1)扁平结构。管理幅度大而管理层次少。

(2)锥形结构。管理幅度小而管理层次多。

一个管理者应该领导多少下属最为理想,影响因素很多。一般而言,高层管理者的管理幅度应小些,以 2～7 人为宜,基层管理者的管理幅度可大些,可增至 15～25 人,中层管理者为 8～15 人。

2. 管理幅度设计的影响因素

(1) 管理工作的内容和性质。

(2) 环境稳定性。

(3) 管理人员的工作能力情况。

(4) 下属人员的空间分布状况。

(5) 组织变革的速度和沟通情况。

3. 组织结构设计的依据

(1) 企业战略。企业战略是企业为了适应未来环境的变化,寻求长期生存和稳定发展而制订的总体性和长远性的谋划。组织结构必须服从于组织战略,为战略服务。

(2) 环境影响。外部环境的复杂性程度和变化程度加剧了环境的不确定性。在不确定性环境中,组织必须保持一种灵活的随时能对环境变化做出反应的状态。环境稳定时要规范,环境多变时要灵活。

(3) 技术影响。对于技术含量较高的工种,管理幅度相对窄一些,常规性的工作相对宽一些。复杂性的工作,管理幅度相对窄一些,单一的工作相对宽一些。非程序化的工作相对窄一些,程序化的工作相对宽一些。

(4) 组织规模与生命周期。组织规模通常用雇员数目来衡量。组织由小型组织向大型组织的发展过程需要经过若干阶段:

①诞生期。灵活但不规范,决策权集中于业主手中。

②成长期。劳动分工和横向系统出现,但仍是非正式的,规则与制度也出现。

③成熟期。正规、制度规范且指导员工活动,职权下放。

④衰退期。组织极为庞大,而且是机械式的,决策是集权性的。经常出现在经历了一个阶段成功与辉煌的企业。

4. 组织的运行机制

组织运行机制的核心是组织运行过程中的集权、分权和授权。集权是决策指挥在组织层级系统中较高层次上的集中。分权是决策指挥在组织层级系统中较低层次上的分散。授权是组织为了共享内部权力,增进员工的工作积极性,而把某些权力或职权授予下级。

(1) 集权和分权是一个相对概念。绝对的集权和分权在现实中是不存在的,如何把握这个度要考虑以下因素:

①组织规模的大小。饭店规模扩大要及时分权,否则会贻误大事。

②政策的统一性。环境复杂多变,政策必须随之改变,分权相对要多一点;政策统一、制度明确科学时,集权最容易达到管理目的。

③员工的数量和素质。下属素质高可以更多地分权。

④组织的可控性。可控性强的需要相对集权,如饭店财务部门;可控性弱的需要相对分权,如饭店营销部门。

⑤组织所处的成长阶段。初始阶段往往采取集权,成熟阶段往往采取分权。

（2）分权和授权的区别。在形式上看，好像差不多。区别在于：分权是制度明文规定，具有规范性；授权是制度没有明文规定的，带有随机性。授权的原则主要有以下几条：

①重要性原则。摸清情况以后，要敢于下放一些重要的权力。

②适度原则。授权人讲究效率最大化。

③权责一致原则。不要有责无权，也不要有权无责。

④级差授权原则。不能越级授权，这是管理中的大忌。

二、人员配备

人员配备的核心，是为每个岗位配备适当的人。

1. 人员配备的工作内容和程序

（1）确定人员的需要量。人员配备是在组织设计的基础上进行的，员工需要量主要以设计出的职务数量和类型为依据。饭店中由于客房和餐饮的比例不一样，办公自动化水平不一样，很难得出一个统一的标准。

（2）选配人员。根据岗位要求的知识和技能要求，对组织内外的候选人进行筛选，做出最恰当的选择。把不合适的人安排在不合适的岗位上，不论对个人还是对组织，都会带来灾难性的后果。

（3）员工的流动率。由于薪酬、工作时间等因素的影响以及80、90后员工的特点，使得饭店员工流动的比例居高不下。所以在人员配备时要充分考虑这一因素。否则，饭店会因员工短缺而陷入困境。

（4）制订和实施人员培训计划。饭店员工在明天工作中表现出的技术和能力需要在今天培训，员工的明天就是饭店的明天，员工有希望就是饭店有希望。所以饭店要在市场经济的海洋中有足够的实力和竞争力，就必须重视对全体员工的充电，而不光是对部分员工。

2. 人员配备的原则

（1）因事择人的原则。有什么样的岗位，选择什么样的员工，要与岗位相匹配，这是人员配备的首要原则。

（2）因才适用的原则。在因事择人的前提下，要根据人的特点来安排工作，才能使人的潜能得到最充分的发挥，使人的工作热情得到最大限度的激发。

（3）动态平衡的原则。人和组织都是处在不断变化发展中。因此，人与事的配合需要不断地调整，使之形成一种能者上、庸者下、能上能下的良性机制，使得每一个人都能得到最合理的使用，实现人与工作的动态平衡。

三、企业文化

任一企业都具有自己的各种构成要素，把这些要素有机地整合起来除了要有一定的正式组织和非正式组织以及规章制度之外，还要有一种协调和凝合剂，它以无形的"软约束"力量构成组织有效运行的内在驱动力，这种力量被称为管理之魂的组织文化。组织文化，或称企业文化(organizational culture or corporate culture)，是一个企业由其价值观、信念、仪式、符号、处事方式等组成的特有的文化形象，是一个企业在长期的实践活动中所形成的并且为企业所有成员普遍认可和遵循的具有本企业特色的价值观念、团体意识、行为规范和思维模式的总和。

1. 企业文化的基本特征

（1）企业文化的核心是组织价值观。企业价值观制约和支配着组织的宗旨、信念、行为规范和追求目的。

（2）企业文化的中心是以人为本的人本文化。使企业和与员工真正成为命运共同体和利益共同体，这样才能不断增强企业的内在活力和实现企业的既定目标。

（3）企业文化的管理方式是以柔性管理为主。由柔性管理所产生的协同力比刚性管理制度有着更为强烈的控制力和持久力。

（4）企业文化的重要任务是增强群体凝聚力。通过建立共同的价值观和寻找观念的共同点，不断强化员工之间的合作、信任和团结。使企业具有一种巨大的向心力和凝聚力，这样才有利于员工采取共同行动。

2. 企业文化的构成

企业文化由表层文化、中介文化、深层文化三部分构成。

（1）表层文化。表层文化又称物质层文化，它包括企业的实体性建筑设计、造型布局、设施设备、工作环境、生活环境、作业方式，是企业文化最直观的部分。

（2）中介文化。中介文化包括各种规章制度、领导方式和管理水平、管理机制、企业内的分工协作关系的组织结构、教育培训、娱乐活动等。

（3）深层文化。深层文化包括组织精神、企业目标、组织精神、价值观念、道德观念、团体意识等。

3. 企业文化的类型

（1）约翰·科特和詹姆斯·赫斯克特的三分法。美国哈佛商学院两位著名教授约翰·科特（John P. Kotter）和詹姆斯·赫斯克特（James L. Heskett）在其合著的著作《企业文化与经营业绩》中总结了他们在 1987—1991 年间对 200 多家公司的企业文化和经营状况的深入研究，列举了强力型、策略合理型和灵活适应型三种类型的企业文化对企业长期经营业绩的影响。

①强力型企业文化。强力型企业文化将主要价值观念通过规则或规范公之于众，强制要求员工一致认同，员工习惯于协调一致，通力合作向某一经营方向努力。

②策略合理型企业文化。策略合理型企业文化强调企业文化对企业环境及企业经营策略的适应性，并随着企业所处的行业和企业性质不同而有所变化。

③灵活适应型企业文化。灵活适应型企业文化提倡员工之间互相支持、互相依赖、互相信任，员工工作热情高，对变革持欢迎态度。

（2）特伦斯·迪尔和阿伦·肯尼迪的四分法。1982 年 7 月，美国哈佛大学教授特伦斯·迪尔（Terrence E. Deal）和麦肯锡咨询公司顾问阿伦·肯尼迪（Allan Kennedy）出版了《企业文化——现代企业精神支柱》（Corporate Culture）。他们认为，每一个企业——事实上是每个组织——都有一种文化。无论是软弱的文化还是强有力的文化，在整个公司内部都发挥巨大的影响。他们把企业文化分成以下四种类型。

①强悍型企业文化。强调工作的快节奏，让人感到极度的紧张；强调快速反馈，甚至不惜冒风险行事；奉行个人英雄主义，企业文化主体的代表一般是年轻者；强烈追求最佳、最大和最杰出的超人境界；轻视合作，急功近利，不能容忍厚积薄发的稳健型的人；短期失利者没有生存的余地，因而人才流动率很高，难以形成企业必须有的凝聚力。

②赌注型企业文化。强调鼓励员工冒险，鼓励员工创新；看不起按部就班，循规蹈矩的人；强调用充分的信心来诱导自己的行为，彼此之间总是以信心来鼓励他人的行动；强调放眼未

来,不拘于一时一事的得失,要对未来进行投资;发展波动相对较大。

③工作娱乐并重型企业文化。工作环境轻松,员工彼此之间宽宏大度;员工思想极度活跃,很少有禁锢人的禁忌;强调员工坚韧不拔的毅力,并不强调让员工承担风险;强调顾客价值的优先性,以为顾客提供良好的服务和需求的满足为重点;强调集体行动,相互之间能友好亲近相处;强调凭激情和直觉做事。

④按部就班型企业文化。强调安定,把降低风险、保障稳定放在首位;强调按科学规律办事,大事小事都是先建章、定规,后行事;重质量,轻速度,宁可牺牲发展,也要追求一种完美;拘于工作的每一个细节,但却可能忽视工作的方向;人们很少有激情,完全靠理性来支配自己的行动。

4. 企业文化的基本要素

根据企业文化的定义,其内容是十分广泛的,但其中最主要应包括如下几点。

(1)经营哲学。经营哲学也称企业哲学,是一个企业特有的从事生产经营和管理活动的方法论原则。它是指导企业行为的基础。一个企业在激烈的市场竞争环境中,面临着各种矛盾和多种选择,要求企业有一个科学的方法论来指导,有一套逻辑思维的程序来决定自己的行为,这就是经营哲学。

(2)价值观念。所谓价值观念,是人们基于某种功利性或道义性的追求而对人们(个人、组织)本身的存在、行为和行为结果进行评价的基本观点。可以说,人生就是为了价值的追求,价值观念决定着人生追求行为。价值观不是人们在一时一事上的体现,而是在长期实践活动中形成关于价值的观念体系。企业的价值观,是指企业职工对企业存在的意义、经营目的、经营宗旨的价值评价和为之追求的整体化、个异化的群体意识,是企业全体职工共同的价值准则。只有在共同的价值准则基础上才能产生企业正确的价值目标。有了正确的价值目标才会有奋力追求价值目标的行为,企业才有希望。

(3)企业精神。企业精神是指企业基于自身特定的性质、任务、宗旨、时代要求和发展方向,并经过精心培养而形成的企业成员群体的精神风貌。

企业精神要通过企业全体职工有意识的实践活动体现出来。因此,它又是企业职工观念意识和进取心理的外化。

企业精神通常用一些既富于哲理,又简洁明快的语言予以表达,便于职工铭记在心,时刻用于激励自己;也便于对外宣传,容易在人们脑海里形成印象,从而在社会上形成个性鲜明的企业形象。

(4)企业道德。企业道德是指调整该企业与其他企业之间、企业与顾客之间、企业内部职工之间关系的行为规范的总和。它是从伦理关系的角度,以善与恶、公与私、荣与辱、诚实与虚伪等道德范畴为标准来评价和规范企业。

企业道德与法律规范和制度规范不同,不具有那样的强制性和约束力,但具有积极的示范效应和强烈的感染力,当被人们认可和接受后具有自我约束的力量。因此,它具有更广泛的适应性,是约束企业和职工行为的重要手段。

(5)团体意识。团体即组织,团体意识是指组织成员的集体观念。团体意识是企业内部凝聚力形成的重要心理因素。企业团体意识的形成使企业的每个职工把自己的工作和行为都看成是实现企业目标的一个组成部分,使他们对自己作为企业的成员而感到自豪,对企业的成就产生荣誉感,从而把企业看成是自己利益的共同体和归属。因此,他们就会为实现企业的目标而努力奋斗,自觉地克服与实现企业目标不一致的行为。

(6)企业形象。企业形象是企业通过外部特征和经营实力表现出来的,被消费者和公众所认同的企业总体印象。由外部特征表现出来的企业的形象称表层形象,如招牌、门面、徽标、广告、商标、服饰、营业环境等,这些都给人以直观的感觉,容易形成印象;通过经营实力表现出来的形象称深层形象,它是企业内部要素的集中体现,如人员素质、生产经营能力、管理水平、资本实力、产品质量等。表层形象是以深层形象为基础,没有深层形象这个基础,表层形象就是虚假的,也不能长久地保持。

企业形象还包括企业形象的视觉识别系统,比如 VIS 系统,是企业对外宣传的视觉标识,是社会对这个企业的视觉认知的导入渠道之一,也是标志着该企业是否进入现代化管理的标志内容。

(7)企业制度。企业制度是在生产经营实践活动中所形成的,对人的行为带有强制性,并能保障一定权利的各种规定。从企业文化的层次结构看,企业制度属中间层次,它是精神文化的表现形式,是物质文化实现的保证。企业制度作为职工行为规范的模式,使个人的活动得以合理进行,内外人际关系得以协调,员工的共同利益受到保护,从而使企业有序地组织起来为实现企业目标而努力。

(8)文化结构。企业文化结构是指企业文化系统内各要素之间的时空顺序,主次地位与结合方式,企业文化结构就是企业文化的构成、形式、层次、内容、类型等的比例关系和位置关系。它表明各个要素如何链接,形成企业文化的整体模式。即企业物质文化、企业行为文化、企业制度文化、企业精神文化形态。

(9)企业使命。所谓企业使命是指企业在社会经济发展中所应担当的角色和责任。企业使命是指企业的根本性质和存在的理由,说明企业的经营领域、经营思想,为企业目标的确立与战略的制订提供依据。企业使命要说明企业在全社会经济领域中所经营的活动范围和层次,具体的表述企业在社会经济活动中的身份或角色。它包括的内容为企业的经营哲学,企业的宗旨和企业的形象。

5.企业文化的功能

(1)导向功能。所谓导向功能就是通过它对企业的领导者和职工起引导作用。企业文化的导向功能主要体现在以下两个方面。

①经营哲学和价值观念的指导。经营哲学决定了企业经营的思维方式和处理问题的法则,这些方式和法则指导经营者进行正确的决策,指导员工采用科学的方法从事生产经营活动。企业共同的价值观念规定了企业的价值取向,使员工对事物的评判达成共识,有着共同的价值目标,企业的领导和员工为着他们所认定的价值目标去行动。

②企业目标的指引。企业目标代表着企业发展的方向,没有正确的目标就等于迷失了方向。完美的企业文化会从实际出发,以科学的态度去制订企业的发展目标,这种目标一定具有可行性和科学性。企业员工就是在这一目标的指导下从事生产经营活动。

(2)约束功能。企业文化的约束功能主要是通过完善管理制度和道德规范来实现。

①有效规章制度的约束。企业制度是企业文化的内容之一。企业制度是企业内部的法规,企业的领导者和企业职工必须遵守和执行,从而形成约束力。

②道德规范的约束。道德规范是从伦理关系的角度来约束企业领导者和职工的行为。如果人们违背了道德规范的要求,就会受到舆论的谴责,心理上会感到内疚。同仁堂药店"济世

养生、精益求精、童叟无欺、一视同仁"的道德规范约束着全体员工必须严格按工艺规程操作，严格质量管理，严格执行纪律。

（3）凝聚功能。企业文化以人为本，尊重人的感情，从而在企业中造成了一种团结友爱、相互信任的和睦气氛，强化了团体意识，使企业职工之间形成强大的凝聚力和向心力。共同的价值观念形成了共同的目标和理想，职工把企业看成是一个命运共同体，把本职工作看成是实现共同目标的重要组成部分，整个企业步调一致，形成统一的整体。这时，"厂兴我荣，厂衰我耻"成为职工发自内心的真挚感情，"爱厂如家"就会变成他们的实际行动。

（4）激励功能。共同的价值观念使每个职工都感到自己存在和行为的价值，自我价值的实现是人的最高精神需求的一种满足，这种满足必将形成强大的激励。在以人为本的企业文化氛围中，领导与职工、职工与职工之间互相关心，互相支持。特别是领导对职工的关心，职工会感到受人尊重，自然会振奋精神，努力工作。另外，企业精神和企业形象对企业职工有着极大的鼓舞作用，特别是企业文化建设取得成功，在社会上产生影响时，企业职工会产生强烈的荣誉感和自豪感，他们会加倍努力，用自己的实际行动去维护企业的荣誉和形象。

（5）调适功能。调适就是调整和适应。企业各部门之间、职工之间，由于各种原因难免会产生一些矛盾，解决这些矛盾需要各自进行自我调节；企业与环境、与顾客、与企业、与国家、与社会之间都会存在不协调、不适应之处，这也需要进行调整和适应。企业哲学和企业道德规范使经营者和普通员工能科学地处理这些矛盾，自觉地约束自己。完美的企业形象就是进行这些调节的结果。调适功能实际也是企业能动作用的一种表现。

（6）辐射功能。文化力不止在企业起作用，它也能通过各种渠道对社会产生影响。文化力辐射的渠道很多，主要包括传播媒体、公共关系活动等。

（7）自我完善功能。企业文化不断深化和完善的行为一旦形成良性循环，就会持续地推动企业本身的发展，反过来，企业的进步和提高又会促进文化的丰富、完善和升华。

6. 塑造企业文化的主要途径

（1）选择价值标准。选择价值标准有两个前提：首先要立足于本企业的具体特点，其次要把握与企业文化各要素之间的相互协调。在此基础上，要抓住四点：

①企业价值标准要正确、明晰、科学，具有鲜明的特点。

②要体现企业的宗旨、管理战略和发展方向。

③要清楚本企业员工的认可程度和接纳程度。

④要坚持走群众路线，充分发挥群众的创造精神。

（2）强化员工认同。主要采取重点宣传、树立典型、培训教育等手段强化灌输，通过顺从、同化、内化三个阶段，步步为营，使其深入人心。

（3）精心提炼定格。这包括如下内容。

①精心分析。详细分析和深入比较实践结果和规划方案的差距。

②全面归纳。去掉那些落后的、不为员工所认可的内容与形式，保留那些进步的、卓有成效的、为员工所接受的内容与形式。

③精练定格。将企业文化予以条理化、完善化、格式化，加上必要的理论加工和文字处理，用精炼的语言表达出来。

（4）强化巩固落实。首先，要有必要的制度保障，在企业文化演变为全体员工的习惯行为之前，要使每一位员工都能自觉主动地按照企业文化和组织精神的标准行事是几乎不可能的。

因此,建立某种奖优罚劣的规章制度还是必要的。其次,领导者观念要更新,作风要正派,要走在前列、率先垂范,作出榜样。

(5) 丰富发展。当企业和内外环境条件发生变化时,应不失时机地调整、更新、丰富和发展企业文化的内容和形式。只有如此,企业的经营管理才能达到更高的层次。

第三节　领导职能

领导职能是领导者在特定环境下,对员工的行为进行引导和施加影响,把员工个体目标和企业目标有效地匹配,以实现企业目标的过程。它包括指挥、协调、沟通等内容。

一、指挥

指挥是指管理者凭借权力和权威,根据决策计划的要求对所属指挥对象发出指令,进行领导和调度,使之服从管理者意志,并付诸行动,齐心协力地实现饭店的预定目标的管理活动。指挥的过程中,通常先有组织目标和决策计划,后有管理者根据组织授权视具体情况行使的指挥。简单地说,指挥就是管理者将有利于饭店目标实现的指令下达给其下属,使之服从并付诸行动的一种反映上下级关系的管理活动。当饭店管理目标已定,也已形成一定的接待能力,管理者就要通过执行指挥职能,使饭店的全体员工积极实施管理目标,进而使饭店接待能力成为实际的接待业务活动。指挥职能发挥得好坏,有两个重要因素:一是饭店决策计划的合理性,二是管理者自身的素质高低。

1. 指挥的要求

指挥是计划职能和组织职能的延伸和继续,计划是指挥的依据,组织是指挥的保证。饭店统一意志达到目的是通过指挥来实现的。有效指挥职能有以下基本要求。

(1) 饭店应建立强有力的指挥系统,按等级链原则划分管理层次,明确权力关系,使人人自觉执行上级下达的指令,管理者行使指挥职能时畅通无阻。

(2) 统一指挥,即饭店管理者只对直接下属部门和员工实施指挥,不能越级;而作为下属也只接受其直接上级的指令。只有这样,才能防止令出多头而使下属无所适从,树立并维护管理者的权威,确保饭店业务的正常运转。

(3) 在实施指挥时,饭店管理者应注意运用各种有效的激励手段调动其下属的工作积极性,激发其努力工作,完成饭店的预定目标。

2. 指挥的类型

饭店管理者在执行指挥职能时,应根据自身所处的职位、周围的环境和下属的能力、特点等来选择不同的指挥方法。指挥的类型可分为以下几种。

(1) 直意指挥。直意指挥是指管理者用明确的信息对下属直接下达指令并使之执行的管理方法。指令通常采用肯定或否定的语言,表达简单、清晰、明确。这是饭店中最常用的一种指挥方式,比较而言,中、基层管理者更为常用。有效的直意指挥应针对指令的指挥对象、明确指出应完成的任务、达到的效果和完成时限,并提出执行指令的具体步骤。

(2) 启发式指挥。在实际管理中,各级管理者常会对应由其处理的一些问题不知该如何妥善解决,于是请示上级管理者。而作为上级管理者不是简单地使用直意指挥,而反问下级:"你认为该如何处理?"同时提出要充分注意的有关条件和既定的政策,给下级以指点和启发。

当下级对问题处理提出基本设想后,上级管理者衡量其思路与自己的决策是否一致,一致,则顺势下达指令,否则,指出其不周之处,并进一步引导其思考,使上下级之间最终达到一致。这一过程就是启发式指挥的过程。

简单地说,启发式指挥就是指管理者针对需要解决的问题,通过引导启发的方式让下属自我思考解决的措施,使上下级之间的思路一致后再实施指挥的管理方法。高、中层管理者最常用这种方式,因为下级管理者对问题的充分理解和深刻认识,十分有利于其坚决地执行指令。

在进行启发式指挥时,管理者应特别注意引导下属的工作思路,发挥下属的主观能动性,使之对所要解决的问题自我思考,自我决策,最终与己一致,这样才能更有效地解决问题,实现目标。启发式指挥不但能较好地避免错误,同时也能有效地培养和锻炼下属的工作能力,特别是分析、解决问题的能力。

(3)归纳式指挥。饭店业务复杂,宾客需求多变,内外环境也因时而异,所以常会遇到一些涉及饭店各部门的疑难问题,这时就需归纳多方见解后才能作出决策。归纳式指挥就是指管理者在充分听取各方意见的基础上,进行合理决策,再下达指令的指挥方法。常为饭店高层管理者所用。

归纳式指挥关键在于归纳,在归纳时可能产生三种情形:一是意见基本一致,只是在方法手段上有些差异,归纳时只需从中提炼形成指令,即顺向归纳指挥。二是各有见解、众说不一,归纳时就要充分听取各相关人员的看法,集思广益、博采众长、权衡利弊后再形成决定,发出指令,即综合性归纳指挥。三是意见基本一致,但皆从本团体利益出发,而不符合饭店的整体目标与利益,在归纳时应吸取其有利成分,但在总体首先应考虑饭店整体利益,然后兼顾各团体利益,形成符合饭店整体利益的指令。

归纳式指挥要求管理者分析归纳能力要强,善于抓住问题的主要方面且思维清晰,使指令能够让各实际部门信服,以便执行。另外,管理者在归纳式指挥过程中,应充分了解所需解决问题的复杂困难程度,并告知下属,而且,指令必须明确无误地指出各方需协调合作的内容,以便实现饭店目标。

(4)应急式指挥。饭店业务涉及面广,手工操作多,宾客需求多样,因而难免会出现一些意外的特殊情况,为解决这些临时性出现的突发问题,管理者必须即时下达指令并立见效果,因此无法进行周密的思考和筹划。应急式指挥即管理者为解决突发问题而下达紧急指令的指挥方式。通常只求主要问题的解决,而很少顾及其他。

因此,应急式指挥要求管理者有敏锐的观察力和很强的应变能力,下达指令要既果断又谨慎,能即时解决问题,以防止事态扩大或贻误时机而影响饭店声誉。

二、协调

协调是指管理者对饭店内外出现的各种不和谐现象而采取的调整联络等措施的总和。其目的是保证饭店经营业务活动的顺利进行,并有效地实现饭店的经营目标。协调职能是现代饭店管理的特征之一。

协调包括内部协调和外部协调两大类。

1. 饭店外部协调

饭店与社会存在着千丝万缕的联系,若处理不当,小则影响饭店的客源、效益、形象等,大则危及饭店的生存与发展,因此,为饭店创造一个良好的外部环境,饭店都非常重视外部协调。

通常,饭店外部协调可分为饭店与宾客的协调和饭店与社会的协调两种。

在目前饭店业市场激烈竞争的环境中,宾客需求也日益复杂多变,饭店与宾客之间的协调主要体现在饭店应根据市场供求及竞争情况,不断地调整饭店的服务内容与项目,减少饭店与宾客之间的不和谐因素,如增添服务设施、增加服务项目、努力提高服务质量等,从而最大限度地满足宾客需求,使饭店与宾客之间相互和谐融洽,并在饭店竞争中处于不败之地。

与此同时,饭店是社会的一个组成部分,与社会各界存在着各种维护与制约的关系,这种关系处理是否妥当,直接影响着饭店在社会上的地位和声誉。因此,大多数饭店都非常注重通过各种公共关系活动处理好与社会各界,特别是与银行、财税、工商、公安、消防、环保、文化卫生、新闻媒体等各方面的关系,树立饭店良好形象并获得社会各界的信任、理解和支持,使饭店业务正常、有序地进行。

2. 饭店内部协调

现代饭店业务构成复杂,随机性大,为提高其工作效率和专业化程度,通常都实行分工协作的原则。分工后,每个部门和个人都只在一个有限的工作范围内从事较单一的工作内容,因而会产生局部观念和注重自我意识的倾向,使局部与局部、个体与个体之间产生矛盾和不协调。而饭店是一个整体,需要各部门和个体之间的广泛的联系和协作。因此,必须树立全局观念,通过执行协调职能达到整体的统一、组织目标的实现。

饭店内部协调一般分为横向协调与纵向协调两类。

饭店业务随机性强、涉及面广,一项工作往往需要各个部门或许多环节员工的配合才能完成。横向协调就是指饭店内各部门之间、本部门内各环节之间的协调。如工程部与客房部的合作、前厅部的预定与接待、收款的信息沟通与配合等。各部门、各环节之间信息传递及时、迅速、准确是协调的基本要求。各相关部门、环节的所有人、财、物、信息等要素的配合得当,步调一致,是通过协调职能的执行所应达到的结果,也只有如此,才能确保饭店各项管理工作的顺利进行。

饭店是劳动密集型企业,因此,饭店各级人员之间的纵向协作配合十分重要。所谓纵向协调是指饭店上下各级人员之间的协调。有效的纵向协调要求上级应能根据饭店目标要求下达正确的指令,而下级则无条件地服从和执行上级的指令要求,另外,纵向协调还应遵循等级链的原则,即上级不越级指挥,下级也不越级向上汇报。最终,通过饭店全体员工的齐心合力、相互配合共同完成饭店的预定目标。

三、沟通

沟通是指人与人之间、人与群体之间思想与感情的传递和反馈的过程,以求思想达成一致和感情的通畅。沟通是人们之间语言和非语言(文字、体态动作)的信息交流。一方发出信息和另一方的反馈,构成一个沟通过程。人们除了睡眠外,余下的 70% 的时间都在交往和沟通。沟通目的就是把信息传给别人,达到相互了解、促进情谊、共同发展的目的。沟通是建立良好人际关系的前提,人际关系不好,其中的一个重要原因就是沟通不够,相互之间不了解。做一个称职的领导,要想在工作中得到上级、同事和员工的支持和帮助,就必须沟通良好,做到多倾听、常通气、好商量。

1. 沟通的作用

沟通是一项十分重要的工作,也可以说是一门艺术。如果说纪律是维护饭店完整的硬性手段的话,那么沟通则是维护团队完整的软性措施,它是饭店的无形纽带和润滑剂。

沟通的作用体现在以下几个方面。

(1)促进饭店员工之间的相互了解。如果一家饭店信息沟通渠道堵塞,员工间的意见难以沟通,将使人们的心理产生压抑、郁闷。这样,不仅影响员工的心理健康,还会严重影响饭店的工作。因此,领导者必须保证饭店内部上下、左右各种沟通渠道的畅通,以利于提高员工的士气,增进人际关系的和谐,为饭店的顺利发展创造"人和"的条件。

(2)增强凝聚力。有效的沟通既可以促进领导者改进管理,又可以激励员工的工作热情和管理的积极性,使之增强信心,积极主动地为本饭店和本部门的发展献计献策,增强主人翁责任感,从而增强饭店内部的凝聚力,使管理工作更富成效。

(3)保障饭店目标顺利实现。饭店经营管理的目的在于达到共同目标,而达到目标的关键在于员工之间的交流和相互理解。如果是一个人单独工作,就没有交流的必要,但是饭店目标只有通过大家的分工合作才能完成,因此员工之间的相互交流和相互信任就不可或缺了。

一家饭店只有通过沟通才能成为一个有机的整体。通过沟通,每位员工才能清楚地看到自己和别人的目标、位置,能够做更好的联系与互动,从而贡献自己。从某种程度上可以说工作的成果在很大程度上取决于意见沟通的效果。

(4)提高决策水平。通过沟通,可以充分利用"集体智慧",并从中产生最佳的决策。当饭店要做出重大的决策,实施重要的措施时,领导者必须做好良好的沟通工作,包括各种形式的浅层和深层的沟通工作。

在决策之前,在不妨碍保密要求的前提下,尽量让更多的成员参与决策,增强他们的主人翁责任感。在决策做出之后,要准确迅速地传达下去,以使员工胸中有数、安心工作。

(5)增强创造力。每个人都有自己的思想、价值观、信念,也许不会表达出来,当然也不是每件事都非得说出来不可,但是饭店中大多数的事情都值得花时间去沟通,特别是有的人想法非常敏锐时,或者模棱两可时,很容易激发新思想,如果领导者能够把握这种动态,那么沟通就会使饭店的创造力不断提高。

(6)加速问题解决。通过沟通,员工清楚地知道在特定的项目中自己的任务是什么,也知道怎样把别人的经验为我所用。每一位员工都小心谨慎,不时做出调整,这使饭店的整体工作得以迅速而平稳地进行。这种调整最终影响着整个饭店,推动着饭店的发展。

2. 沟通形式与内容

许多研究表明,人们在组织中的各种工作,有大量时间花在沟通上。美国的一项调查表明,在企业中,生产工人每小时进行16～46分钟的沟通信息活动;对于企业领导人员来说,他们工作时间的20%～50%用于同各种人进行语言交流;而企业领导者在工作时间内则有66%～89%的时间用于语言沟通。

(1)沟通的形式。沟通的形式一般有以下几种。

①自上而下,由领导者向成员进行沟通。作为领导者要把信息通报给成员,向他们分派任务,向他们提供完成任务所需要的信息。在企业里,这一过程呈阶梯状,董事会向其直接下属(如经理)下发通知,经理又把通知下发给自己的直属下级,即主要部门的主管。以此类推,直到通知到普通员工,这就是典型的自上而下的沟通形式。

②自下而上,由成员向领导者进行沟通。这种沟通形式指组织成员向领导者汇报有关信息,如果有必要,领导者再向他的上级汇报。以此类推,直到最高层。

③组织成员间或部门间的水平沟通。这种沟通形式大多数情况下是为了简化垂直方向的交流、加快工作速度而产生的非正式沟通。特别是当一个组织规模发展较大时,部门与部门之间的隔膜最容易发生,因而水平的信息沟通是必要的,它有助于合作解决问题,协调矛盾,节省时间,分享信息。

(2)沟通的内容。沟通的内容主要有以下两大部分。

①信息沟通。信息沟通是沟通的主要内容,主要包括组织及成员所需的信息以及组织和成员产生的信息。信息沟通主要是传递管理决策前提的过程,同样也有正式沟通与非正式沟通两种形式。

正式沟通主要包括:定期举行的组织会议,包括营业会议、财务会议、计划会议、质量会议等,在此类会议上,得到有关销售、财务、服务质量等方面的信息;定期发布的报表、数据、报告,如财务报告、研究发展报告、员工手册、市场调研报告、营销分析报告、会议报告等,这些定期的制度化的报告系统,构成了组织主要的信息流。

非正式沟通渠道信息大多建立在人际关系基础上,信息传递更具主动性、针对性和时效性。但非正式沟通渠道中的信息可靠性和系统性程度较低,信息的准确性或多或少、有意无意地受组织人员因素的影响。

②非信息沟通。非信息沟通指包括思想、感情等方面的内容。如领导者了解成员对工作的一些真实想法,或成员在生活上和个人发展上的一些其他需求。以诚意和真情待人,与任何成员都保持亲切的关系,重视和发掘成员的愿望。

3. 沟通的特点

(1)沟通是双向活动。一方发出信息,另一方接收并予以反馈,构成一次沟通,起到相互交流、了解的作用。只是单向的发出信息,或只是接收信息,都起不到交流信息的作用,也不能持久。比如,领导只顾给下级指示,根本不问是不是符合下面的实际,下级只是接受命令,也不汇报执行情况和存在什么问题,上下都不通气,必然会产生许多矛盾。

(2)沟通会受干扰。因为个人因素、环境情况、设备条件等原因,沟通常会失真。例如,人员的性格、气质、口音对沟通就有很大的影响。又如,环境情况对信息也有很大的影响。在嘈杂的场合,发出和接收信息都不会很清楚;层次越多,信息衰减就越严重,多一个层次,信息就多损失一部分。心理学家研究证实,信息由董事长经总经理传达到副总经理,37%的信息没有了,到中层经理时只有信息的56%,到主管只剩下40%,到班组仅有20%了。所以,要听取汇报或调查了解情况,一定要第一手材料,层层反映上来的材料,对信息都作了大量的筛选和删节,许多东西都没有了。

(3)要有沟通环境。最重要的是可以在自由的气氛下,无拘束、无压力地、开诚布公地沟通。领导要想听到员工的意见和建议,就要创造一个让员工说话的机会和场合,比如定期召开大会,通报情况,听取意见;领导和下级在一起吃饭,参加员工的聚会等等。

(4)沟通经常会出错。由于发出信息和接收信息者的条件、环境、素质、性格、经验、心情等因素的影响,在发送和接收时,每道程序都可能产生错误,引起误会,使沟通中断。只有仔细地对待沟通的每一步,才能防止干扰,准确地掌握信息的本意。

4. 沟通的原则

(1)进行有针对性的沟通。人们对信息的接受具有个人喜好性,对不熟悉或具有威胁性的信息他们往往会进行排斥。有针对性的沟通指在传递信息时要具有目的性及保密性,同一信息对不同的人具有不同的价值。因此,要注意信息传递的目标,确保信息的效用。要研究不同对象的不同需要,追踪信息接受者的视线所向,保证信息传递的质量,减少无效劳动。

(2) 对信息量要有所控制。在组织管理中,由于分级主管部门的角色不同,每个成员所考虑的问题不同,因此,在信息传递时,要适当注意量的控制。这就是说,应该让成员知道的信息必须尽快传递,需要保密的信息则力求保密。这里要注意两种倾向:一是信息过分保密的倾向。同行各企业、各部门或同班组的员工之间相互保密,妨碍了彼此了解和相互协调。有些本应共享的信息材料,由于某人的保密,结果没有向下级部门及时传达,从而使信息阻塞。二是随意扩散信息的倾向。在传递信息时,不考虑信息的保密程度,不选择信息传递的对象,将所收集的信息随意扩散,导致信息混乱。

(3) 要保证所提供的信息必须是有价值的。沟通和信息是两个不同的概念,由于信息量非常大,受众没有必要获取所有的信息,因此,沟通时所提供的信息应该是有价值的、重要的信息。

(4) 保证沟通信息的质量。沟通的信息要多,即在单位时间内传递的信息数量要多;信息要快,即信息传递要迅速、及时,一条很有价值的信息,如果传递速度过慢,就可能变得毫无价值;信息要好,即要消除信息传递中的种种干扰,保持信息的真实性;信息要有效益,即在较短的时间内,花费较少的费用,传递尽可能多的信息。在信息传递中,这几方面互相联系,互相制约,要加以协调。

(5) 及时反馈。在沟通中,及时反馈要求是双向的,即组织成员要经常给组织领导者提供信息,同时接受领导者的信息查询;领导者也要经常向成员提供信息,同时对成员提供的信息进行反馈,从而形成一种信息环流。一般来说,没有实际价值或暂时用不上的信息也必须及时答复,加以反馈。

(6) 限制越级沟通。所谓越级沟通就是指抛开管理信息系统,使沟通双方直接对话。在管理中,不能过多采用这种方式,但在某些特殊情况下可以限制使用。

(7) 控制非正式沟通。对于非正式沟通,要实施有效的控制。因为虽然在一些情况下,非正式沟通往往能够达到正式沟通难以达到的效果,但是,它也可能成为散布谣言和小道消息的渠道,产生不好的作用,所以,要控制非正式沟通。

5. 沟通技巧

从沟通的过程分析,沟通的技巧有以下几种。

(1) 自信的态度。一般经营事业相当成功的人士,他们不随波逐流或唯唯诺诺,有自己的想法与作风,但却很少对别人吼叫、谩骂,甚至连争辩者极为罕见。他们对自己了解相当清楚,并且肯定自己,他们的共同点是自信,日子过得很开心,有自信的人常常是最会沟通的人。

(2) 体谅他人的行为。这其中包含"体谅对方"与"表达自我"两方面。所谓体谅是指设身处地为别人着想,并且体会对方的感受与需要。在经营"人"的事业过程中,当我们想对他人表示体谅与关心,唯有我们自己设身处地为对方着想。由于我们的了解与尊重,对方也相对体谅你的立场与好意,因而做出积极而合适的回应。

(3) 适当地提示对方。产生矛盾与误会的原因,如果出自于对方的健忘,我们的提示正可使对方信守承诺;反之若是对方有意食言,提示就代表我们并未忘记事情,并且希望对方信守诺言。

(4) 有效地直接告诉对方。一位知名的谈判专家分享他成功的谈判经验时说道:"我在各个国际商谈场合中,时常会以'我觉得'(说出自己的感受)、'我希望'(说出自己的要求或期望)为开端,结果常会令人极为满意。"其实,这种行为就是直言不讳地告诉对方我们的要求与感受,若能有效地直接告诉你所想要表达的对象,将会有效帮助我们建立良好的人际网络。但要切记"三不谈":时间不恰当不谈;气氛不恰当不谈;对象不恰当不谈。

(5)善用询问与倾听。询问与倾听的行为,是用来控制自己,让自己不要为了维护权力而侵犯他人。尤其是在对方行为退缩,默不作声或欲言又止的时候,可用询问行为引出对方真正的想法,了解对方的立场以及对方的需求、愿望、意见与感受,并且运用积极倾听的方式,来诱导对方发表意见,进而对自己产生好感。一位优秀的沟通好手,绝对善于询问以及积极倾听他人的意见与感受。

一个人的成功,20%靠专业知识,40%靠人际关系,另外40%需要观察力的帮助,因此为了提升我们个人的竞争力,获得成功,就必须不断地运用有效的沟通方式和技巧,随时有效地与"人"接触沟通,只有这样,才有可能使你事业成功。

6. 有效沟通的途径

要实现有效沟通,可以通过以下几个方面来努力。

(1)领导者的责任。领导者要认识到沟通的重要性,并把这种思想付诸行动。企业的领导者必须真正地认识到与员工进行沟通对实现组织目标十分重要。如果领导者通过自己的言行认可了沟通,这种观念会逐渐渗透到组织的各个环节中去。

(2)提高沟通的心理水平。要克服沟通的障碍必须注意以下心理因素的作用。

①在沟通过程中要认真感知,集中注意力,以便信息准确而又及时地传递和接受,避免信息错传和接受时减少信息的损失。

②增强记忆的准确性是消除沟通障碍的有效心理措施,记忆准确性水平高的人,传递信息可靠,接受信息也准确。

③提高思维能力和水平是提高沟通效果的重要心理因素,高的思维能力和水平对于正确地传递、接受和理解信息,起着重要的作用。

④培养稳定情绪和良好的心理气氛,创造一个相互信任、有利于沟通的小环境,有助于人们真实地传递信息和正确地判断信息,避免因偏激而歪曲信息。

(3)正确地使用语言文字。语言文字运用得是否恰当直接影响沟通的效果。使用语言文字时要简洁、明确,叙事说理要言之有据,条理清楚,富于逻辑性;措辞得当,通俗易懂,不要滥用词藻,不要讲空话、套话。非专业性沟通时,少用专业性术语。可以借助手势语言和表情动作,以增强沟通的生动性和形象性,使对方容易接受。

(4)学会有效的倾听。有效的倾听能增加信息交流双方的信任感,是克服沟通障碍的重要条件。要提高倾听的技能,可以从以下几方面去努力:

①使用目光接触。

②展现赞许性的点头和恰当的面部表情。

③避免分心的举动或手势。

④要提出意见,以显示自己不仅在充分聆听,而且在思考。

⑤复述,用自己的话重述对方所说的内容。

⑥要有耐心,不要随意插话,和随便打断对方的话。

⑦不要妄加批评和争论。

⑧使听者与说者的角色顺利转换。

（5）缩短信息传递链，拓宽沟通渠道。信息传递链过长，会减慢流通速度并造成信息失真。因此，要减少组织机构重叠，拓宽信息渠道。另一方面，团队管理者应激发团队成员自下而上地沟通。例如，运用交互式广播电视系统，允许下属提出问题，并得到高层领导者的解答。如果是在一个公司，公司内部刊物应设立有问必答栏目，鼓励所有员工提出自己的疑问。此外，在利用正式沟通渠道的同时，可以开辟非正式的沟通渠道，让领导者走出办公室，亲自和员工们交流信息。坦诚、开放、面对面的沟通会使员工觉得领导者理解自己的需要和关注，取得事半功倍的效果。

第四节　控制职能

在饭店管理过程中，管理者应始终以目标为基准，对饭店中的各种资源进行尽可能合理的调配和组织，并随时调整和改变策略以适应饭店经营的需要，这就需要对整个饭店管理过程进行有效的控制。控制职能是指饭店根据计划目标和预定标准，对饭店业务的运转过程进行监督、调节、检查、分析，以确保目标任务完成的管理活动。

在饭店竞争日趋激烈，市场变幻莫测的形势下，控制职能更显得重要。饭店通过实施控制职能，可有效地防止差异的出现，使实际结果与计划目标之间的差异减少到最低限度，而一旦出现差异，控制职能又有助于管理者及时发现问题，采取相应措施进行调节从而避免更大的损失。所以，饭店在经营业务活动中，要衡量计划目标的完成程度、饭店的服务质量水平、员工的工作效率、计划与实际是否一致等，都离不开控制职能。控制职能的实质是对饭店业务的实际运行活动的反馈信息作出反应。

一、控制的必要性

1. 环境的变化

饭店所处的宏观环境（政治法律、经济、社会文化、科技，简称 PEST）和微观环境（市场、行业、顾客、竞争、供应商、社会团体）随时都在发生变化，要及时分析哪些变化可能会对饭店的经营起影响作用，作用的程度如何。

2. 适应变化的内部反应

饭店内部资源转换系统必须具备适应变化的功能。如果该功能通过努力还不可能具备，应及时调整计划目标。

3. 管理权力的分散

饭店分权的程度越高，控制就越有必要，否则无法收场。

4. 工作能力的差异

实际工作结果可能在质和量上与计划要求不符，要及时采取措施和对策。

控制好像汽车，既要有动力系统，又要有控制系统。控制系统缺乏或控制不力都不可能达到目的地。

二、控制的焦点

1. 人员控制

管理者是通过他人的工作实现自己的目标的。为了实现组织的目标，管理者需要而且也必须依靠下属员工。因此管理者使员工按照他所期望的方式去工作是非常重要的。为了做到这一点,管理者最简明的方法就是直接巡视和评估员工的表现。

在日常工作中,管理者的工作是观察员工的工作并纠正出现的问题。比如,一位监工发现一位员工在操作机器不当时,就应该指明正确的操作方法并告诉员工在以后的工作中按正确的方式操作。

管理者对员工的工作进行系统化的评估是一种非常正确的方法。这样,每一位员工的近期绩效都可以得到鉴定。如果绩效良好,员工就应该得到奖励,如增加工资,从而使之工作得更好;如果绩效达不到标准,管理者就应该想办法解决,根据偏差的程度进行不同的处理。

在实践中,管理者几乎用到了所有下列方法来增大使员工按期望的方式去做的可能性。

(1)甄选。识别和雇佣那些价值观、态度和个性符合管理者期望的人。

(2)目标。当员工接受了具体的目标,这些目标就会指导和限制他们的行为。

(3)职务设计。职务设计的方式在很大程度上决定着人们可从事的任务,工作的节奏,人们之间的相互作用,以及类似的活动。

(4)定向。员工定向规定了何种行为是可接受的或不可接受的。

(5)直接监督。监督人员亲临现场可以限制员工的行为和迅速发现偏离标准的行为。

(6)培训。正式培训计划向员工传授期望的工作方式。

(7)传授。老员工非正式和正式的传授活动向新员工传递了"该知道和不该知道"的规则。

(8)正规化。正式的规则、政策、职务说明书和其他规章制度规定了可接受的行为和禁止的行为。

(9)绩效评估。员工会以使各项评价指标看上去不错的方式行事。

(10)组织报酬。报酬是一种强化和鼓励期望行为和消除不期望行为的手段。

(11)组织文化。通过故事、仪式和高层管理的表率作用,文化传递了什么构成人们的行为的信息。

2. 财务控制

企业的首要目标是获取一定的利润。在追求这个目标时,管理者都要借助费用进行控制。比如,管理者可能仔细查阅每季度的收支报告,以发现多余的支出;也可能进行几个常用财务指标的计算,以保证有足够的资金支付出现的各种费用,保证债务负担不至于太重,并且所有的资产都得以有效的利用。这就是用财务控制减低成本,并使资源得以充分利用。

预算是一种控制工具,财务预算为管理者提供了一个比较与衡量支出的定量标准,据此能够指出标准与实际花费之间的偏差。

3. 作业控制

一个组织的成功,在很大程度上取决于生产产品或提供服务的效率和效果上。作业控制方法就是用来评价一个组织的转换过程的效率和效果的。

典型的作业控制包括:监督生产活动以保证按计划进行;评价购买能力,以尽可能低的价格获得所需质量和数量的原材料;监督组织的产品或服务的质量,以保证满足预定的标准;保证所有的设备得到良好的维护。

4. 信息控制

管理者需要信息来完成他们的工作。不精确的、不完整的、过多的或延迟的信息会严重阻碍他们的行动。因此应该开发出一种管理信息系统,使它能在正确的时间以正确的数量为正确的人提供正确的数据。

5. 组织绩效控制

许多研究部门为衡量一个组织的整体绩效或效果作着不懈的努力。管理者关心组织的绩效,但他们并不是唯一的衡量其组织的人。顾客和委托人在他们选择生意对象时也会对此作出判断。证券分析家、潜在的投资者、潜在的贷款者和供应商(尤其是以信用方式交易的供应商)也会作出判断。为了维持或改进一个组织的整体效果,管理者应该关心控制。但是衡量一个组织的效果并没有单一的衡量指标。生产率、工作效率、利润、员工士气、产量、适应性、稳定性以及员工的旷工率等毫无疑问都是衡量整体绩效的重要指标。但是,其中任何一个指标都不能衡量组织的整体绩效。一个组织的绩效要通过下列三种基本方式之一评价。

(1)组织目标法(organizational goals approach)。组织目标法就是以组织最终完成目标的程度而不是以实现目标的手段来衡量其效果。

衡量时,是采用宣称的目标还是实际的目标?是采用短期的目标还是长期的目标?由于组织具有多重目标,那么这些目标如何按重要性进行排序?这些都是管理者不得不面对的问题。如果管理者敢于面对组织目标的内在复杂性,就可以获得评价组织的合理信息。

(2)系统方法。一个组织可以描述成这样一个实体,即获得输入、从事转换过程、产生输出的实体。从系统的角度看,可以通过下述这些方面的能力评价组织,即获得输入的能力、处理输入的能力、产生输出的能力和维持稳定与平衡的能力。输出产品或服务是目的,而获得输入和处理过程是手段。如果一个组织要想长期生存下去,必须保证有健康的状态和良好的适应能力。组织效果评价的系统方法(systems approach to organizational effectiveness)主要集中考虑那些对生存有影响的因素,即目标和手段。

系统方法所考虑的相关标准包括市场份额、收入的稳定性、员工旷工率、资金周转率、用于研究和发展方面的费用增长情况、组织内部各部门的矛盾冲突情况、员工的满意程度以及内部交流的通畅程度等。值得注意的是,系统方法强调那些影响组织长期生存和兴旺发展的因素的重要性,而这些因素对短期行为可能并不特别重要。比如,用于研究和发展方面的费用是一种对未来的投资,管理层可以削减这里的费用并且立即就会增加利润或减少损失,但这种行为将会影响到组织以后的生存能力。

系统方法的主要优点在于可以防止管理层用未来的成功换取眼前的利益;另一个优点是当组织的目标非常模糊或难以度量时,系统方法仍然是可行的。比如,公共部门的管理者采用"获得预算的增长能力"作为衡量效果的标准。也就是说他们用一种输入标准来取代输出标准。

(3)战略伙伴法。此法是假定一个有效的组织能够满足顾客群体的各种要求,并获得他们的支持,从而使组织得以持续地生存下去,这种方法为战略伙伴法(strategic constituencies approach)。

虽然战略伙伴法非常有意义,但管理者付诸行动却非易事。在实践中,将战略伙伴从广泛的环境中分离出来就是一件非常困难的事。由于环境总是在不断地变化,昨天对一个组织来说还是很关键的利益集团,今天可能就已经不是了。采用战略伙伴法,管理者可以大大减少忽略或严重伤害那些利益集团的可能性。这些利益集团对组织的运转有着重要的影响。如果管理层知道谁的支持对组织的健康发展是必需的,他们就可以更改目标重要程度的顺序,以反映他们与战略伙伴权力关系的变化。

三、控制职能的步骤

1. 制定控制标准

控制标准是指在正常条件下员工完成工作的方式方法和应达到的要求。标准是控制的必要条件,而饭店计划是制定控制标准的依据。在饭店中,控制标准通常分为两类。一类是用数量来表示的各种标准,即数量标准,如营业额、成本费用等,另一类是以描述性语言表示的各种标准,即质量标准,如服务规程、卫生标准等。

饭店制定控制标准要求尽量详细、具体,以便于执行和衡量。

2. 效果评估

确立了各种标准之后,即可通过检查将实际工作与预定标准进行比较,评估其实际工作效果。在饭店管理中,效果评估的重点通常是:营业额与预期的成果,成本、费用支出的合理性,服务质量水平等直接影响到饭店的社会效益和经济效益的内容。评估时还应根据考核对象的不同而采取不同的要求,如对中高层管理者主要以饭店目标为衡量标准;而对操作层主要以工作量、工作时间以及质量等作为衡量的标准。

评估无非三种结果:其一,偏差在允许范围内或无偏差,即为理想状况;其二为正偏差,一般正偏差是理想的,如营业额指标的正偏差,越大越好;其三是负偏差,通常对饭店不利,如利润的负偏差等。

3. 差异分析

效果评估使管理者及时判断实际与标准的差异,无论是正偏差还是负偏差,管理者必须分析差异产生的原因及其对未来经营业务活动的影响。只有找出问题的症结所在和主要原因,才能进行有效的控制。通常产生差异的原因有:目标或标准不合理;实际工作中的误差造成;外部环境变化的影响以及各种因素的综合反应。

4. 纠正偏差

管理者找到产生偏差的原因后,应针对其不同原因采取不同的纠正偏差的方法。在采取纠正措施时,一定要落实纠偏时间和责任,并采取有效的控制方法,才能有效地消除偏差,达到管理目的。

四、控制职能的类型

饭店管理中,管理者只有采取恰当的控制方式,才能有效地对饭店的经营业务进行有效的控制。饭店的控制职能一般可分为以下三种类型。

1. 预先控制

预先控制又称前馈控制,是指管理者通过对饭店业务情况的观察、预测和分析,预计可能出现的问题,在其未发生前加以防止的管理活动。

预先控制主要是对业务进行前的资源投入实施有效的控制。其中,最为重要的有以下几点。

（1）人力投入控制。即管理者根据饭店规模及各部门的运转需要,确定所需人员的数量、素质要求,并合理地排班。饭店营业前的检查则可发现现有人员与标准之间的差异,以便在事先采取措施如增减人员或加强培训等纠正偏差。

（2）财力投入控制。即管理者根据饭店业务经营需要，确定所需资金数额及其来源。在编制饭店预算及对未来业务活动进行预测时，估计可能发生的偏差，并采取措施予以纠正。

（3）物力投入控制。即管理者在业务经营活动前检查饭店所有的物质资源的数量和质量是否适应宾客需要，符合饭店等级要求。如发现某项没有达到，即应及时采取补救措施，更换或补充相应的物质资源，确保饭店业务活动的顺利进行。

2. 现场控制

现场控制又称实时控制，是指管理者在饭店业务进行过程中的控制，是饭店管理的一种有效的管理方式。它通过管理者的现场巡视，督导下属员工按服务规程操作；根据业务活动的需要，对预先安排的人、财、物等资源进行合理的重新组合、调配；及时处理宾客投诉以消除不良影响，并有效地保证饭店服务质量。

3. 反馈控制

反馈控制也称事后控制，是指管理者在饭店经营业务活动结束后，对其结果的检查考核。所以，反馈控制是把实际工作结果与预定目标相比较，找出偏差，分析产生差异的原因，提出整改措施，以便在今后的工作中改进提高的管理方法。

饭店管理就是通过具体的计划、组织、指挥、协调、控制五大职能的执行来达到饭店预期的目标，为饭店赢得忠诚客人并树立良好的企业形象，最终取得满意的经济效益和社会效益。

第五节 创新职能

组织、指挥、协调与控制是保证计划目标的实现所不可缺少的职能，从发展的角度看，它们属于管理的"维持职能"，其任务是保证系统按预定的方向和规则运行。但是，随着社会经济环境的变化，尤其是在知识经济、信息时代里，更新换代的速度进一步加快，仅有维持是要被社会所淘汰的，必须不断调整组织活动的内容和目标，以适应不断变化的环境需要，这就是被人越来越推崇的新的管理职能——创新职能。

一、管理创新的含义与特点

管理创新是指在资源的获取、配置和使用方面对传统方式、方法和手段的突破并导致组织目标和发展的过程。其实质是延续组织的发展性。管理创新有以下特点。

1. 继承性

管理创新不是对原有的管理的全面否定，而是一个扬弃的过程。

2. 目的性

就是旨在解决组织进一步发展所面临的问题，突破组织发展原有的管理方式、方法和手段上存在的"瓶颈"，全面消除或解决组织发展的管理障碍，建立组织在新的环境下顺利发展的管理平台。

3. 全面性

管理创新并非在组织运作的某个环节或局部运用某种新的管理方式或手段，而必须把某种理念和解决问题的原则在整体上向组织灌输和实施。

4. 效益性

管理创新强调解决组织的发展问题，但更重要的是强调解决这些问题的有效性和经济性。

要以最小的投入获取最大的产出。

5. 稳定性

要保证组织管理的相对稳定性,朝令夕改的所谓创新只会导致组织的消亡。

二、饭店管理创新的作用

1. 提高饭店的经济效益

管理创新的目标之一是提高饭店有限资源的配置效率。分为两个方面:一是提高目前的效益,二是提高未来的效益,即组织的长远发展。无论是提高当前的效益还是未来的效益,都是在增强饭店的实力和竞争力,从而有助于饭店下一轮的发展。

2. 降低交易成本

管理创新在管理层级上要扁平化、多单位内部化。由于生产单位和采购及分配单位的管理连接在一起,获得市场和供给来源信息的成本亦下降。生产和分配过程中使用的设备和人员得到更好的利用,从而提高生产率并降低成本。

3. 稳定推动饭店发展

饭店管理的有序化、层级化是组织稳定与发展的重要力量。它是一种稳定的组织结构,不会因企业领导人的改变而改变,因为其机构和职能稳定,由此能推动组织的发展。

4. 拓展市场、有利竞争

在市场竞争和市场拓展这一动态博弈的过程中,一个企业若能在这一过程中最先获得该博弈的均衡解,即管理创新的具体方案,便能战胜对手,获得博弈的胜出。

三、管理创新的条件

管理创新的条件很多,最重要的是考虑创新的必备条件,必备条件至少有以下几点。

1. 创新主体的创新意识

对一个创新主体而言,创新意识首先反映在其远见卓识上。其次,反映在创新主体的文化素质、价值观上。

2. 创新能力

创新主体可以是一个人也可以是一个主体,故创新能力在个人方面与某个人的天赋有很大关系,在群体方面则与群体中成员的智能结构、成员的关系程度,以及组织结构等密切相关。

3. 基础管理条件

一方面,管理创新往往是在基础管理较好的条件下才有可能。另一方面,基础管理好可以提供许多必要的准确的信息、资料、规则,这本身将有助于创新的顺利进行。

4. 创新氛围

在好的氛围下,人就思想活跃,新点子产生得多而快,不好的氛围则可能导致人的思想僵化、思路堵塞,头脑里一片空白。决策方法中的头脑风暴法,就是创设了一个良好的创新氛围,才会产生创新的思路。

5. 组织特点

创新不可能脱离组织和组织所在地的特点。如日本企业的诸多创新是与他们把握了东方文化特点、日本民族特点、日本企业特点有关。把握自己的特点并加以提炼,往往是创新成功的开始。

6. 创新目标

管理创新目标具体地说,是一项创新活动意欲达到的状态。创新目标管理方法,则与寻找一个更好的控制与激励员工方法的目标相关。然而,创新目标比一般的目标更难确定,这是因为创新活动及创新目标更具不确定性。所以,确认创新目标是一件很困难的事。但是,如果没有一个恰当的目标会浪费组织资源。

四、管理创新步骤

一般来说,管理创新过程包含四个阶段。

1. 对现状不满

在几乎所有的案例中,管理创新的动机都源于对公司现状的不满:或是公司遇到危机,或是商业环境变化以及新竞争者出现而形成战略型威胁,或是某些人对操作性问题产生抱怨。

当然,不论出于哪一种原因,管理创新都在挑战组织的某种形式,它更容易于产生于紧要关头。

2. 从其他来源寻找灵感

管理创新者的灵感可能来自其他社会体系的成功经验,也可能来自那些未经证实却非常有吸引力的新观念。

管理创新的灵感很难从一个公司的内部产生。很多公司盲目对标或观察竞争者的行为,导致整个产业的竞争高度趋同。只有通过从其他来源获得灵感,公司的管理创新者们才能够开创出真正全新的东西。

3. 创新

管理创新人员将各种不满的要素、灵感以及解决方案组合在一起,组合方式通常并非一蹴而就,而是重复、渐进的,但多数管理创新者都能找到一个清楚的推动事件。

4. 争取内部和外部的认可

与其他创新一样,管理创新也有风险巨大、回报不确定的问题。很多人无法理解创新的潜在收益,或者担心创新失败会对公司产生负面影响,因而会竭力抵制创新。而且,在实施之前,我们很难准确判断创新的收益是否高于成本。因此对于管理创新人员来说,一个关键阶段就是争取他人对创新的认可。

在管理创新的最初阶段,获得组织内部的接受比获得外部人士的支持更为关键。这个过程需要明确的拥护者。如果有一个威望高的高管参与创新的发起,就会大有裨益。另外,只有尽快取得成果才能证明创新的有效性,然而,许多管理创新往往在数年后才有结果。因此,创建一个支持同盟并将创新推广到组织中非常重要。管理创新的另一个特征是需要获得"外部认可",以说明这项创新获得了独立观察者的印证。在尚且无法通过数据证明管理创新的有效性时,高层管理人员通常会寻求外部认可来促使内部变革。外部认可可包括以下四种来源。

(1)专家学者。他们密切关注各类管理创新,并整理总结企业碰到的实践问题,以应用于研究或教学。

(2)咨询公司。他们通常对这些创新进行总结和存档,以便用于其他的情况和组织。

(3)媒体机构。他们热衷于向更多的人宣传创新的成功故事。

(4)行业协会。

外部认可具有双重性:一方面,它增加了其他公司复制创新成果的可能性;另一方面,它也增加了公司坚持创新的可能性。

思考与练习

1. 如何实施与控制计划?
2. 组织结构设计的依据是什么?
3. 人员配备的原则有哪些?
4. 企业文化由哪些要素构成?
5. 如何塑造企业文化?
6. 指挥有哪些类型?
7. 内部协调有何内容?
8. 如何进行控制?
9. 管理创新有哪些行动?
10. 管理创新过程有哪些内容?

第四章 饭店前厅管理

学习目标

◆ 了解前厅部在饭店中的地位和作用。
◆ 掌握前厅部的主要工作任务。
◆ 熟悉前厅部的组织机构及其岗位职责。
◆ 熟练掌握前厅部围绕客人住店周期展开的各项业务流程。
◆ 了解前厅管理的目标和要求。
◆ 掌握客情预测、超额预订控制、客户关系管理、信息管理、宾客投诉等
  前厅管理实务。

第一节 前厅管理概述

前厅部(front office)位于饭店的门厅处,是负责饭店产品的销售、协调各部门的对客服务,以及为客人提供各类前厅服务的综合性服务部门。前厅部的工作不仅内容广泛、复杂繁琐,而且关联全局,因而其服务质量和管理水平的高低,将直接影响到整个饭店经营的成败。

一、前厅部的地位与作用

(一)前厅部是展示饭店形象的窗口

前厅部是饭店对客服务的起点,也是客人离店服务的终点,是客人留下第一印象和最后印象的服务环节。心理学认为,第一印象的首因效应会在很大程度上影响人们对事物总体印象的形成,而且其具有较大的稳定性,一旦形成就很难改变;而最后印象的近因效应则往往是最强烈的,可以冲淡在此之前产生的各种影响,在人们的脑海中存留很长时间。可见,客人对饭店整体印象的形成,在很大程度上取决于前厅部给他们留下的印象。客人往往会从前厅部的建筑设计、装修布置以及员工的服务态度、服务水平来评价饭店的整体形象。所以说,前厅部是展示饭店形象的窗口。

(二)前厅部是饭店的神经中枢

前厅部是饭店业务活动的中心,在很大程度上控制和协调着整个饭店的经营活动。客房是饭店最主要的产品,在客人购买消费客房产品的全过程中,无论是抵店前、抵店时、住店期间,还是离店时、离店后,前厅部自始至终是对客服务的中心。在客人抵店前,要做好对外沟通工作,积极组织客源,开展预订业务,并及时向各部门传达相关信息,以便做好接待准备;在客人抵店时,要为客人办理入住登记手续,将客人的基本情况和特殊要求传达给各个部门,从而完善接待工作;在客人住店期间,要将客人投诉、寻求帮助的需求传达给各个部门,使问题得以

解决；在客人离店时，要及时与各部门取得联系，保证结账收银工作的高效快捷；在客人离店后，要整理好客史档案，为各部门做好今后的接待工作提供参考数据。因而，前厅部常常被形象地誉为饭店的神经中枢。

（三）前厅部是饭店的信息中心

作为饭店业务活动的中心，前厅部掌握着大量有关整个饭店经营管理的各种信息，如客源市场信息、产品销售信息、客史档案信息等等。经过汇总、加工、整理的这些信息不仅能够帮助饭店其他部门做好对客服务工作，还能为饭店管理机构在制订和调整饭店发展计划和经营决策时提供参考。可见，前厅部是名副其实的饭店信息中心。

二、前厅部的工作任务

（一）开展预订业务，销售饭店客房

客房是饭店最主要的产品，通常其销售收入要占到饭店总收入的50％左右，客房的销售情况将直接影响到整个饭店的经济效益，因而客房销售就成为前厅部的首要任务。为此，前厅部一方面要参与饭店的市场调研和市场预测，确定合理的房价和促销计划，配合销售部门组织客源，开展宣传促销活动，做好预订工作，并对预订进行计划安排和管理。另一方面，也要准确地掌握最新客房状况，为客人快速办理入住登记手续，合理安排住房，从而高质高效地完成客房销售任务。

（二）热情接待客人，提供优质前厅服务

作为饭店的业务活动中心，前厅部承担着为客人提供各类综合服务的工作。如到机场、车站、码头接送客人，行李搬运、处理邮件、传递留言、外币兑换、委托代办以及各类问讯等服务。其服务对象不仅包括住店客人，还包括餐饮、娱乐等其他消费客人和来访客人。

（三）汇总传递相关信息，做好决策参谋

前厅部的工作特点决定了它成为饭店的信息中心，大量的信息都会汇总到前厅部。如客源市场、产品需求、营业收入、客房出租率、客人回馈意见等等。前厅部需要及时地将这些信息进行汇总整理，形成报表，并传递给饭店的管理机构和相关的部门，以便为他们今后的科学决策提供参考依据。

（四）协调对客服务，改善服务质量

前厅部是饭店中最显眼的对客服务部门，当客人有任何的需求需要满足，首先想到的就是到前厅部去寻求解决的途径。这就要求前厅部必须及时地和饭店的其他相关部门取得联系，转达客人的需求信息，为客人提供相应的服务。在客人需求的满足要涉及几个部门的工作时，前厅部不仅要做好信息的传递工作，更需要做好协调工作，协助各部门共同努力来做好对客服务。同样，当客人对饭店提供的服务有任何的不满需要投诉的时候，前厅部仍然是他们的首选。前厅部要耐心地安抚客人，通知相关部门及时处理客人的投诉，并负责监督检查投诉的落实情况，将处理结果回馈给客人，以消除客人的不满情绪。

（五）建立客户账户，管好客人账目

客户账户的建立，一方面是为了记录客人在饭店内的消费情况，保证饭店在客人办理离店手续时能及时准确地收取客账；另一方面，也是为了免去客人在饭店内各营业部门的每一次消费都要进行现金结算，方便客人的消费活动。客人账目的准确与否不仅关系到饭店的经济效

益,也会直接影响到客人对饭店服务质量的评价。因此,前厅部必须保证及时准确地进行客账累计、客账审核和客账结算等各项工作。

(六)保存客户数据,建立客户关系管理系统

在客人结账离店后,前厅部要保存好客人的相关数据,建立客户关系管理系统。客户关系管理系统的建立可以帮助饭店了解客人,掌握客人的需求特点,以便为下一次有针对性的服务提供参考依据。同样,这些资料也可以成为饭店分析客源市场现状、消费需求和消费能力等的数据,为饭店的经营决策和产品体系的调整提供参考依据。

三、前厅管理的目标与要求

前厅管理首先应明确管理的目标与要求,即管理者努力的方向。前厅管理的目标与要求通常包括以下几个方面。

(一)营造舒适的前厅气氛

当客人走进一家饭店,首先给其留下印象的是这家饭店特有的一种氛围,这种氛围就是饭店的前厅气氛。前厅气氛体现了一家饭店的风格和特色,也体现着饭店管理者的管理理念。随着饭店业的发展,客人经济承受能力和素质的提高,饭店的气氛越来越被客人所看重。

前厅气氛通常指大厅的环境气氛和前厅的服务气氛两个方面。大厅的环境气氛是指饭店大厅内的各种设施设备、布局和装饰布置所体现的品位与各不相同的风格,以及清洁保养程度带给客人的不同感受。而前厅服务气氛是通过前厅员工的主动、热情、耐心、周到和恰到好处的服务,给客人营造的一种"宾至如归"的氛围,主要由前厅员工的仪表仪容、礼貌礼节、语言举止、待客态度以及知识技能等因素构成。在很多时候,关系到客人去留的因素之一就是饭店的服务气氛是否浓厚。

(二)提供优质的前厅服务

令客人满意的服务已成为许多饭店赢得客人的秘诀。在饭店中,各部门都在想方设法为客人提供真正能够满足其需求的服务,使之成为忠诚的客人。因为忠诚的客人愿意重复购买饭店的产品或服务,维持一位忠诚客人的成本,只有争取一位新客人成本的五分之一。忠诚的客人平均可以影响 25 个人的购买行为。

前厅部通常是客人接触最多的部门,也是饭店首先和最后为客人提供服务的部门,其服务的优劣直接影响着客人对饭店的第一印象和最后印象。前厅部是饭店通过提供令客人满意的服务赢得忠诚客人的关键环节之一。

(三)建立畅通的信息网络

前厅常被称为饭店的信息中心。其所提供的信息的准确性和及时性直接影响着饭店管理者的决策的科学性,也影响着饭店其他部门的服务质量的优劣。因此,建立一个畅通的信息网络和有效的沟通渠道是前厅管理的一个重要目标。

(四)创造满意的双重效益

饭店管理的最终目标是取得良好的经济效益和社会效益,这也是前厅管理的最终目标。在前厅管理中,应建立一个从预订、接待到总机、问讯等各环节的、有效的全员营销系统,将销售饭店产品作为每一位员工的自觉行为。并通过优质服务留住客人,使客人一再光临,使饭店取得令其满意的双重效益。

四、前厅部的组织机构及岗位职责

(一)前厅部的组织机构

饭店的规模是影响前厅部组织机构设置的最主要因素,其常见的组织结构分别如图4-1、图4-2、图4-3所示。

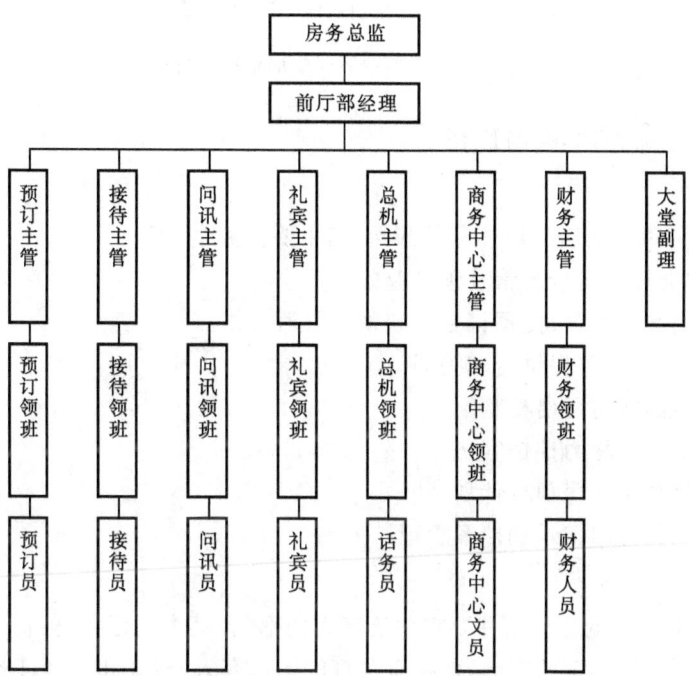

图 4-1 大型饭店前厅部组织结构图

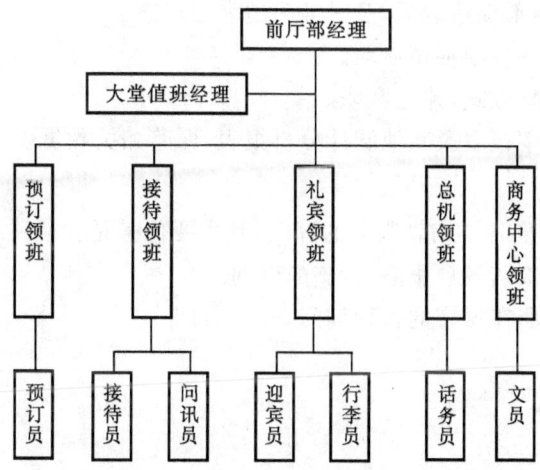

图 4-2 中型饭店前厅部组织结构图

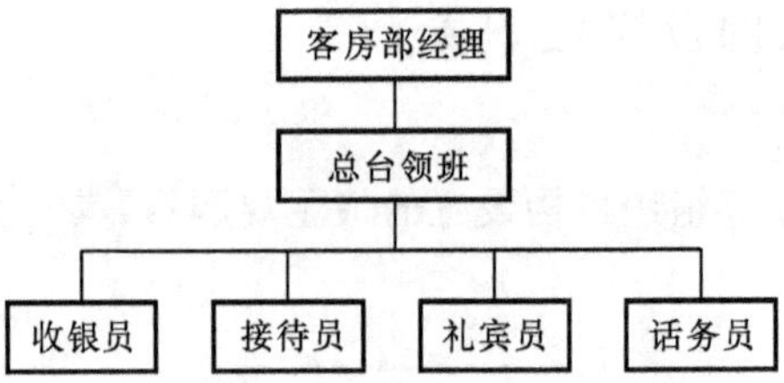

图 4-3   小型饭店前厅部组织结构图

(二)前厅部各机构的岗位职责

1. 预订处

预订处是专门负责饭店订房业务的部门,其主要任务是:

(1) 熟悉、掌握饭店房价政策及预订业务。

(2) 负责饭店客房的预订、预订更改和预订取消工作。

(3) 制作预订报表,并提供给相关部门。

(4) 掌握并控制客房可出租状况。

(5) 联络客源单位尽力推销客房。

(6) 参与制订全年客房预订计划。

(7) 加强和完善订房记录和档案管理。

2. 接待处

接待处是负责接待抵达饭店并要求住店客人的部门,其主要任务是:

(1) 负责接待抵店住宿的客人,包括有预订的团体客人、散客和无预订的散客。

(2) 为客人办理住店手续,分配客房。

(3) 与客房部、餐饮部等相关部门沟通协调,安排接待事宜。

(4) 与预订处、客房部保持联系,及时准确地掌握房态。

(5) 积极参与饭店的各项促销活动。

(6) 确定客人的付款方式,建立客账。

(7) 制作客房出租率报表及其他统计分析报表,保管相关数据。

3. 问讯处

问讯处是为客人提供各类信息服务的部门,其主要任务是:

(1) 回答客人有关饭店各项服务、设施的询问。

(2) 回答客人饭店所在城市的各种询问。

(3) 处理客人邮件。

(4) 接待来访客人。

(5) 提供留言服务。

4. 礼宾部

礼宾部的主要任务是:

(1) 负责迎送宾客,代客开关车门,装卸行李。

(2) 负责维持大堂门前及车道的交通秩序。

(3) 代客招车、泊车。

(4) 负责客人行李的运送,陪同客人进房,介绍客房设施及服务项目。

(5) 提供行李寄存和托运服务。

(6) 分送报纸、杂志及客人信件、留言、传真等。

5. 电话总机

电话总机的主要任务是:

(1) 负责接转店内外电话。

(2) 承办国际、国内长途电话业务。

(3) 为客人提供电话问讯服务。

(4) 负责电话叫醒服务。

(5) 提供代客留言服务。

(6) 紧急及意外事件的通知服务。

6. 商务中心

商务中心的主要任务是:

(1) 提供打字、复印和翻译等服务。

(2) 提供长途电话及互联网等服务。

(3) 提供其他各项秘书和管家服务。

7. 收银处

收银处的主要任务是:

(1) 受理入住客人住房预付款。

(2) 建立客账。

(3) 催收、核实账单。

(4) 稽核全店营业收入,并制作报表。

(5) 提供外币兑换和零钱兑换服务。

(6) 办理离店客人结账手续。

8. 大堂副理

大堂副理的主要任务是:

(1) 接受和处理客人投诉和意见,协调各部门做好对客服务工作。

(2) 代表饭店管理层,协调和督导各服务区域的对客服务。

(3) 回答客人的询问,帮助客人排忧解难。

(4) 负责维护大堂环境、秩序和安全。

(5) 负责检查大堂区域的清洁卫生,设施设备的完好情况。

(6) 负责检查贵宾房及迎送贵宾的接待服务工作。

(7) 巡视检查员工纪律、着装、仪表仪容及工作状况。

(8) 处理意外或突发事件。

第二节 前厅业务管理

前厅部的工作贯穿于客人在饭店活动周期的全过程中,具体包括客人抵店前的预订工作、客人抵店时的接待工作、客人住店期间的综合服务工作,以及客人离店时的结账工作。整个前厅部的业务流程,在很大程度上就是围绕着客人的这一活动周期展开的。

一、客房预订

客房预订(room reservation)是指客人在抵店前与饭店达成租住协定。客房预订是大多数旅行经验丰富的旅游者在旅行前必做的准备工作。对于客人而言,事先将客房预订好,不仅可以有充分的时间挑选满意的住宿设施,也可以避免因饭店客满而造成的风险,从而保证旅行生活的便捷、舒适和安全。对于饭店而言,开展客房预订工作,同样也有很多益处,一是能够及时做好迎接客人入住的准备工作,满足客人的各项住宿需求;二是能够最大限度地利用客房,从而获得更大的经济效益;三是能够提前预测未来的客源情况,以便采取相应的促销手段,保证理想的客房出租率。

(一)客房预订的渠道

客人在饭店订房通常有两大类渠道:直接渠道和间接渠道。

1. 客房预订的直接渠道

客房预订的直接渠道是客人不经过任何中间环节直接向饭店订房。客人通过直接渠道订房,饭店所耗成本相对较低,且能对订房过程进行直接有效的控制与管理。直接渠道的预订大致有下列几类:

(1) 客人本人,或委托他人,或委托接待单位直接向饭店预订客房。

(2) 旅游团体或会议的组织者直接向饭店预订所需的客房。

(3) 旅游中间商,如旅游批发商,作为饭店的直接客户向饭店批量预订客房。

2. 客房预订的间接渠道

从饭店方面看,总是希望把自己的产品和服务直接销售给客人,以期能获得最大利润。但由于人力、财力所限,饭店必须借助于中间商,并利用他们的网络、专业特长及规模等优势,来帮助推销饭店产品,扩大客源。通过间接渠道的预订大致有下列几类:

(1) 通过旅行社订房。

(2) 通过航空公司及其他交通运输公司订房。

(3) 通过专门的饭店订房代理商订房。

(4) 通过会议及展览组织机构订房。

(二)客房预订的方式

客人所采用的预订方式,受其习惯使用的预订设备和预订紧急程度等各方面的影响而各有不同,常见的预订方式有以下几种。

1. 电话订房

电话订房(reservation by telephone)是指客人通过电话向饭店提出订房要求,这是目前应用最为广泛的一种订房方式。其优点是方便、快捷,饭店和客人双方能够直接进行沟通,客人的订房要求能够立即得到回复。缺点是客人得到的只是饭店的口头承诺,没有书面凭证。一旦出现纠纷,客人的权益难以得到保障。

2. 信函订房

信函订房(reservation by mail)是指客人用书信的方式把订房的信息告知饭店的订房方

式。其优点是信函可以将客人的订房需求详细、清晰地加以描述,具有合同的效力,对饭店和客人双方都具有约束力。缺点是信函的来往需要较长的时间,因而这种预订方式只适合于客人在离预期抵店日期有较长时间的情况下采用。

3. 传真订房

传真订房(reservation by fax)作为一种现代订房方式,目前正广泛地得到使用。传真订房兼具了电话订房和信函订房的优点,其特点是操作方便、快捷,内容详尽,能够保留书面凭证。但这种订房方式受到预订所需设备的影响,也并不适合所有的客人。

4. 口头订房

口头订房(verbal reservation)是客人或受委托人直接到饭店总台订房的方式。其优点是饭店能够当面了解客人的需求,并立即解答客人提出的问题,可以根据客人的喜好,有针对性地提供客房产品,还能直接向客人展示客房产品,以帮助客人作出决定。缺点是无论是对客人还是对饭店这类预订所花费的时间都是最长。

5. 网络订房

网络订房(reservation by internet)是客人通过互联网实现客房预订的方式,随着互联网的日益普及,网络订房正成为越来越多的客人所普遍采用的订房方式。其优点一是费用低廉,不需支付昂贵的长途电话费、传真或信函费用,几乎是免费的;二是信息详尽,客人可以通过网络获得图文并茂的饭店信息,以便更好地作出选择;三是信息传递迅速,客人可以随时更改订单信息。

网络订房通常有两种方式:一是通过第三方网站订房,如携程网、亿龙网等,客人订房后网站通知饭店,饭店需支付一定数额的佣金;二是通过饭店的网站直接订房,要求饭店能迅速回复客人。

(三)客房预订的种类

通常,客房预订可分为临时性预订、确认类预订、保证类预订和等待类预订三种类型。

1. 临时性预订

临时性预订(advance reservation)是指客人在即将到达饭店前很短的时间内,或到达饭店的当天联系订房的订房类型。由于预订时间和抵店时间相隔较近,客人来不及预付订金,饭店也来不及进行书面确认。按照国际惯例,饭店将为客人保留客房至"取消预订时限",即抵店当日的 18:00。如果客人在 18:00 前未到达饭店,也没有提前与饭店再次取得联系,则预订自动取消。

2. 确认类预订

确认类预订(confirmed reservation)是指客人的订房要求已经被饭店所接受,并且以书面或口头的形式向客人承诺保留所预订的客房到某一事先约定时间的订房类型。确认类预订不要求客人支付预付订金,但客人如果没有按时抵店的话,饭店同样有权将客房出租给其他客人。

3. 保证类预订

保证类预订(guaranteed reservation)是指客人通过预付定金、使用信用卡、签订合同等方式来保证饭店的客房收入,而饭店则保证为这类客人提供其所需客房的一种订房类型。保证类预订可以约束饭店和客人双方的行为,保障双方各自的利益,其具体实施方法有以下三种。

（1）预付定金担保。客人在抵店前就付清预期抵店当天或所有房租的预订方式。饭店收取定金后，必须为客人保留客房到预期抵店日期次日12：00的退房结账时间。如果客人在没有取消预订的情况下逾期未到，饭店则有权收取一天的房费作为饭店可能出现的空房损失，并同时取消后几天的预订。

（2）信用卡担保。客人使用信用卡做担保预订饭店客房的方式。对于客人来说，使用信用卡担保只需将信用卡及有效证件等相关信息告知饭店即可，可以免除到店支付预付定金的麻烦，也不用将费用提前支付给饭店，是一种有效便利的担保方式。而对饭店来说，客人使用信用卡担保后，一旦发生客人违约的情况，饭店也可以通过信用卡公司向客人收取房费，弥补饭店的损失。

（3）合同担保。饭店与旅行社、企事业单位等签订订房合同，以此确定双方的利益和责任的方式。合同的内容一般包括签约单位的名称、地址、账号以及同意为未抵店入住的订房客人承担付款责任的说明。合同还规定了签约单位通知饭店取消预订的最后期限，如果签约单位未在规定期限内取消订房，饭店可依据合同向签约单位收取房费。

4．等待类预订

等待类预订（on-wait reservation）是指饭店在客房订满的情况下，仍接受一定数量预订的订房类型。等待类预订是饭店为避免客人取消预订或提前离店给饭店造成空房损失，而采取的补救措施。对于这类预订，饭店不发确认书，并且必须告知客人预订的不确定性，以免日后发生纠纷。同时，要向客人保证一旦饭店有空房，会优先予以安排。

(四)客房预订的程序

客房的预订工作，一般按照以下程序进行。

1．预订前的准备工作

预订工作开始前，预订员应熟悉当前客房预订情况，做好房态控制；掌握可预订客房的数量、等级、类型、位置及其价格等各种数据，以便向客人提供准确的信息。

2．接受预订或婉拒预订

在接到客人的订房要求后，预订员应迅速查看客房的可供应状况是否能够满足客人的需求，并决定能否接受客人的预订。

如果能够接受客人的预订，则需填写客房预订单，收集客人的姓名、性别、人数、抵离店日期、房间类型、数量、房价、付款方式、联系方式以及其他特殊需求等各类信息。

如果不能满足客人的需求，则应婉拒客人的预订，并主动提出可供客人选择的建议，如对行程做适当调整，更改房间类型或将客人列入等候名单等。尽可能地留住客人，增加饭店的客源。

3．确认预订

接受预订后须加以确认。通过确认，一方面使饭店进一步明确客人的预订要求；另一方面也使饭店与客人之间达成协议。一般而言，预订确认有两种方式：口头确认和书面确认。口头确认一般用于临时性预订的确认。由于客人预订时间与抵店时间相隔较近，饭店只能通过口头的形式与客人对预订的内容进行确认。书面确认一般用于确认类预订和保证类预订。饭店通过寄发预订确认书的形式来向客人证实饭店能满足其预订需求。无论是口头确认还是书面确认，在确认预订时都要复述客人的订房要求，确保信息的准确无误；还要与客人就房价和付款方式达成一致意见,并说明饭店有关取消预订的政策和规定,以避免今后不必要的纠纷。

4. 预订的变更与取消

在客人抵店前,由于种种原因可能会对原先的预订内容进行变更甚至取消。对于预订的变更,预订员应首先确认饭店能够满足客人变更后的预订需求,然后再填写预订变更单,完成预订变更的工作。如果时间充裕,应在预订变更后重新发一份预订确认书,以表示前一份确认书失效。对于预订的取消,预订员应在原预订单上注明"取消"标记,记录预订取消申请人、取消原因及取消时间,签署预订员姓名,并将数据存盘,以备查询。如果预订的变更或取消涉及诸如接送、赠送礼品、宴请等特殊安排,应给有关部门发通知单以便其能够及时做出相应改动。

5. 预订核对

由于客人的预订需求随时都可能发生变化,为了保证预订信息的准确性,进一步提高客房出租率,并做好接待准备工作,饭店在客人抵店前,会通过传真、电子邮件或电话等方式与客人进行多次核对。核对工作通常要进行三次,时间分别是客人抵店前的一个月、一周和一天。如果是大型团队或 VIP 客人的预订,还要适当增加核对的次数。

6. 传递预订信息

为了保证预订客人的顺利入住,预订处要在客人抵店前将客人的相关信息通报其他相关部门,以便提前做好接待准备。如提供次日预抵店客人名单,VIP 接待通知单、团队接待通知单等。

(五)客情预测

客情预测就是前厅管理者根据预订资料以及其他相关信息,预测未来某一时期饭店的客情状况。客情预测可供饭店决策层及其他部门管理者作为制订工作计划和对各种人力、物力进行合理安排的依据。

1. 近期预测

近期预测是指半个月以上的预测,如每月预测。近期预测通常只统计预订客人数、每天所需房间数、重要客人或会议的接待量等。各部门管理者可以根据前厅所提供的近期预测信息,制订近期工作计划,并做好物资、人力的充分准备,以保证饭店的服务质量。

2. 每周预测

每周预测就是根据预订资料,提前一周将客人人数、抵离日期、所需客房数量及种类、团队和重要客人的接待量等统计出来,以供各部门做好接待的准备工作。

3. 次日抵店客情预测

次日抵店客情预测的内容比近期预测和每周预测更为详细、具体和准确,包括客人姓名、房号以及接待规格、房租、抵达具体时间、各种优惠条件或特殊要求等。通常提前一天通知相关部门,以供其合理调配人员及做好接待准备。

如有团队或贵宾抵达,前厅部还应与相关部门共同制作更具体的接待计划,以保证其服务质量。

客情预测是饭店其他部门管理的依据之一,也是前厅预订管理中一项非常重要的工作。

(六)超额预订的控制

由于种种原因,客人可能会临时取消、改变预订,或预订不到,或提前离店等,从而造成饭店的部分客房闲置。为减少或避免这种现象给饭店造成的损失,充分利用客房,提高其出租率,前厅管理中一项重要工作就是进行适度的超额预订。超额预订是指在某一时期内,有意识地使饭店所接受的客房预订数超过其客房接待能力,以弥补客人不到或临时取消出现的缺额的一种预订管理措施。

前厅管理应通过对超额预订的管理与控制,使超额预订数量能够保持在一个既能满足预订客人需求,又能保证饭店利益的适宜的限度之内。

1. 影响超额预订的因素

前厅管理者在确定超额预订数前,首先应综合考虑影响超额预订的各种因素。

(1) 客房预订历史资料分析结果。客房预订历史资料包括通过历年同期预订不到的平均比例,估计可能出现的预订不到的数量;历年同期临时取消的平均比例,估计可能出现的临时取消量;历年同期平均提前抵离店和延期抵离店的客房数,估计可能出现的提前抵离店和延期抵离店的客房数;过去同期各主要预订单位实到客房数占预订客房数的比例,估计现预订单位预订房间数的到达率等。以此作为确定饭店超额预订的重要数据资料。

(2) 团队预订与散客预订的比例。团队日程经确定后,通常不会有大的变化,而且如果因故取消,还可以根据协议或合同向旅行社索赔。因此,当预订中,团队预订比例较大时,超额预订的比例应适当降低,而散客预订较多时,可考虑适当提高超额预订比例。

(3) 不同预订种类的比例。预订的种类不同,饭店给予的保证也不相同。因此,前厅管理者在确定超额预订数时还必须考虑预订的种类在预订中所占的比例。若预订以保证类预订为主,应降低甚至取消超额预订,以保证客房的供应,而当未经确认的一般类预订较多时,超额预订的比例可适当提高。

(4) 饭店附近同星级饭店的状况。在本饭店客房全部售出后,附近的同星级饭店可以起调剂作用。因而,类似的同星级饭店较多的区域,超额预订数可以适当增多,反之,则应减少。另外,饭店在确定超额预订数前,还应尽可能了解这些饭店的预订情况,若预订已经或接近客满,应减少超额数量,否则,可适当增加。

(5) 饭店信誉状况。饭店设施设备齐全、功能布局合理、服务质量较高且具有良好的交通条件,客人到店率一般较高,饭店为保持其信誉状况,应适当减少超额预订。另外,饭店在市场上的信誉,包括对超订无房客人的处理的妥当程度,也会影响其客人的到达率,信誉好的饭店,通常到达率较高,应适当减少超额预订量。

(6) 气候因素。气候因素也是超额预订中应考虑的一个重要因素。因为台风、暴雨、降雪都会对客人行程产生影响。因此,管理者既应考虑到预订客人进不来,又应考虑住店客人走不了等情况。

(7) 政治、经济等因素。政治、经济形势的急剧变化对预订也会有所影响。所以,管理者应对其保持适度敏感,以更好地控制超额预订数。

2. 超额预订数的确定

超额预订应适度,以免超额过多,使预订客人抵店时,饭店无法提供客房,或超额不足,而使饭店部分客房闲置。超额预订的确定方法一般为:

超额预订房数＝饭店应接受当日预订房数×预订取消率＋

饭店应接受当日预订房数×预订而未到率＋

续住房数×提前退房率－

预期离店房数×延期住店率

即：超额预订房数＝预计临时取消预订房数＋预计预订而未到客人房数＋

预计提前退房房数－延期住店房数

通常,饭店接受超额预订的比例应控制在10％左右。但各饭店应根据具体情况,合理掌握超额预订的量。

3. 超订无房的处理

超订无房通常有以下两种情况:

(1) 由于客人因素导致超订无房的处理。客人由于种种原因,在饭店规定的时限后才抵店而造成饭店无房提供,饭店通常不承担赔偿责任,但应尽量为客人提供方便或服务,以为其解决问题。其处理方法一般为:首先应向客人表示歉意;然后,询问客人是否愿意入住其他类型客房或从饭店内部设法为客人解决;在饭店内无法解决时,应询问客人是否愿意入住其他类似的饭店,并为之联系适合的饭店。

(2) 由于饭店因素导致超订无房的处理。预订,尤其是确认类与保证类预订,其实质是饭店与客人之间确立了关于客房出租的协议或合同。饭店若超额预订过量,而造成某些客人因客满而不能入住,其过错在于饭店,因此,饭店应特别注意妥善处理这类预订,以赢得客人的理解。

由于饭店原因导致超订无房的处理技巧为:

①真诚地向客人表示歉意,并请求客人谅解。

②通过饭店内部挖潜,尽量在饭店内为客人提供客房。如,房间升级;与饭店用房较多的其他客人商量,匀出房间提供给预订客人等。

③为客人联系其他同等档次或星级的饭店。并由饭店派车将客人免费送到所联系的饭店,若所选择的饭店或客房的房价高于本饭店客人的订房房价,差价应由饭店支付。

若为保证类预订,饭店还应为客人支付其在其他饭店的第一天的房费,或客人搬回饭店后享受一天免费房的待遇;并免费为客人提供一定数额的通讯费用,以便让客人及时通知公司或亲友。

④次日应优先考虑此类客人的用房要求。征得客人同意后,饭店应将其接回饭店,并通过一定的方式表示欢迎,如赠送鲜花、水果、大堂副理陪同进房等。

二、入住登记

入住登记(check-in),是为客人办理住宿登记手续,并为其安排客房的服务环节。通常入住登记是客人和饭店发生第一次面对面接触的时机,因而其工作的好坏将直接影响到客人对饭店服务质量的第一印象。由于客人的类型不同,办理入住登记的程序也有所区别,通常可分为散客和团队两大类。

(一)散客的入住登记

1. 迎客服务

当客人到达饭店时,迎宾员应热情地上前迎接,如果客人是乘车前来,还要为客人打开车门,协助客人下车。当客人行李较多、较重时,行李员应主动帮助客人提拿行李,并引领客人到前厅接待处,办理入住登记手续。

2. 识别客人有无预订

当客人前来办理入住登记手续时,接待员应首先询问客人有无预订,并根据预订的情况分别处理。如果客人已经事先预订好客房,接待员应快速查阅"当日预抵店客人一览表",找出客人的订房信息,与客人核对信息的准确性。如果客人属于未预订而直接到店的客人,接待员应先了解客人的用房需求,然后查看当前房态,确定饭店是否能提供客人所需的客房。

3.填写入住登记表

对于有预订的客人,由于在预订时,饭店已经获得了客人的部分信息,因而可以在客人到达前进行预登记,为客人准备好住宿登记表和客房钥匙。当客人达到时,只需补充部分空缺的项目,并签字确认即可,大大提高了办理入住登记手续的速度。对于未预订的客人,接待员则应协助客人填写表格内容,尽可能缩短办理登记手续的时间。

4.核对身份信息

按照国家有关住宿登记的规定,对客人身份证件进行检查、核实。国内客人要求出示身份证、护照或军官证等有效证件,并核实其是否与本人相符。入境客人要求出示港澳回乡证、台湾居民往来大陆通行证或护照等有效证件,核实本人身份,并检查其签证是否在停留有效期内。

5.排房定价

接待员根据客人的住宿要求和饭店的可供出租客房情况,为客人合理安排客房。排房时需要讲究一定的排房艺术,如残疾人、老年人或携带幼儿的客人尽量安排在离电梯较近的房间,以方便其进出,注意客人对某些数字的忌讳等等。尽量为客人安排能使其满意的客房。在客房确定的基础上,再按照饭店相应的价格政策为客人确定房价。

6.确定付款方式,收取押金

为保障饭店的利益,避免出现客人的逃账现象,也为了客人在住宿期间能够方便地进行消费和提高退房结账时的速度,饭店在为客人办理入住登记手续时,往往需要与客人确定其付款方式,并请客人交纳押金。常用的付款方式包括:现金支付、信用卡支付、签单转账支付以及支票支付等形式。

7.发放房卡、钥匙

接待员将标明房号、客人抵离店日期的房卡和客房钥匙交给客人,为客人指引客房的方向,或将房卡和钥匙交给行李员,由行李员陪同客人进房。

8.资料存盘

客人办理好入住登记手续进入客房后,接待员应及时将客人资料整理存盘,并制作相关报表,将客人信息及时传递给客房部、总机、问讯处等对客服务部门。

(二)团队的入住登记

1.团队客人抵店前的准备工作

接待员应在团队客人抵店前,仔细核对团队的用房信息。然后根据饭店客房出租情况和团队用房需求情况,合理地进行预排房。一般情况下,接待人员不必为每个客人事先分配房间,只要将团队客人的房间预留出来即可。因为饭店对团队成员之间的关系并不了解,如果擅自进行房间安排,可能会造成客人的不便。因此,饭店通常会等团队到达后,由团队的领队或陪同人员具体分配房号。此外,接待员还应提前制作好团队客人的房卡和钥匙,连同团队餐券一并放入信封内备用。

2．填写团队客人入住登记表

团队达到时，由团队领队或陪同办理入住登记手续。接待员应将其余客人引领至团队接待区域等候，以免影响大厅的气氛及其他住客的正常服务需要。接待员与领队或陪同核对用房信息，并请其填写团队客人登记表。

3．分配客房，分发房卡、钥匙

接待员将预排好的客房房号以及各个客房的相关信息告知领队或陪同，以便帮助他们合理地分配客房，并协助其分发房卡和钥匙，尽快安排客人进入客房，避免团队客人在大堂长时间停留。

4．确认团队服务需求

接待员与领队或陪同确认团队住店期间的各项服务需求，如叫醒服务、用餐时间、行李服务、离店时间等。

5．分送行李

接待员将标明房号的团队客人名单分发给礼宾部，由礼宾部安排行李员在对行李进行逐一清点后，将客人的行李运送至各自的客房。

6．资料存盘

接待员将团队客人数据整理存盘，并制作相应的表格送往有关部门。如制作分房表分送前厅问讯处、电话总机；制作团队客人总账单，移交前厅收银处；制作团队用餐单送达餐饮部等等。

三、客人住店期间服务

客人住店期间，为保证客人住店的舒心、方便、愉悦，前厅部会为客人提供问讯服务、总机服务、商务服务和代办服务等各类综合性的服务。

(一)问讯服务

饭店总台一般都设有问讯处，问讯处除了为住店客人和来访客人提供各种问讯服务外，还负责受理客人留言，处理客人邮件等各项工作。

1．问讯服务

客人向问讯处问询的内容通常包括两大类，一是有关饭店内部的各种信息，二是饭店外部的各种信息。

(1) 饭店内部信息问讯服务。问讯处服务人员应掌握的饭店内部信息包括：
①饭店的中西餐厅、酒吧等各营业部门的位置、特色等。
②饭店提供的服务项目，及其营业时间和收费标准等。
③每日举行的宴会、会议或展览等当日店内的重大活动。
④饭店的组织结构、各部门的职责范围和相关负责人的姓名、联系方式。

(2) 饭店外部信息问讯服务。外部信息所涉及面非常广泛，问讯处服务人员除了应该具有较为广泛的知识面以外，还应随时准备好相应的数据或查询手段等，以便及时查询。通常客人要求问讯处提供的外部信息包括：
①国际国内航班的时刻表、里程表和价目表。
②铁路、轮船时刻表、里程表和价目表。

③当地出租车的收费标准。

④当地的主要旅游景点、风土人情、特产、习俗等。

⑤当地的主要娱乐场所、商业区、银行、医院、政府部门、大专院校及有关企业的位置和交通情况。

⑥当日天气预报。

2. 查询服务

查询服务主要是指非住店客人查找住店客人的有关情况。问讯处服务人员在提供查询服务时应尊重住店客人的意愿，在不触及客人隐私的情况下予以回答。问讯处服务员接到的查询要求有两种情况，一种是访客查询，另一种是电话查询。不管非住店客人是采用哪种方式来查询住店客人的情况，服务人员首先都应该通过查询确认客人已入住本店，然后询问访客的姓名、身份，再通过房间电话联系住店客人，在经住店客人同意的情况下，才能将客人的房号告诉来访者或将电话转接到客房。如果住店客人当时不在客房内，切不可直接将房号或客房电话直接告知非住店客人。

3. 留言服务

留言主要有访客给住店客人的留言，也有住店客人外出前给访客的留言。问讯处就是帮助客人进行信息传递的桥梁。

（1）访客留言服务。当客人来店拜访，或致电寻找住店客人，而住店客人不在的情况下，问讯处服务员应主动询问客人是否需要留言服务。客人提出留言要求后，协助客人填写访客留言单，并通知总机，通过开启客房留言灯的方式提醒客人及时查收留言，也可以同时在邮件架内保存一份留言备份，再由行李员将另一备份从门缝中塞入房内，以保证客人在回饭店后的第一时间内获知留言的内容。

（2）住客留言服务。住店客人要求留言时，问讯处服务员应要求客人填写住客留言单，按要求存放在问讯处，一旦有访客来访，可以及时将留言内容转告来访者。

4. 邮件服务

问讯处提供的邮件服务既包括分拣、派送进店邮件的服务，也包括接收、寄发出店邮件的服务。

（1）进店邮件服务。对于进店邮件，问讯处服务员应遵循的处理程序为：

①对邮件进行清点、分类，并使用打时机在每件邮件上打上接收时间，以明确万一产生延误而应承担的责任。

②确认收件客人的姓名、房号，并用铅笔在邮件上标注房号。

③拨打房间电话联系客人，通知客人及时到问讯处领取邮件或由行李员将邮件送入客房，由客人签收。

④客人不在客房时，则应填写留言单，打开留言灯或将留言单塞进客人房间门缝中，通知客人领取邮件。

⑤某些特殊情况的邮件，如已离店的客人的邮件，若客人离店前留下地址，并委托饭店转寄邮件的，应按客人要求予以办理，否则应按寄件人的地址退回；如客人在饭店预订了客房但尚未抵店的，应把邮件与该客人的订房单一起存档，待客人入住时转交。

（2）出店邮件服务。为了方便客人，问讯处也接收代客寄发邮件的服务。其服务程序如下：

①检查邮件寄送信息填写是否清晰、准确、完整。

②确认邮寄物品中没有夹带违禁物品。

③核实邮件寄出方式和费用支付方式。

④做好记录,以便日后查询。

⑤分类邮寄。

(二)总机服务

电话总机是饭店内外信息沟通联络的枢纽。尽管总机服务员与客人并没有面对面的接触,但其服务质量的高低同样也会影响着客人对饭店的整体评价。电话总机常见的服务项目包括饭店内外电话的转接服务、长途电话服务、叫醒服务以及紧急情况时的临时指挥服务。

1. 电话转接服务

良好的电话转接服务,要求话务员能够熟练掌握电话转接的技能,并熟记店内外常用的电话号码,以便快速准确地为客人提供相应的服务;了解本饭店的组织机构和各部门的职责范围,帮助客人将电话转接到相关部门,协助客人及时解决问题。

2. 长途电话服务

在提供长途电话服务时,饭店一般采用程控直拨电话系统,客人可以在客房内直接拨打国际、国内长途电话,并由计算机自动计时计费。程控直拨电话系统的使用,不仅减轻了话务员的工作量,也使电话费用的计算更加精确,减少了饭店与客人之间因话费而引起纠纷的几率。但话务员还是应该熟悉各地时差、各国各地长途电话代号及其收费标准,以满足部分客人提出的人工挂拨长途电话的需求。

3. 叫醒服务

总机提供的叫醒服务可分为人工叫醒和自动叫醒两种方式。人工叫醒是由总机话务员按照客人要求的叫醒时间,是采用人工拨打客房电话的方式为客人提供的叫醒服务。自动叫醒是由总机话务员事先在电脑上设置好客人要求的叫醒时间,到点后由电脑自动拨打客房电话的方式为客人提供的叫醒服务。需要注意的是,叫醒服务并不仅仅局限在早晨,它是一种24小时服务,往往会因为客人的需要不同而变化。所以话务员在受理叫醒服务时必须要认真、仔细,明确要求、准时叫醒。如果因话务员的疏忽,没有及时叫醒客人,而耽误了客人的事情,势必会引起抱怨和投诉,不仅使饭店的声誉受到影响,甚至还需要赔偿客人由此带来的各种损失。

4. 紧急情况时的临时指挥服务

电话及时、快速传递信息的特点,决定了总机在饭店发生水灾、火灾、刑事案件等突发事件时,成为饭店指挥中心的必然选择。这就要求总机话务员必须具有较好的抗压能力,在紧急情况下仍然能够沉着、冷静地提供优质高效的服务。话务员在突发事件中的良好表现,一方面保证了店内外通讯的畅通,为突发事件的圆满处理提供信息保障;另一方面也起到了安抚客人、稳定客人情绪的作用。

(三)商务中心服务

现代商业饭店,一般都设有商务中心,为住客提供商务服务。商务中心的服务项目一般包括提供打字、复印、传真服务,秘书、翻译服务,会议室出租服务,代邮样品服务,托运货品服务等。作为商务中心的文员,其工作具有一定的特殊性,在为客人提供打字、复印、传真等各项商务服务的过程中,难免会接触到一些机密性的文本。因而,商务中心的文员除了要熟练地掌握各项服务程序和工作标准外,细致认真、诚实可靠,也是其必备的基本素质。

(四)礼宾服务

礼宾服务由礼宾部提供,具体包括迎送宾客服务、行李服务、递送服务以及委托代办服务等。

1. 迎送宾客服务

礼宾部除了承担客人到店前和离店时的迎送服务外,还承担着日常的店门迎送服务。此项服务主要由门童负责。客人进出饭店时,门童应主动、热情向客人问好,尽可能地用客人的姓氏来称呼客人;帮助客人开关车门,客人上下车时为客人护顶;雨天主动为客人打伞,迎接客人进店等等。

2. 行李服务

客人住店期间的行李服务主要是行李寄存服务。在提供寄存服务时,礼宾员首先要了解客人的寄存需求,询问寄存物类别,对于易碎的物品,建议客人自己保存,贵重物品或易燃、易爆、化学腐蚀剂、剧毒品、枪支弹药等不能寄存。然后帮助客人办理好寄存手续,提醒客人保留好行李寄存单。在存放客人行李时,要根据寄存期的长短分类存放,对一位客人寄存的多件行李,要用行李绳连起以免错拿。客人提取行李时,则应仔细核查寄存单,认真清点行李件数,确保准确无误。

3. 递送服务

礼宾部承担的递送服务内容包括:客人的邮件、传真、留言、转交物品,以及饭店的各种报刊、表单等,通常由行李员负责这项工作。在提供递送服务时,诸如留言条、普通信件和报纸之类的物品可以直接从门缝底下塞入客房内,以尽可能少地打扰客人的休息。但电报、传真、挂号信、包裹、汇款单以及访客转交的重要物品等必须当面交给客人,并请客人签收。

4. 委托代办服务

礼宾部承接的委托代办服务范围极为广泛,包括客人物品送修服务、代购服务、饭店公共区域寻人服务、订车服务、雨具出租服务、泊车服务、订购旅游服务等。在一些高星级的饭店,"金钥匙"就是专门负责委托代办业务工作的岗位,他的职责就是想尽一切办法满足顾客的委托代办要求,为顾客提供个性化的服务。

(五)收银服务

客人住店期间的收银服务主要包括:客账管理、贵重物品保管、外币兑换等各项工作。

1. 客账管理

客人住店期间,为方便客人在餐厅、酒吧、商务中心等各类营业部门的消费,饭店一般提供签单消费的服务,账单由各营业部门收银员在计算机中直接录入客人账户。前台夜审员应做好夜间审核工作,认真核对各营业部门提供的账单,逐项核对客人姓名、房号、收费项目、金额、日期等信息,确保客人账户信息的准确无误。

2. 贵重物品保管

客人携带的贵重物品,饭店总台设有客用保险箱,提供免费的保管服务。每个保险箱配有两把钥匙,收银员和客人各持一把,只有在两把钥匙同时使用时,保险箱才能开启,从而确保客人寄存物品的安全。

3. 外币兑换服务

为方便客人兑换外币,饭店经中国银行授权,可以在店内设立外币兑换点,并根据国家外汇管理局每日公布的外汇牌价,为住店客人提供外币兑换服务。目前,我国可兑换的外币包括:美元、欧元、英镑、法国法郎、瑞士法郎、新加坡元、澳大利亚元、日元、港币、澳门元、荷兰盾等20多种。

四、离店服务

结账离店是客人与饭店面对面接触的最后一个环节,这一环节服务质量的高低不仅直接影响到客人对饭店的最后印象的好坏,而且还会决定客人能否成为饭店今后的回头客。因而,离店服务也是前厅服务工作中至关重要的一个环节。

(一)散客结账服务

1. 准备工作

收银员应根据当天预期离店客人名单,事先准备好客人的账单,并对账单进行审核,确保账目的准确性。

2. 确认退房

客人前来退房时,收银员应主动问候,礼貌地询问客人房号,并收回客房钥匙。通过房号,找到客房对应的账单后,要与客人核对房号、姓名是否正确,以避免出现接错房间的现象,给饭店带来损失。

3. 通知客房部查房

通知客房部,请楼层服务员尽快检查客房,确认客房设施设备的完好、客房小酒吧酒水的消耗情况,以及是否有客人的物品遗漏在客房内。

4. 查询即时消费

主动询问客人是否有其他即时消费,并与营业部门联系确认,登记入账。

5. 打印账单,签字确认

将客人账单打印出来,请客人检查消费项目和消费金额。如确认无误,请客人在账单上签字确认。

6. 账单结算,打印发票

与客人确定账单的支付方式,完成结账工作后,将账单和打印好的发票一起交给客人。

7. 礼貌告别

在结账工作完成后,收银员应向客人表示感谢,并礼貌地道别,祝其旅途愉快。如客人行李较多,应安排行李员为客人提供离店行李服务。

(二)团队结账服务

1. 准备工作

收银员应在团队离开前一天根据指令准备好团队总账单,并对账单进行审核,确保账目的准确性。

2. 查房

当团队前来结账时,及时通知客房部,请楼层服务员对团队所住的所有客房进行检查。

3. 确认账单结算方式,打印账单

与领队沟通团队付账情况,将客人自付的费用分开核算,并分别打出总账单和分账单。总账单请领队签字确认,分账单由客人自行付清。

4. 转交账单

总账单签字后转交财务部,由财务部按合同结账。

5. 办理结账手续

检查账目是否已全部付清,收取团队全部房间钥匙,发放行李单。

五、客户关系管理

客户关系管理(customer relationship management,简称 CRM)是近来一直被饭店管理者津津乐道的管理新概念,如曼谷东方文华饭店可以让所有员工几乎一夜之间叫得出一位已经多年没来客人的姓名及掌握他的喜好;丽兹卡尔顿饭店可以让客人一进房门就发现自己喜欢的洗发水放在洗手间的台面上。这些例子使很多饭店管理者心动不已,期望有朝一日,自己管理的饭店也能像上述饭店那样,创造出客户关系管理的经典案例。

但是这些饭店的目标市场都是世界上最顶尖的群体,跨国公司的 CEO、中东的石油大亨、欧洲的王公贵族等等,可谓非富即贵,他们衣食无忧,有自己独特的爱好,希望饭店能关注这些爱好,并设法满足,同时,为实现上述要求,愿意为特殊服务支付高额的费用,只有这样,饭店才能有实力雇佣最有素质的优秀员工、开发相关软件、采购特殊物品、提供特殊服务来满足客人独特的个性化需要。

对于国内大多数普通星级饭店来说,其目标市场达不到类似的高度,客人的额外要求不会很多,愿意支付的房费收入不足以支撑全面的个性化服务,如果完全照搬国际顶尖饭店的做法,结果很有可能是投入巨大,结果却吃力不讨好,因此,多数饭店的客户关系管理可以如下方式进行。

(一)合理控制客户关系管理目标客户数量

根据帕累托定律,80%的利润由 20%的客户创造,因此,只要饭店针对这 20%的核心客户提供个性化服务,饭店的经营利润就能得到保证。如果让每一个来饭店的客户满意,那必然会分散饭店的注意力,使饭店的各种资源不能集中运用在那些核心客户身上,也许会令某些重要客人感觉饭店不够重视,考虑换饭店,同时,有些偶尔来饭店消费的客人倒是觉得很满意,可客观因素又造成这些客人不会常来饭店消费,于是,饭店拥有的只是一个几乎不会再来消费的满意客户。

必须指出的是,饭店针对 20%的核心客户提供个性化服务,使之成为客户关系管理的对象,并不是说,饭店会对其他 80%的客户提供劣质服务,而是会报以符合星级要求的标准化服务。只有这样,饭店的资源才能最有效地利用起来。

(二)科学选择确定 20%的核心客户

很多饭店往往习惯于按照个人消费额来确定核心客户的名单,这没有错,毕竟饭店也是以盈利为目的,只是不够全面。其实下列个人消费额不高的人士也应列入核心客户范围之内:

(1) 政府职能部门实际管理者。

(2) 行业主管人员、记者。

(3) 旅行社、协议公司及其他订房中介机构实际订房操作者。

（4）各界名人。

之所以要包括上述这些人士，是因为尽管他们自身的消费不会很多，但可以带动其他人来饭店消费，值得注意的是，饭店在选择这些核心客户目标时，不要只关注负责人，对于那些直接和饭店打交道的人更应该小心对待，因为通常他们才是有权决定是否带给饭店生意的人。

（三）合理考虑核心客户信息录入途径

客户信息，也称之为客史档案，目前很多饭店都在做，有时会存在信息不够集中统一的现象，例如，总台知道某位客人喜欢某种类型的房间，但不知道他喜欢用硬枕头，也不知道他用餐时每次都喝一种酒，同样的餐饮部也不知道除本部门业务以外的客人信息，甚至有的饭店同部门不同员工掌握的信息也不能共享。造成这一局面的原因是多方面的，饭店可以从技术层面和员工层面入手解决这一问题。

1. 设立专职机构，汇总各种信息收集渠道，使信息集中统一

饭店应设立专职机构或专职人员负责客户信息的收集。

（1）饭店各部门应该有专门的客户信息记录本，电脑或手工都可以，由专人负责记录。信息的主要内容即为核心客户的消费记录，如客人在房间消费的茶叶品种和数量，小酒吧消费记录；客人在餐厅的消费记录（含菜单和酒水）等。

（2）各部门的信息应该有出处，即饭店应有专职机构或人员接收这一信息，整理归档，有的饭店是公共关系部，有的是前厅部，有的是销售部。考虑到信息记录主要是为了将来使用，尽管现在很多饭店电脑有局域网，同样的信息各部门都可以看见，个人还是建议此机构尽量归属前厅部门，比如预订处。此外，有的饭店已经建立起相应的客户信息管理软件，每个部门都能输入信息，其他部门也能看，所以他们认为没有必要再设立专门机构了。理论上这是好主意，但实际操作起来会有很多问题：一是可以修改信息的接口太多，容易引起信息混乱和丢失；二是谁都可以关注等于谁也没有关注，饭店会发现没有人来负责管理这些信息，无法起到应有的作用。所以，设立专职机构还是很有必要的。

（3）不同部门之间的信息应该互通。饭店是个整体，客人也是完整的人，让不同部门的员工互相了解对方收集的信息，可以更好地了解客人，也可以加强部门间的合作，增加工作中的乐趣。

2. 让员工认识客户信息收集的重要性

只有员工认识到客户信息收集的重要性，才能让他们端正客户信息收集的态度，提高信息收集的技巧。

饭店建立了清晰的信息收集途径，只是迈出了第一步，如果员工没有积极收集信息的意愿，那整个活动还是会流于形式。

通常的做法是饭店把信息收集和员工收入挂钩，如每月进行信息收集排名，对信息收集比较积极的员工给予明显奖励，并树立正面形象，鼓励其他员工也留心收集信息。

当然，员工收集信息不理想不一定是态度问题，也有可能是技巧问题，以客房部员工为例，面对一间客人使用过的客房，并不是很清楚眼前哪些变化是有记录价值的，比如烟缸里有很多烟蒂，说明客人烟瘾很大，饭店可以考虑这个客人再次入住时可以事先放润喉糖，而这些联想的技巧，不是每个服务员都很在行的，这就需要对员工进行培训，例如：可以找几间脏房，让员工学着寻找蛛丝马迹，记录有价值的信息。

(四)建立预订处,鼓励核心客户养成预订的习惯

与国际惯例不同,国内很多饭店不设预订处,接受预订的任务由销售部或总台来完成,这种做法,固然可以节约人力成本,但如果饭店要实施客户关系管理,请务必建立预订处,哪怕设立预订员也好,这是使客户信息起作用的有效途径之一,同时,也应就此培养核心客户事先预订的习惯。

1. 预定处受理所有预定

预订处应接受包括饭店所有产品的预订,客房、餐饮、娱乐都在其中,当预订员接到核心客户预订的信息后,可以马上从电脑中调出客人的偏好,及时通知相关部门。

2. 详细了解预订客人的具体要求

设立专职预订人员,可以使他们有足够的时间仔细询问客人的预订要求,甚至可以详细到床的软硬程度,而目前很多饭店通常的做法只是确定到达时间、房价、房型、姓名、停留时间等基本内容后就完成了。

3. 鼓励核心客户预订

饭店必须鼓励核心客户通过预订接受饭店产品和服务,因为只有通过预订,饭店才有足够的时间去按客人的喜好提前布置,为提供个性化服务做准备,如果任由这些客人按 WALK-IN 的形式入住,饭店肯定没有时间有针对性地提供令客人惊喜的服务项目,如果等客人住进房间再去布置,一方面会打扰客人,另一方面也显得不自然。在国内,很多客人没有预订的习惯,因此,引导和培养他们习惯于预订的方式十分重要,对实施客户关系管理也很关键。

(五)标准化服务是客户关系管理的基本要素

许多饭店可能个性化服务做得很好,令客人很惊喜,但是基础服务,即标准化服务就做得不是很理想,而且饭店往往忽视对标准化服务的管理,于是,在有的时候,客人在对基本服务不甚满意的情况下,却能感受到某些没有预期的惊喜,比如,客人一进房间,发现饭店已经根据他的喜好提供硬质枕头,客人非常惊喜。然而,当他除去衣物准备淋浴时,却发现花洒是坏的,不满意,刚才的惊喜也一扫而空。因此,饭店标准化服务并不像管理者认为的那样质量稳定,所以,饭店在努力向顾客提供个性化服务的同时,应先做好标准化服务,免得本末倒置,顾此失彼。

六、宾客投诉处理

饭店工作是人对人的服务,宾客与饭店的关系是买和卖的关系,到店宾客以双方商定的价格来购买特定的服务产品,从而满足自身在物质上和精神上的需要。当宾客认为所付出的费用与得到的服务产品质量不成正比,即认为所购买的饭店产品物非所值时,就会产生投诉。

国内外许多饭店公开亮出向宾客提供无差错服务的口号,在把服务质量视作企业生命线的饭店业,这类口号是饭店参与市场竞争的重要手段之一。无差错服务(也称零缺陷服务)是否真正能够在饭店业做到是一回事,而无投诉则是另一回事。无差错服务不等于无投诉,因为宾客投诉的起因有多种多样,纵然饭店经过十二分努力,的确已经做到服务 100% 的可靠,甚至上佳,宾客仍有可能投诉。

(一)充分认识宾客投诉的利处

客人投诉,不仅仅意味着客人的某些需要未能得到满足,实际上,投诉也正是客人对饭店、

对饭店员工服务工作质量和管理工作质量的一种劣质评价。任何饭店任何员工都不希望有宾客投诉,这是人之常情。然而,即使是世界上最负盛名的饭店也会遇到客人投诉。成功的饭店善于把投诉上的消极面转化成积极面,通过处理投诉来促进自己不断提高工作质量,以防止投诉的再次发生。

正确认识宾客的投诉行为,把握投诉所隐含的对饭店的有利因素,变被动为主动,为饭店挽回声誉,使宾客满意而归。

1. 投诉是饭店管理工作质量和效果的晴雨表

通过投诉,饭店可以及时发现自己发现不了的工作漏洞,可以及时堵塞漏洞,对症下药,解决可能是长期以来一直存在着的严重影响酒店声誉的工作质量问题。即使是客人的有意挑剔、无理取闹,也可以从中吸取教训,为提高经营管理质量积累经验,使制度不断完善,服务接待工作日臻完美。没有批评就难以有飞跃性的提高。宾客投诉是使饭店保持稳定的工作质量,不断改进、提高自身工作水平的推动力之一。

2. 宾客直接向饭店投诉,给饭店提供了挽回自身声誉的机会

客人在饭店消费过程中不满、抱怨、遗憾、生气动怒时,可能投诉,也可能不愿去投诉。不愿投诉的客人可能是不习惯以投诉方式表达自己的意见,他们宁愿忍受当前的境况;另一种可能是认为投诉方式并不能帮助他们解除、摆脱当前不满状况,得到自己应该得到的,一句话,投诉也没有用。还有一种可能是怕麻烦,认为投诉浪费自己时间,使自己损失更大。这些客人尽管没有去投诉,但他们会在饭店消费结束后通过其他途径来宣泄;或自我告诫,以后不再到该饭店消费;或向亲朋好友诉说令人不快的消费经历。而这一切,意味着饭店将永远失去这位客人,饭店连向客人道歉的机会也没有了。

宾客向饭店直接投诉,饭店可以当面跟客人沟通,通过处理客人投诉提高服务质量,不让宾客带着不满离开饭店,重新吸引宾客来饭店消费,挽回了饭店的声誉。

宾客对饭店的投诉有时候并不一定直接面向饭店提出,宾客也可能采取其他方式投诉。宾客采取的其他投诉方式有:

(1) 向旅行社代理商、介绍商投诉;

(2) 向消费者协会一类的社会团体投诉;

(3) 向工商局、旅游局等有关部门投诉;

(4) 向新闻单位投诉;

(5) 运用法律诉讼方式起诉酒店。

宾客采取以上的投诉方式,会使饭店的形象和声誉受到极大影响,也会影响到饭店与重要客户的业务关系,误导饭店潜在客户、客人的消费选择。这些对饭店的经营管理是非常不利的。

由此可见,宾客投诉对饭店日后的经营有利也有弊。虽然投诉给饭店声誉带来一定的负面影响,但如果饭店借此机会对自身各项工作来一次大透视,认真总结经验教训,完善规章制度和服务规范,堵塞漏洞,强化质检与培训,坏事成了好事,原先的弊端转变成了利益。因此,宾客投诉从总体上讲对饭店是利多弊少的。

(二)宾客投诉类型

不管宾客由于哪个原因生气或向饭店投诉,有一点可以肯定,即那位宾客对饭店产品不满

意,怀有失望的情绪。客人投诉往往是因为饭店工作上的过失,或饭店与宾客双方的误解,或不可抗力,或某些客人的别有用心等因素而造成的。

就客人投诉的内容不同,可按原因分为以下几种投诉。

1. 饭店服务项目的设置不能满足宾客的需求

服务项目是饭店服务质量的重要组成部分。饭店服务项目的设置受制于饭店的规模、等级、可用资金、主要客源市场、设施设备、地理位置、员工素质等因素。

宾客对饭店服务项目感到最不满的是他们所需要的,而且他们认为饭店理所当然应该设置的项目并没有设置,或者虽已设置,却形同虚设,实际上不能发挥作用,于是客人失望了。前者例如热水供应,客人要用热水淋浴,但打开龙头却只有冷水;后者例如虽有所谓的热水供应,实际上却不比冷水热多少,客人怕着凉不敢淋浴。这两种情况都会使客人失望。

2. 饭店设施设备出差错

因饭店设施设备使用不正常、不配套而让客人感觉不便造成投诉。例如客房空调失控、大厅电梯无法正常运转、排水系统失灵等等。

3. 饭店员工的服务态度与宾客期望存在较大差异

从心理学角度分析,饭店员工的服务态度由以下三个部分构成:员工对宾客和自身工作的认知、情感与行为倾向。新进饭店的员工往往对服务工作的认识比较肤浅,他们图的是令人羡慕的环境、氛围,还有挺括、神气的服装。饭店严格的纪律、日复一日近乎机械、重复的简单操作以及宾客对饭店服务质量的高期望,都与员工进店前的想法相距甚远。于是,他们在工作中投入的热情渐减,敷衍塞责,得过且过,表现懒散、冷漠、消沉、急躁。

饭店客人普遍有较强的尊重需求,他们对服务态度的不满常源自他们认为员工对其不够尊重。因此,十分重要的一环是强化员工对宾客尊重需求的认识,在服务过程中员工应尽一切可能避免有伤宾客自尊心的言行,努力提供个性化服务,以满足他们的尊重需求。

4. 饭店服务质量标准太低,达不到宾客的需求水平

饭店的工作程序、操作规范和规章制度是在实践中逐步完善的。饭店的最根本目标是通过宾客对饭店产品质量满意而实现社会效益和经济效益,因此饭店的各种程序、规范与规章制度都必须接受宾客的检验。

5. 员工服务语言使用不当

语言是饭店员工向宾客提供服务的必要手段。据投诉统计资料,因员工语言使用不当刺伤宾客自尊心而导致投诉的比例不低。下列几种情况都不应出现在对客服务过程中:

(1) 过于随便;

(2) 不合时宜的殷勤;

(3) 硬搬礼貌用语;

(4) 忽视或不理解中西方文化差异;

(5) 无意间触犯宾客的忌讳;

(6) 当着宾客的面用方言交谈;

(7) 伴随说话的不恰当体态语言。

6. 服务技能技巧

宾客的失望还可能起因于员工生疏、笨拙的服务技能技巧。

7. 服务效率低

员工良好的态度只能给客人以一般的印象,客人是否真正满意还与他们的需求获得满足所花费的时间有关。饭店客人对服务效率的低下意见较大。

8. 饭店与宾客之间存在误会

来自世界各地的海外宾客,其生活习惯、文化渊源与我国有较大不同;来自五湖四海的国内宾客,东西南北的生活习惯和方言土语也是大相径庭,这些差异都可能成为误会的原因。此外,人的生理和心理状况、处境都在不断变化,又可能导致其他误会。饭店员工对待误会的态度应是两条:一是尽量避免误会的发生,特别应避免可能导致严重后果的误会的发生;二是发生误会后应尽快予以纠正,努力不让客人火气升级。

9. 宾客自身的问题

宾客心情不佳,或个性怪癖,或性格暴躁,对饭店员工并无差错的服务百般挑剔或乱发无名火,最后还站在"上帝"的地位上向饭店投诉。

对于这类投诉,饭店只要坚持"客人总是对的"原则,以真挚诚恳的态度道歉,在通常情况下可以缓解这些客人的不满。从另一方面分析,饭店碰上这类客人,正是饭店向社会显示其高明服务技巧和优良服务态度的绝好机会。

(三)宾客投诉处理原则

投诉处理就是向失望且采取投诉行为的客人提供的一种补救性工作,它实际上是对客服务的组成部分,因此也存在质量的好坏,投诉处理应力求优质。

1. "客人永远是对的"

如前所述,客人采取投诉行为,基于以上九个主要原因。对于前八种原因,依"客人永远是对的"原则去处理,比较容易想通,在处理过程中思想阻力较小。如属客人"无理取闹",大发无名火,然后再"倒打一耙",向饭店投诉,用人们通常的是非标准来衡量,恐怕难以理解了。我们应强调的是,即使客人是"百分之百的错",他们一旦投诉了,我们在处理过程中必须义无反顾地遵循"客人永远是对的"原则。这也是酒店体现至高无上服务理念的具体展示。

2. "宾客至上"

接待投诉客人、受理投诉、处理投诉,这本身就是饭店的服务项目之一。饭店员工的工资是谁送来的?是宾客,我们要发自内心地感谢客人。对客人投诉持欢迎态度,不与客人争吵,不为自己辩护,表达出愿为客人排忧解难的诚意。再则,受委屈是饭店服务人员的职业角色所要求的,也体现了饭店员工崇高的职业素养。

3. 兼顾客人和饭店双方的利益

管理人员在处理投诉时,身兼两种角色:既是饭店的代表,代表饭店受理投诉,必须考虑饭店的利益;同时,只要受理了宾客的投诉,他也同时成了客人的代表,为客人追讨损失赔偿。管理人员必须以不偏不倚的态度,兼顾客人和饭店双方的利益,公正地处理投诉。

(四)投诉处理的一般程序

在一般情况下投诉处理有如下程序。

1. 热情接待

如果接待投诉客人的员工不是有关部门的负责人,也不是有权直接处理的人,他首先应向客人讲一些表示同情、理解与道歉的话,使客人的火气先降一降,然后把客人引领到能够处理该事的管理者那儿去,或先给客人安排休息,递上毛巾,送上茶水,再把有关的管理者请过来。任何推诿或冷漠都是绝不容许的。

如果客人径直来到大堂副理或有关部门的负责人那儿,则首先是抚慰客人,然后告诉客人,他的投诉是对酒店工作关心和支持,也是对酒店寄予希望的具体行动,这对稳定客人的情绪极有用处。绝对不要对客人的投诉来个一分为二或"三七开",任何"不过"、"但是"之类口头肯定、实则否定的转折词,反而会惹得客人火气更大。

2. 耐心倾听

接待者须以极其耐心的态度听完客人的叙述。这期间应不时点头称是,说一些同情、安慰之类的话。最好在笔记本上把要点记下,以示自己十分重视客人的投诉。接待者还可以提些问题,了解对方的态度与要求,同时也再次向对方显示自己是在认真地听、认真地思索,并将认真地处理。

3. 表明态度

通常情况下,接待者不可能给对方以一个即时的结论,但必须向对方表明自己将尽最大的力量,以尽快的速度,给对方以尽可能满意的答复;同时,接待者应尽可能明确讲清,什么时候将把处理意见告诉对方。如果是住店客人,先到房间休息;如果是离店客人,请他留下联系方式。

4. 表示感谢

在分手时向客人道歉,对客人的合作理解表示感谢。

5. 部署处理

与客人分手后接待者须即刻部署处理程序。

6. 征求意见

将酒店的处理意见以最快的速度告知客人,征求客人对处理结果的意见。

7. 吸取教训

记录存档,总结经验教训,以利于今后改进工作。

8. 跟踪访问

跟踪客人的反应,过一段时间跟客人联系,打一个电话或写一封信,对客人的宽容和合作再次表示感谢。这也是饭店有效的营销手段之一。

(五)宾客投诉的分析与反馈

1. 宾客投诉的统计分析

管理者应根据投诉记录,定期进行统计分析,寻找饭店服务与管理中的主要问题所在,以及容易引起投诉的环节,并进一步分析造成这些投诉的原因和改进措施。

2. 宾客投诉信息反馈

管理者针对投诉进行统计分析后,应将其结果反馈到相关部门,如前台业务部门或后台保障部门以及饭店的培训部门,并通过沟通与协调,使相关部门采取相应的改进措施,防止类似投诉的再出现。而饭店的培训部门也可以根据投诉中反映出的主要问题发现培训需求,进行有针对性的培训,以减少投诉,提高饭店的服务质量。

宾客投诉是客人向饭店提供信息的途径。管理者应通过管理,充分利用这种信息,为客人提供令其满意的服务。

七、信息的沟通与协调

前厅是饭店的各种信息的集散地,被称为饭店的"信息中心",而在现代饭店中,迅捷、准确的信息沟通与协调已成为饭店服务质量和管理水平的保证和赢得忠诚客人的秘诀。因此,前厅管理者必须重视信息的管理,使服务与管理的信息可以及时传递到相关部门。前厅信息管理的内容主要包括以下几个方面。

1. 树立全局观念

前厅的信息沟通主要是为其他部门的服务与管理提供方便,因此管理者应让员工认识到饭店是一个整体,要靠所有部门、环节和员工的共同努力,才可能使客人满意,树立员工的全局观念,进而使前厅员工能够自觉地为其他部门着想,利用前厅工作的各种便利条件适时地为相关部门提供服务与管理的信息。

2. 信息的搜集

前厅管理者应了解各部门或各服务环节对信息的具体要求,主动地搜集各种相关的服务与管理信息,使前厅为其提供的信息具有针对性,如通过客人填写过的各种表单可以了解客人的信息,有利于服务部门的服务质量的提高;各种宾客投诉的信息,有利于饭店管理部门发现饭店服务与管理中存在的问题,进而改进服务与管理等等。

3. 信息的整理、分析

对于收集的各种信息,前厅管理者应指导员工进行分类整理和统计分析,使信息更为明确和准确,便于各相关部门的利用。

4. 信息的传递

信息管理的目的是及时为各部门提供有效的信息而使服务与管理工作更能适应宾客的需求。管理者应检查、督导员工切实将应传递的各种信息传递至其应到的环节或员工。信息传递的途径主要有:各类报表,协调会,计算机系统,各种岗位的日志、记事簿的交接制度及各种团体活动和聚会时的非正式沟通等。

5. 信息反馈

前厅管理者还应主动与各部门沟通,了解其对所提供信息的使用程度与有效性,并根据各部门对信息利用结果的反馈,调整所提供信息的内容和沟通途径,使前厅提供的信息真正符合各部门的需求。同时,还应取得各部门的帮助,使之也能够根据其工作上的便利,为前厅提供各种相应的服务与管理信息。

饭店业的激烈竞争使各饭店越来越注重客人需求,并把客人需求作为提高饭店服务质量的依据和营销的重点考虑因素。前厅管理者应正确认识前厅管理的特殊性,并通过有效的前厅管理,改进员工工作态度,提高其工作效率,并加强柜台推销,为客人提供令其满意的服务,赢得客人并留住客人,从而为饭店创造良好的经济效益。

思考与练习

1. 前厅部的主要工作任务有哪些?

2.前厅部组织机构的设置应遵循哪些原则？

3.常见的客房预订渠道有哪些？

4.列举各种订房方式及其优缺点。

5.客房预订工作的程序是怎样的？

6.办理团队入住登记和散客入住登记时需要注意的问题有哪些？

7.前厅部应怎样处理客人的投诉？

8.团队结账服务的程序是怎样的？

9.前厅管理的目标与要求是什么？

10.客情预测有哪些种类？

11.超订无房后该如何处理？

12.客户关系管理有哪些内容？

13.如何处理宾客投诉？

14.前厅信息管理的主要内容有哪些？

第五章 饭店客房管理

学习目标

◆ 掌握客房部的地位和主要任务。
◆ 熟悉客房管理的基本环节和客房服务模式。
◆ 熟悉饭店客房部的组织结构。
◆ 掌握客房部主要业务的管理要点。
◆ 明确客房设备及安全管理的内容和基本方法。

第一节 客房管理概述

客房是饭店的主要产品之一,饭店客房部(housekeeping department)又称房务部或管家部,负责饭店的客房管理。客房服务是整个饭店服务的重要组成部分,客房服务与管理水平的高低,直接影响客人对饭店产品的满意度,对饭店的成本消耗及经济效益也产生重大影响。

一、客房部在饭店中的地位和作用

(一)客房是饭店的基本设施和主体部分

向客人提供食宿是饭店的基本功能,而客房是客人旅游投宿的物质承担者,是住店客人购买的最大最主要的产品。所以,饭店的客房是饭店存在的基础,我国饭店客房的建筑面积一般占总体建筑面积的60%~70%左右,在饭店投资上客房的土建、内外装修与设备购置也占据了相当大的比重,饭店的固定资产绝大部分在客房,饭店经营活动所必需的各种物资设备和物料用品,亦大部分在客房,所以说客房是饭店的主要组成部分。

(二)客房产品及服务质量是饭店质量的重要标志

客房是旅游者在旅途中的"家"。也是客人在饭店停留时间最长的场所,客房是否干净、舒适、安全,服务是否热情、贴心、周到,客人都有切身体会。所以,客房的设施等级以及客房部服务管理水平将直接影响着饭店对外形象和服务质量;同时,饭店的公共区域卫生工作一般也由客房部承担,饭店公共区域的设施与服务,是社会公众评价饭店的重要依据。所以客房服务质量是衡量整个饭店服务质量,维护饭店声誉的重要标志。

(三)客房部是饭店的管家,担负着整个饭店公共卫生及布件洗涤发放的重任

客房部是饭店的管家部门,又称管家部,负责整个饭店布件的洗涤、熨烫、保管、发放的重任,对饭店其他部门的正常运转给予不可缺少的支持。

(四)客房收入是饭店经济收入的主要来源

饭店的经济收入主要来源于三部分:客房收入、饮食收入和综合服务设施收入。其中,客

房的营业收入一般要占饭店全部收入的 30％～60％，客房收入是饭店收入的主要来源，而且客房收入较其他部门收入稳定。从利润来分析，因客房经营成本比饮食部、商场部等都小，所以其利润是饭店利润的主要来源。

(五)客房部的服务与管理直接影响整个饭店的运行管理

客房部的功能及工作任务，表明它为饭店各部门的正常运行创造了良好的环境和物质条件。客房部员工占饭店员工比例很大，其培训管理水平对饭店员工队伍整体素质的提高和服务质量的改善有着重要的意义。另外，客房部用品众多，使用控制状况直接关系饭店的经营成本，因此客房部的管理是影响整个饭店管理的关键部门之一。

(六)客房是带动饭店一切经济活动的枢纽

饭店作为一种现代化食宿购物场所，只有在客房入住率高的情况下，饭店的一切设施才能发挥作用，饭店的一切组织机构才能运转，才能带动整个饭店的经营管理。客人住进客房，要到前台办手续、交房租；要到饮食部用餐、宴请；要到商务中心进行商务活动，还要健身、购物、娱乐，因而客房服务带动了饭店的各种综合服务设施。

二、客房管理的目标与要求

客房部是饭店的一个重要的业务管理部门，其管理的目标与要求通常包括以下几个方面。

(一)培养专业化员工

饭店管理，最终是人的管理；饭店竞争，最终也是人的竞争，因此，客房管理的第一目标是通过招收、培训和激励，建立一支专业化的员工队伍。建立一支专业化的客房员工队伍，首先是选择员工，即管理者应根据客房不同岗位的要求，选择乐于且适合从事此项工作的员工。其次是培训员工，即管理者通过对员工的培训，使其掌握客房服务的各种知识和技能，同时具备良好的服务意识和职业习惯。最后是激励员工，即管理者根据员工需求和激励原理，多方激发员工的工作积极性，并做到合理用人，充分发挥每个员工的特长。建立一支专业化的员工队伍是客房管理的第一目标，也是实现其他管理目标的基础。

(二)做好清洁与保养

出色的清洁与保养可以保持饭店的设计水准，使之处于一种常"新"的状态。其在为客人提供满意的住宿环境的同时，为客人营造优雅宜人的公共区域环境，并为其他部门的服务与管理工作创造便利的条件。另外，随着饭店业竞争的日趋激烈，使得节支已经成为饭店管理的一项重要内容，而清洁保养可以延长饭店各种设施设备的使用寿命，即延长饭店的更新改造周期，其节省的费用就是饭店的纯利润。因此，清洁保养工作是客房部的最主要的工作任务，而做好清洁与保养的管理工作则理所当然成为客房管理的目标。

(三)提供优质的服务

随着客人消费心理的日趋成熟，他们不仅仅关注饭店的豪华程度，更为关注饭店能否提供优质服务。而这种优质服务需要饭店各部门和各环节的密切配合和共同努力才能达到。客房服务是其中最主要的内容之一。客房服务不同于其他部门的服务，它既有与客人面对面的服务，又包括许多与客人不见面，但能让客人感受到的"暗"服务。因此，在客房管理过程中，既要考虑到直接面对客人的服务质量，还应通过那些不见面的，但细致而温馨的服务，体现出对客人的体贴和关心，使客人感到饭店的善意和诚意，进而成为饭店的忠诚客人。另外，随着客人需求的变化，管理者还应树立创新意识，努力创造自己的特色，并不断地寻求各种更好的改进措施,使饭店在竞争中处于优势。

(四)取得满意的效益

客房管理的最终目标是在令客人满意的基础上,取得令饭店满意的经济效益和社会效益。客房的销售收入在整个饭店营业收入中占有相当大的比重。客房虽然不直接从事销售活动,但它既为销售部门提供可销售的客房,又为住店客人提供其所需的服务,从而增加客人的满意程度,提高饭店的知名度和美誉度,也促进了客房的销售。

因此,客房管理者应通过清洁保养、对客服务及设备物资等的管理,保证客房处于最佳状态,有利于前厅部、营销部的销售;同时,应采取各种有效措施,在保证不影响服务质量的前提下,控制成本费用,力求以最少的投入获得尽可能好的经济效益。

客房管理的目标与要求是进行客房管理的依据。管理者应据此确定客房管理的内容,并采取各种管理手段,以保证客房管理目标的实现。

三、客房管理的基本环节

(一)掌握客房接待业务工作量,做好服务过程的组织安排

客房部应根据前厅发出的客房预订信息、宾客到店预测信息以及接待通知单等信息,及时掌握宾客的入住情况,并据此安排好人员、物品用具以及及时提供客房服务。

(二)合理制订服务程序,适应住店宾客需要

客房对客服务的内容很多,饭店应根据主要客源的实际需要及饭店的经营特色,合理制订服务项目及各项服务程序、服务要求。

(三)搞好清洁卫生工作,提供舒适环境

清洁卫生工作是客房部的重要工作内容,主要包括日常清洁及计划清洁。饭店应制定明确的清洁卫生标准及完善的卫生检查制度,进行有效控制。

(四)加强设备及物品管理,控制成本损耗

客房部管辖范围内各种设备、物品的品种多、数量大,各种设备的使用、维护以及各类用品的消耗,开支的合理程度,直接影响客房的经济效益。所以,加强设备与物资管理,有效控制客房成本消耗,是客房部的重要管理内容。

(五)正确处理和各部门之间的关系,保持接待服务工作的衔接和协调

客房部的正常运转,需要各部门的密切配合。所以,客房部应正确处理好与其他部门之间的关系,以保证客房部业务的顺利进行。

(六)搞好客房原始资料的收集和整理工作,加强客房信息资料控制

客房部的原始资料,包括每日客房状况表、客房服务工作记录、客房物品消耗记录、客房设施设备维修记录等。这些原始资料与信息是客房部掌握情况、发现问题、考核员工的主要依据,必须建立和健全。

四、客房部的工作特点

(一)客源广泛、业务复杂

国际旅游市场表明,现代旅游活动趋向大众化,上至国家元首,下至普通游客,客人来源十分广泛。同时由于旅游活动的短暂性,使客源流动性加大。客房部每天迎来送往来自不同国家和地区的客人。他们身份不同,兴趣和爱好不同,文化修养不同,生活习惯不同,对客房部服

务的要求差异大,这使得客房部工作更显复杂。

(二)琐碎细微、随机性大

客房部提供的是客人住宿期间的服务,其内容涉及日常房间整理、洗熨衣服、委托代办、擦鞋、托婴等,工作琐碎,而且工作之间没有明显的直接关系,具有随机性。客人住店期间何时何情况下需要何种服务,没有固定的模式和统一的要求,事先难以掌握和缺乏充分的思想准备,增加了客房服务与管理的难度。

(三)服务质量和消耗品难控制

客房服务质量的高低与服务员的素质有着直接的关系,客房管理的范围广、岗位多、人员分散作业,服务员的操作能否严格执行制度与规范标准,能否提供优质服务等,不易管理控制。另外,客房的易耗品多为生活用品,种类多、数量大、体积小、消耗数量受多种因素影响,控制起来有困难。员工的自觉性,客房管理制度的严密性及管理能否到位,就显得十分重要。

五、房型与房态

(一)客房的基本类型

1. 按房间床位的设置划分

按房间床位的设置划分,客房可分为以下三种。

(1) 单人间(single room):房内设单人床 1 张。

(2) 双人间(double room):房内设单人床 2 张或双人床 1 张。

(3) 三人间(triple room):房内设单人床 3 张。

2. 按房间布置的等级划分

按房间布置的等级划分,客房可分为以下几种。

(1) 标准间(standard room):饭店中数量最多的房型,平面图如图 5-1 所示。

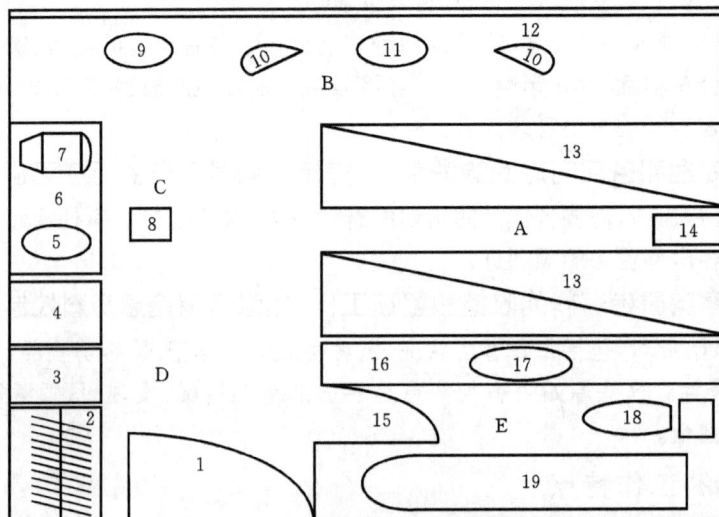

图 5-1 饭店标准客房设施布局图

1.客房门 2.衣橱 3.小酒吧与小冰箱 4.行李架 5.台灯 6.写字台 7.电视机 8.座椅
9.落地灯 10.休闲椅 11.小圆桌 12.双层窗帘 13.单人床 14.床头控制柜与电话机
15.卫生间门 16.洗面台 17.洗面盆 18.抽水马桶 19.浴缸与淋浴器

（2）商务间（business room）：面积一般比标准间略大，设有标准的办公桌和充足的照明设施，有些还带传真机、电脑宽带接口等。

（3）套间（suite）：设有客厅、卧室，为两间相通的客房。

（4）豪华套间（deluxe suite）：房内设施设备豪华齐全，一般房间数及卫生间均在两间以上，有些还有会议室、书房。

（5）总统套间（presidential suite）：面积比豪华间更大，设有两间主人卧室及豪华浴室，还有客厅、餐厅、厨房、书房、侍从房等。

3. 按房间的位置划分

按房间的位置划分，客户可分为以下几种。

（1）内景房（inside room）：窗户朝向饭店内院的客房。

（2）外景房（outside room）：窗户朝向街道、公园、大海、湖泊的客房。

（3）角房（corner room）：位于走廊、过道尽头的客房。

（4）连通房（connecting room）：相邻的两间客房，中间有门。

（二）客房的状态

1. 房态的含义

房态（room status），又叫客房状态、客房状况，是指对客房占用、清理或待租等情况的一种标示或描述。前厅接待服务质量，在很大程度上依赖于有效的房态控制。因此，建立适当的房态显示系统和保持准确的房态，是做好饭店客房销售工作和提高前厅接待服务质量的关键。

2. 房态的主要类型

（1）住客房（occupied room，简写 OCC）：又称实房，住店客人正在使用的客房。

（2）走客房（check-out room，简写 C/O）：又称走房，指客人已经退房，但服务员还未清扫的客房。

（3）空房（vacant room，简写 VAC）：又称 OK 房，指客房已经打扫干净，并通过客房领班的检查，随时可以出租的客房。

（4）待修房（out of order room，简写 OOO）：又称坏房，指房间内的设备设施发生故障或正在更新改造，暂时不能出租的客房。

（5）保留房（blocked room，简写 BLO）：这是饭店内部掌握的一种客房。饭店会为一些大型团体预留他们所需的客房，同时还有一些客人在预订客房时，常常会指明要某个房间进行预订。

（6）外宿房（sleep out room，简写 S/O）：指住客在饭店外过夜的客房。

（7）请勿打扰（do not disturb，简写 DND）：住客为不受干扰，在房门外的把手上悬挂"请勿打扰"牌，或者打开墙壁上的"请勿打扰"指示灯。

3. 房态的转换

饭店客房的状态随着客人入住和离店等活动进行着不同的转换（如图 5-2 所示）。

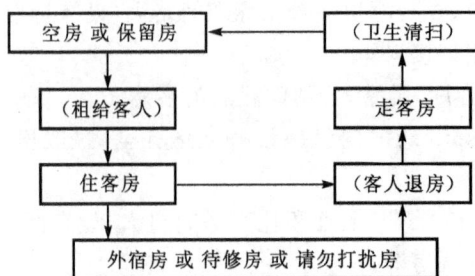

图 5-2 房态转换图

六、客房部的组织管理

(一)客房部的组织机构

大中型饭店客房部组织机构如图 5-3 所示,小型饭店客房部组织机构如图 5-4 所示。

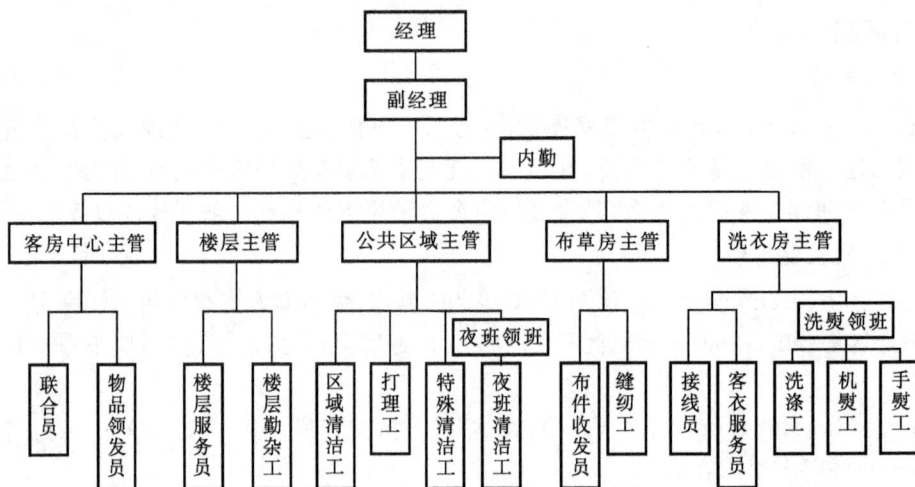

图 5-3 大中型饭店客房部组织机构

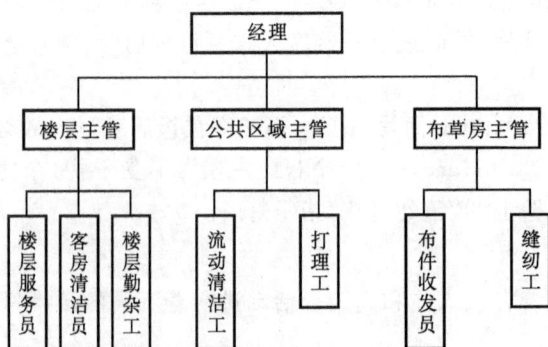

图 5-4 小型饭店客房部组织机构

(二)客房部的职能

1. 客房服务中心

我国很多档次较高的旅游饭店都采用客房服务中心这种服务模式。采用这一服务模式的饭店客房部,都设置客房服务中心这一专门机构。客房服务中心是客房部的信息中心,其基本职能是统一协调对客服务工作,收集和处理客情信息,正确显示客房状况,保管和处理客人的遗留物品,领取和分发客房部所需物资,协调有关管理人员进行人力和物资调配,与相关部门进行联络和协调等。客房服务中心通常设有主管或领班、联络员等岗位。

2. 客房楼层

客房楼层是客房部的主体,其职能是负责客房和客房楼层公共区域的清洁保养和对客服务工作,管理客房和客房楼层的设施、设备等。客房楼层可设置主管、服务员和辅助工等岗位。

3. 公共区域

公共区域管理机构的职能是负责饭店公共区域的清洁保养以及饭店的一些专业性、技术性较强的清洁保养工作。在部分饭店里,它还负责饭店的园林绿化。目前,一些大中型饭店的公共区域管理机构都已成为可以对外服务的专业清洁公司,在保证完成店内保养清洁工作的前提下,开展对外经营业务,为饭店增加收入。

4. 布件房

布件房(又称布草房)是饭店必备的设施。布件房负责全饭店布件及员工制服的收发保管和修补工作。如果具备设备和技术条件,它还可以加工制作部分布件,为饭店的正常运营提供布件及员工制服等。布件房通常设置主管或领班及布件收发员等岗位。

5. 洗衣房

洗衣房负责饭店布件、员工制服的洗烫,为住客提供洗衣服务,有条件的还可承揽对外营业项目。

七、客房服务模式

饭店客房服务模式是一个比较老的话题,它实际上说的就是饭店客房的宏观运营方式。由于各种类型的饭店设施设备配备得不尽相同,因此,在客房服务模式的选择上,也各有各的做法。早期的饭店管理专家总结出,楼层服务台和客房服务中心是最为常见的客房服务模式。但随着饭店类型的增多、饭店个性化的不断加强,又有一种客房服务模式应运而生,即:前台直管模式。由于各种模式的侧重点不同,所以在岗位安排、人员配备等具体做法上也有所不同。

(一)楼层服务台模式

1. 基本涵义

饭店在客房区域内,在靠近电梯口或楼梯口的位置设置在各楼层为住客提供服务的服务台即为楼层服务台。楼层服务台一天 24 小时都会有服务员值班,为住客提供服务。从某种意义上来说,它就相当于饭店前厅驻楼面的办事机构。从整个饭店的宏观管理上来看,楼层服务台成为了饭店其他部门与客房之间相互沟通的桥梁。

2. 主要职能

不管何种类型的饭店,楼层服务台基本上都会有如下基本职能:楼层服务台为本楼层的住客提供日常服务,如开房、客房清扫、访客登记、钥匙保管与发放等;楼层服务台是客房部与饭店其他部门的联络中心,如工程部的客房维修与保养、采购部的物品采购与配给、餐饮部的客房送餐等;楼层服务台是本楼层的安全管理机构,楼层服务台安排服务人员 24 小时值班,可以大大降低饭店安全事故的发生。此外,楼层服务台还是楼层信息的传达中心。

3. 优缺点

(1)优点。楼层服务台模式有以下优点:

①能够为客人提供较好的面对面的针对性服务;

②楼层服务台的设置有利于饭店楼层安全保卫工作的开展;

③楼层服务台的设置也有利于饭店客房部及时准确地了解饭店客房的房态及运营情况,为前厅管理工作提供及时准确的信息参照。

(2)缺点。楼层服务台模式有以下缺点:

①楼层服务台三班倒,投入的人力较多;

②每层都有楼层服务台,这导致管理点分散,不利于饭店客房统一管理;

③楼层服务台一般设置在楼层走廊较为显眼的位置,这会使客人感到不自由,客人隐私得不到有效保障;

④由于无人监管(一般的饭店没有监控设备来监控楼层服务台),楼层服务台的服务员有可能行为过于散漫,做一些与工作无关的事情,如看报、织毛衣等,这被客人看到,会严重影响饭店声誉。

(二)客房服务中心

1. 基本涵义

客房服务中心是现代饭店客房管理的主导模式,是饭店客房管理的神经中枢。它一般设置在饭店员工更衣室与员工电梯之间的隐蔽处,主要通过电话的形式为饭店的住客提供周到的服务。一般情况下,客房服务中心应该具有同时接听两个以上电话的能力,大型饭店可以采用小型交换机来保证信息运量。在客房员工管理方面,一般饭店都会建立一个 BP 机寻呼系统,以保证客房部员工信息沟通顺畅。

2. 主要职能

客房服务中心的主要职能是对饭店客房进行统一化、综合化和全面化管理。一般情况下,凡是与饭店客房部有关的工作信息,都会在第一时间先传达到客房服务中心,然后经过客房服务中心的工作人员的初步处理再具体传达到其他工作人员,这种方式可以提供工作效率。客房服务中心的设置,使其成为和饭店其他后台部门类似的封闭式的管理部门(即不直接面对住客),这对工作人员的素质提出了较高的要求。工作人员要时刻关注房态,做好各类物品的登记与发放,制作住房报表,及时处理客人要求,安排清扫工作等。

3. 优缺点

(1)优点。客房服务中心的模式有以下优点:

①客房服务中心的模式大大减少了人员的编制,节省了人力,降低了成本开支;

②保证了客房楼层区域内的安静,为客人提供了一个较为安宁和私密的空间;

③有助于对客房服务人员的调度与控制;

④保证了客房管理信息的畅通,有助于加强对客房整体运作效果的把握。

(2)缺点。客房服务中心并非没有缺陷,其缺陷主要表现在对设施设备和人力资源的要求方面。

①在设施设备方面,由于客房服务中心仅在饭店某个楼层开设,同时又要其运作力较强,因此对客房服务中心的硬件设施提出了较高的要求。客房服务中心一般需要设置 BP 机呼叫系统、电话系统,还需要在楼层安装监控设备,以保证饭店楼道的安全,这样一次性投入的成本是比较大的。同时,即使这些设备安装后,客房对内对外管理方面都还是会存在一些不安全的因素,会影响住客的安全感。

②在人力资源的要求方面,客房服务中心的管理模式需要训练有素的员工队伍来支持,一旦配合得不好,会影响整体功能的发挥。客房服务中心不提供面对面的对客服务,使服务不具有直接性,缺乏人情味,致使客人对客房服务员的信赖度下降。而且由于通过电话来进行呼叫,导致服务员往往不能够主动发现客人的需求并及时提供服务。

(三)前台直管模式

1. 基本涵义

前台直管模式是基于现代饭店发展的类型增多而出现的一种新的客房服务模式。不知道你是否关注如今城市的发展趋势? 走在大街上,你会发现,特色各异的商务酒店鳞次栉比。因为城市这个名词本身就充满了商业气息,这为城市商务酒店提供了生存的空间。目前,我国城市饭店有一个重要趋势就是,以往那种旧式的招待所、家庭旅馆、旅社等小型社会宾馆开始逐渐向特色商务酒店方向发展,应该是继星级饭店、经济型饭店之后的又一新方向。

这种家庭式的商务酒店一般不大,客房数量在 60 间左右,价格在 100 元左右。房间设施遵循经济型饭店的做法,但更突出了商务型。它们有的往往就由招待所和旅社转型而来,也有针对具体市场而新开设的门店。这种类型的商务酒店由于客房数量较少,往往采取的客房服务模式是前台直管模式,即沿袭旧式的招待所、旅社的做法,将客房直接划归前台管理,不设楼层服务台,也不设置客房服务中心,而是在前台班组中设客房服务和清扫小组来对客房进行管理。

2. 主要职能

前台直管模式的主要职能与前述两种客房服务模式在职能方面差异不大,主要也是对客房进行基本的管理,为客人提供日常周到的服务。其主要职能包括:钥匙分发,安排客房清扫,保障客房安全,物品管理与分发,信息统计等。

3. 优缺点

(1) 优点:前台直管模式的最大优点就是节省了人力成本,将客房纳入前台管理系统之内,保证了前台管理与客房管理的统一性,避免了重房等问题的发生。

(2) 缺点:前台直管模式应该慎用,缺陷比较明显,即在对客服务方面不能够做到面对面和及时性,同时也存在较大的安全隐患,住客在客房区域发生问题不能够及时发现。不管如何,前台直管模式对于小型的饭店来说,它或许会在将来成为属于这种类型的饭店的一种特别的客房管理模式。

不同类型的饭店在选择客房服务模式时,都应该重点考虑到饭店本身的客源结构和档次,同时也要考虑到当地劳动力成本的高低以及当地社会治安环境的好坏等因素。

第二节　客房业务管理

一、客房部的业务范围

（一）客房的服务与管理

客房的服务与管理是饭店客房部的基本业务和中心工作。其主要内容有以下方面。

（1）对客房进行清洁整理。一方面可以为销售部门提供合格的客房产品，满足客房销售和安排的需要；另一方面，可以为住客创造良好的休息和工作环境。

（2）对客房进行维护和保养。这是客房管理工作的重要内容，其目标是使客房的设施、设备、日常用品保持完好常新，保持客房产品的质量标准，并保证和延长客房设施、设备的使用寿命。

（3）为住客提供全面优质的服务。服务是客房产品的核心。饭店不仅向客人出租客房，还要为住客提供一系列服务，使住客像是在自己的家里或办公室里一样安全、舒适、方便。这些服务大部分是由客房部负责提供的。

（二）饭店公共区域的清洁保养

公共区域是饭店的重要组成部分。其清洁保养的状况反映着饭店的管理水平，代表着饭店形象，影响着公众对饭店的感受和评价。因此，饭店必须重视对其公共区域的清洁保养。在规范化管理的饭店里，公共区域的清洁保养工作主要有客房部负责。客房部一般都设置专门的分支机构，即"PA组"（public area）。尽管很多公共区域的设施也分别有其他部门（如前厅部、餐饮部、康乐部等）管理，但根据"专业化原理"的要求，为了便于专项设备用品的配置和管理、人员的调配、标准的统一，公共区域的清洁保养工作主要由客房部统一负责。

（三）布件、员工制服及客衣的洗烫

大多数饭店都配有布件房和洗衣房。按饭店的普遍做法，店属的布件房和洗衣房通常由客房部管理。因此，饭店布件、员工制服和客人衣物的洗烫工作，也就很自然地成了客房部的业务。客房部必须认真做好这项工作，满足客人对洗衣服务的要求。

除了以上三项基本业务之外，部分饭店的客房部还负责饭店的园林绿化和花草养护等工作。客房部的业务范围和具体任务视各家饭店具体情况而定。

二、客房清洁卫生管理

根据饭店机构进行的市场研究表明，促使旅游者选择饭店的诸要素中，清洁卫生居于第一位，其得分率高达63%。因此，客房的清洁卫生是客房部最基本的工作内容之一。

（一）客房日常清洁控制

1. 确定科学的清洁工作规范和程序

客房日常清洁的工作规范与程序有以下方面。

（1）客房清扫的顺序规定。

客房清洁员在每天开始客房清扫前，应根据开房的急缓先后，客人情况或总台或领班的指示决定客房清扫的顺序。一般情况下，客房的清扫顺序为：①挂有 MUR（make up room）指示的房间，即请速打扫房间；②总台或领班指示打扫的房间；③走客房；④普通住客房。如果客房

出租率不高,为了给住店客人创造一个整洁的休息环境,也可把走客房放在最后打扫。另外,VIP客房一般采取专人打扫与三进房制或随进随出制;长住房则采取与客人协调,按双方约定时间定时打扫的方法。

(2)客房清扫的准备工作程序:①签领客房钥匙;②了解当天房态;③决定清扫顺序;④准备房务工作车及清洁用品、器具与各类客用品;⑤准备吸尘器;⑥检查着装。

(3)走客房清扫的注意事项。走客房清扫的注意事项有:

①接到通知后,迅速来到客房。

②对客房进行检查,检查要点为客人有无遗留物品、房间的设备与家具、物品有无损坏及丢失、客房的迷你吧与饮料消耗情况。如有以上情况,立即通知前台及领班,并进行登记。

③对卫生间各个部门进行严格的洗涤消毒。

④清扫合格后,立即通知总台,通报OK房。

(4)住客房清扫的注意事项。住客房清扫的注意事项有:

①客人在房间时,应经客人同意再进房清扫。

②不得翻看客人物品与文件。

③不得自行处理客人物品。

④不得接听客房电话。

⑤房间清扫完毕后不得无故停留。

2. 制定客房日常清洁检查的程序和标准

客房的清洁卫生质量与饭店的清洁标准与检查制度的制定密切相关,同时这些标准的贯彻执行也非常关键。

(1)客房清洁标准。客房清洁主要有以下几方面标准:

①视觉标准。视觉标准指客人和员工、管理者凭借视觉或嗅觉能感受到的标准,但由于个体的感受不同,标准只是停留在表面。

②生化标准。生化标准是由专业防疫人员进行专业仪器采样与检测的标准,所包含的内容有洗涤消毒标准、空气卫生质量标准、微小气候质量标准、采光照明质量标准及其环境噪声允许值标准等。生化标准是客房清洁卫生质量更深层次的衡量标准。

(2)客房清洁检查制度。客房清洁的检查制度主要有以下几方面:

①清洁员自查。客房清洁员每清扫一间房间,应对客房的清洁卫生质量及物品的摆放、设备家具的完好程度进行第一轮的检查。饭店应注意培养服务员的自我检查能力,尽量将工作失误消灭在第一时间。清洁员自查能加强员工的责任心与检查意识,提高员工的业务素质,提高客房卫生的合格率。

②领班普查。领班负责OK房的通报,所以领班的检查常常是最后一轮检查,

是客房清洁质量控制的关键。领班应加强监督检查,对服务员的漏项与失误要视情况进行弥补或立即填写返工单,令其返工。

③楼面主管抽查。楼面主管是客房清洁卫生工作的主要指挥者,加强服务

现场的督导和检查,是楼面主管的主要职责。楼面主管对客房的抽查数量一般为领班数量的15%~20%,抽查的重点为领班检查过的房间、VIP房、OK房、住客房、维修房等。

④部门经理抽查。客店部经理对客房卫生的抽查,便于掌握员工的工作状况、对改进管理方法,修订工作标准具有十分重要的意义。部门经理的检查不定期不定时,但是要求更加严

格,检查重点是房间清洁整理的总体效果与服务员工作的整体水平。

⑤总经理抽查。总经理对客房的检查方式也是不定期不定时,除亲自检查外,也会派值班经理或大堂副理进行检查,以获得客房部的服务质量信息与管理水平信息。

⑥定期检查。饭店也可以采取一些定期的有计划的公开检查,目的是制造声势,创造气氛,推动员工工作积极性。

⑦其他形式检查。客房检查还有一些其他方式,如:在客房设置客人意见表,拜访住店客人或邀请一些专家,同行进行检查。这类检查由于角度不同,能发现一些饭店自身不易觉察的问题,有利于提高饭店的质量水平。

(二)客房计划清洁控制

客房的计划清洁是指在日常整理客房的清洁卫生的基础上,拟订周期性的清洁计划,采取定期循环的方式,清洁客房中平时不易做到或无法彻底清理的项目。例如地板打蜡、地毯吸尘、擦窗、家具除尘及打蜡、清扫墙面、卫生间清洁消毒等。

1. 制订计划

(1) 每日计划清洁。

每日计划清洁是指在完成日常的清扫整理工作外,每日都计划性地对客房某一领域或部位进行彻底地清理。表5-1所示即为某饭店客房部每日计划清洁安排。

表5-1 某饭店客房部每日计划清洁安排

日期	周一	周二	周三	周四	周五	周六	周日
计划清洁内容	地板打蜡	擦窗	家具除尘	清扫墙面	洁具金属零件擦洗	浴帘清洗	空调出风口清洁

(2)季节性与年度性计划清洁。

季节性与年度性清洁的范围较大,不仅包括客房家具,还包括各项设备及床上用品。由于目标较大,时间较长,所以季节性与年度性的计划清洁一般在淡季进行,而且必须与前厅部和工程部密切合作,以便对某一楼层实行封房,便于维修人员进行设备检查与维修。

2. 落实计划及进行检查工作

客房部拟定计划后,应作好计划清洁的落实与检查工作。一般由领班负责督促清洁员完成当天的计划卫生任务,并进行检查。

3. 安排清洁用品

进行计划清洁需要一定的清洁设备及用品,所以事先安排好清洁用品非常重要,否则可能导致浪费清洁剂或清洁保养效果不理想。

(三)客房消毒控制

1. 客房卧室

客房卧室应定期进行预防性消毒,其方法包括:每日的通风换气,室外日光消毒,室内采光消毒以及每星期一次的紫外线或其他化学消毒剂消灭病菌和虫害,防止病菌传播。

2. 卫生间

卫生间的设备用具易于污染病菌,因此卫生间的消毒工作尤其重要,必须做到天天彻底打扫,定期消毒。

3. 茶水具与酒具

茶水具与酒具也是传播疾病的渠道,楼层应配备消毒设备与用具,以便进行茶水具与酒具消毒。每天住客房的茶水具与酒具都必须撤换,统一将茶水具与酒具送至洗涤室进行洗涤消毒。走客房的茶水具与酒具统一撤换,并进行严格的洗涤消毒。

4. 客房清洁员

客房清洁员自身的消毒工作也非常重要。客房清洁员清洁卫生时,应戴胶皮手套进行操作;客房清洁员上下班应更换工作制服,保持制服的洁净;客房清洁员应定期检查身体,防止疾病感染。

三、客房服务管理

客房服务管理是饭店服务的重要组成部分,也是构成完整的饭店房产品的要素,在很大程度上体现了饭店的整体服务水平。

(一)常规服务种类及要点

1. 迎客服务

迎客服务是客房部对客服务的首要环节,其服务要点主要有以下方面。

(1) 了解客情。

客房服务中心接到前厅部《客情通知单》及《特殊服务通知单》后,应尽可能详细了解来客的各种基本情况,掌握来客的宗教信仰、风俗习惯、生活特点、身份职业以及接待规格,制订接待计划,安排接待准备工作。

(2) 客房布置。

按照客人情况与接待规格进行客房布置,蓄好冷、热用水,调节好室温并进行检查。如果客人预计到店时间较晚(20 时以后),则应提前将夜床做好。

(3) 迎客。

根据客人类别和饭店的服务管理,决定迎客的方式并实施。如在电梯间迎候,当客人到达楼层时应主动问候客人,做自我介绍并引领进房。向客人简单介绍饭店特别事项和有关情况,告知客房服务中心的联系方法,并祝客人住店愉快。

2. 送客服务

送客服务是客房部对客服务中的最后一环,其服务要点主要有以下方面。

(1) 了解客情。

根据次日离店客人一览表及电脑记录,掌握客人离店情况。

(2) 检查对客服务情况。

根据客人的离店信息,检查对客服务的落实情况。例如提前将客人送洗的衣物送交客人,检查租借用品的归还情况等。并根据客人类别与饭店服务规程,采取相应的送别方式。

(3) 检查客房。

客人离店时迅速检查客房,检查客人是否有遗留物品及房间状况。如果有物品丢失或损坏,或酒水饮料有最新消费,应立即通知总台及上级。当然,为了提高服务效率,减少客人在总台结账的等待时间,增加客人的自豪和亲情感,同时也为了减少用工,饭店也可根据自己的档次和客人的类别,实行免即时查房或对某类客人免即时查房制度。

3. 会客服务

会客服务是当客人有来访者时按客人要求提供的服务,其服务要点有以下几方面。

(1) 了解客人需求。

客房服务员应事先了解客人的访客情况及接待要求,如来访者人数及来访时间、提供饮料、点心、鲜花摆放等情况。

(2) 做好准备。

客房服务员应在访客来访前半小时作好接待准备,如准备好茶具、茶叶、开水及其他饮料、食品、烟灰缸、座椅等。

(3) 协助引领。

当访客到达时,客房服务员应在电梯口协助引领。

(4) 提供服务。

根据客人需要及时提供饮料、茶水服务,及时续水。

(5) 协助送客。

当访客来访结束后,客房服务员应协助客人送客。

(6) 房间整理。

访客离店后,客房服务员应立即撤出加添的家具与物品,并视客人需要对房间进行小整。

4. 洗衣服务

洗衣服务在对客服务中,是比较容易引起客人投诉的一个项目,所以客房部应注重对洗衣服务的控制工作。

(1) 及时收取客衣。

接到客人要求后,客房服务员应迅速前往客人房间收取客衣。

(2) 听取客人要求,检查清点衣物及核对有关表单。

客房服务员应认真听取客人要求,向客人说明饭店提供洗衣服务的注意事项及收费标准,并仔细检查清点衣物,核对"洗衣单"。

(3) 通知洗衣房收取、交接。

接收客衣后,客房服务中心应立即通知洗衣房前来收取客衣,并按规定与洗衣收发员进行交接。

(4) 将核收的客衣送至客房。

当洗衣房送还客衣后,客房服务员应将经过核收的衣物及时送往客人房间,并请客人检查签收。

5. 擦鞋服务

为了方便客人擦鞋,客房部在客房内为客人放置擦鞋纸。除此之外,客房服务中心也可根据客人要求提供擦鞋服务。

(1) 及时收取。

客房服务员在接到客人要求后,应及时前往客房收取鞋篮。

(2) 编号,并记录房号。

将鞋篮编号,并将客人的房号写在纸条上放入鞋篮,防止弄混客人的鞋子。

（3）按规范操作。

将鞋放置于工作间或客房服务中心，按操作规范擦鞋。特别注意鞋底与鞋口边沿要擦净，不能有鞋油，以免弄脏客人的袜子及地毯。

（4）将鞋送回。

一般在半小时后、两小时之内，客房服务员应将擦好的鞋送入客人房内，放在壁橱内、床前或沙发前。应注意避免将鞋送错房间，对于提出特别时间要求的客人通常急于用鞋，应及时将鞋送回。

6. 对客租借用品服务

饭店客房内所提供的物品一般能满足住店客人的基本生活需求，但有时客人会需要饭店提供一些特殊物品，如熨斗、婴儿车、床板、冰热水袋、体温计、变压器、接线板及电动剃须刀等。因此，客房服务中心应备有此类物品，以向客人提供租借服务。

对客租借用品服务程序主要有以下方面。

（1）了解客人要求。

客房服务员应仔细询问客人租借物品的名称、要求以及租借的时间等。

（2）将用品送至客房。

将用品迅速或在客人约定的时间送至客人客房，向客人说明注意事项，并请客人在《租借物品登记单》上签名。

（3）做好详细记录。

客房服务员应将客人租借用品情况作详细记录，以便下一班服务人员继续服务。

（4）用品归还时作好记录。

当客人归还物品时，客房服务员应作好详细记录。当客人离店时，应特别检查客人有无租借用品及有无归还等。若有，应礼貌地提醒客人归还，并注意语言表达方式，以免引起客人误解。

（二）特殊服务种类及要点

1. 病客服务

当住店客人身患疾病时，客房服务中心应提供病客服务，给予客人必要的关怀和照料。其服务要点主要有以下几方面。

（1）表示关怀，询问病情。

发现住客生病应表示关怀并主动帮助，礼貌询问病情及客人要求。

（2）根据客人病情轻重进行处理。

如果客人病情不严重，可请客人到饭店医务室进行治疗。若客人病情严重，则立即将客人送至医院进行救治。未经专门训练的员工，不得随意搬动客人，应立即请示上级或联系医务室。对于在房内病卧的客人，应把纸巾、热水瓶、水杯、纸篓等物品放置在客人床边，加送热毛巾。服务员应适时借服务之机进入客房并询问客人有无特殊要求，建议并协助客人与就近的亲朋取得联系，提醒客人按时服药，推荐适合客人的饮食。将客人情况报告上级，并将客人房号与病情概况记录在工作表上。

2. 托婴服务

托婴服务是为外出的住客提供短时间的照管婴幼儿童的有偿服务，代为照管婴儿的服务员应具备一定的保育知识。其服务要点主要有以下几方面。

（1）详细了解客人要求。

看护者在接受客人托婴要求时,应询问清楚客人要求、照看的时间、儿童的年龄及特点、注意事项等。

（2）告知客人收费标准及服务内容。

向客人说明饭店的收费标准及服务内容,并请客人留下联络电话与方法。

（3）严格按照客人要求看管。

看护员必须具备一定的保育知识,在饭店规定区域内严格按照客人的要求照看幼儿,确保儿童安全。不得随便给婴幼儿吃食物,不得随便将婴幼儿托给他人看管,不得将尖利或有毒的器物给婴幼儿充当玩具,以确保安全。

3．醉客服务

对醉客服务,既要耐心、周到,又要注意安全,包括客人的安全、饭店财物安全及员工的自身安全。其服务要点主要有以下几方面。

（1）发现醉酒客人,视情况采取措施。

当发现客人在房内不断饮酒时,客房服务人员应特别留意该客人动态,并通知领班。

若客房服务人员在楼层发现醉酒客人,如证实为外来醉客,应通知安全部人员将醉客带离楼层,并控制醉客行为;若是住店客人,应通知领班或请同事帮忙,安置客人回房休息。

（2）视客人醉酒程度给予适当服务。

若客人已饮酒过量,应扶客人上床,将纸篓放在床边,并备好面巾纸、漱口水。对呕吐过的地面进行及时清理。安顿客人休息后,留夜灯或廊灯,退出房间,关好房门。

（3）注意安全。

密切注意房内动静,以防房内物品受损或因客人吸烟而造成火灾。若遇到客人倒地不省人事或有发生意外的迹象,如酒精中毒的客人,应及时通知大堂副理,同时通知医务室医生前来检查,以保证客人安生。对醉客的纠缠不休应机警应对,礼貌回避,不应单独与醉客相处。

（4）做好记录。

在工作表上详细填写醉酒客人房号、姓名、客人状况及处理措施,做好记录。

四、公共区域管理

饭店是一个小社会。除了住客之外,前来用餐、开会、购物乃至参观游览的人们络绎不绝。饭店的公共区域便成为客人逗留人数最多,来往最为频繁的场所。由此,饭店的公共区域也成为公众衡量整个饭店的标准。饭店的幽雅环境取决于清洁、合理布局、设施配备及装饰等方面,而其中,清洁卫生无疑是创造宜人环境的最基本的条件。

（一）概念

凡是公众共有的活动区域都可称之为公共区域。通常,人们又习惯把饭店的公众共有共享的活动区域都称之为公共区域。饭店的公共区域通常分室外与室内。室外又称之为外围,它包括外墙、花园、前后门广场及停车场等。室内公共区域又进而分为前台和后台。前台区域是指专供客人活动而设计的场所,如:大厅、休息室、康乐中心、餐厅、舞厅和客用洗手间等;后台区域即为饭店员工而划出的工作和生活区域,如:员工更衣室、员工餐厅、员工活动室、倒班宿舍等。

(二)特点

公共区域因在饭店中所处的位置不同,所使用的对象不同,因此其清洁保养的要求也有所不同。一般而言,公共区域大多有如下特点。

1. 众人瞩目,要求高,影响大

由于公共区域所涉及的范围相当广,因此其清洁卫生的优劣对饭店的影响非常大。公共区域是饭店的门面,是饭店规格档次的标志,其卫生管理工作的好坏,直接关系到饭店在公众心目中的形象。

2. 活动频繁,环境多变

公共区域是人流交汇、活动频繁的场所,环境在不断变化,更增添了清洁工作的难度。

3. 人员复杂,难以控制

公共区域的清洁工作繁琐复杂,工作时间不固定,人员分散,由此造成清洁卫生质量不易控制。这就要求公共区域服务员在日常工作中必须具有强烈的责任心,积极主动,适时地把工作做好。同时,管理人员也应加强巡视和督促,以有效控制卫生质量。

4. 工作条件差,专业性、技术性强

公共区域清洁卫生工作比较繁重,劳动条件和环境比较差。例如负责停车场及饭店周围的卫生,无论刮风下雨,都必须尽心尽力。另外,这些工作又具有较强的专业性与技术性。员工在工作中所接触的设备、工具、材料及清洁剂种类繁多,用途各异,需要对此有全面的认识。

(三)公共区域卫生质量控制环节

1. 定岗划片,分工负责

公共区域卫生管辖范围广,工作繁杂琐碎,需要实行定岗划片、包干负责的方法,才能有利于管理和保证卫生质量。

2. 制定计划卫生制度

为了保证卫生质量的稳定性,控制成本,合理地调配人力和物力,就必须对公共区域的某些大的清洁保养工作,采用计划卫生管理的方法,制定相应的计划卫生制度。

3. 实行走动管理

公共区域管理人员要实行走动管理,加强巡视,检查卫生质量,了解员工工作状态,及时发现问题并进行蔓延,作好检查记录。

(四)公共区域卫生管理制度及标准

1. 日常清洁保养制度

根据各区域的活动特点和保洁要求,列出所有责任区域的日常清洁基本标准以便进行工作安排和检查对照。其一般形式与主要内容如下。

(1)大厅及走廊随时保持整洁。早中班每小时进行一遍地面推尘、倒烟灰、座位整理、扶手与平台抹尘,清除地毯及水中垃圾。夜班作全面清洁。

(2)客用电梯早中班每4小时清扫一次,夜班作全面清洁。

(3)客用洗手间早中班每1~2小时进行一次整理,下午及后半夜各作一次全面清洁。

(4)餐厅和舞厅每日营业结束后进行全面清洁保养。

(5)多功能厅每日清洁一次,需要时可随时清洁。

（6）行政办公室每日下班后清洁一次。

（7）员工更衣室每日早中班各清洁一次。

（8）员工通道与电梯每班清洁一次。

（9）外围每日早晚清扫两遍，其他时间由外围服务员随时保持其整洁。

2．服务员的分工负责制度

根据日常清洁标准，将各项工作落实到早中夜三个班次；再根据工作量多少确定各班次所需要的人员并为服务员划分责任区。为保证工作的实施及便于检查效果，应制订出早中班各责任区服务员的工作流程和时间分配方法，而夜班通常只需列出其工作内容即可。

3．分期清洁保养计划制度

公共区域范围广、项目种类多，如果缺乏一个分期分批逐级保养的计划，往往会使公共区域的日常卫生工作陷入混乱。公共区域的卫生工作由于分块多、各处使用情况有别以及环境要求不同等特点，所以必须以各区分列制订清洁保养计划。

以下为某饭店的大厅清洁保养计划。

（1）每天进行抹尘、吸尘、拖地、抛光等工作，包括擦亮不锈钢扶手、面板与标牌，擦洗大门、台面玻璃，清除地面、墙面、座椅污迹，更换踏脚垫，花卉浇水与更换等例行事务。

（2）每周进行台面打蜡，电话机消毒及电话间墙面清洗等工作，还包括门窗的框、沟、闭门器和地脚线清洁，百叶门、窗清洁打蜡，天花板通风口清洁，硬地用喷洁蜡清洁保养。

（3）每月进行软家具、软墙体与门、帷帘的清洁除尘，壁灯、台灯座等装饰物件的清洁打蜡，走廊吊灯和吸顶灯清洁，金属、石料或木质家具及墙面的清洁打蜡，所有透明玻璃制品的彻底清洁，地面起蜡和打蜡，用泡沫清洗休息处的地毯等工作。

（4）每季进行座椅的坐垫、靠背与扶手的清洗，帷帘与软墙体的清洗，以及大洗地毯。

五、布草及洗衣房管理

饭店布草管理是客房部的重要工作内容，这一工作环节对降低饭店经营的成本与费用，具有非比寻常的重要作用。

(一)布草房管理

1．布草储备标准

客房部布草的储备标准随饭店内营业状况、客房出租率、洗衣房运转状况、部门预算等因素的变化而调整。

（1）3套储备标准。3套储备标准分别是：在客房使用；在洗衣房洗涤；储存在布草仓库待用。

（2）5套储备标准。5套储备标准分别是：在客房使用；在楼层储物室或工作车上；在洗衣房洗涤；储存在布草仓库待用；正送往洗衣房途中。

2．布草储存及保养注意事项

（1）布草必须避潮储存。如果布草仓库与洗衣房相连，则相连门应具有较强的密封性能，并尽可能少打开。

（2）布草仓库应保持良好的通风。

（3）布草仓库的搁板、搁架边沿应光滑，不能锋利突出。

（4）布草经洗涤烘干后不能立即使用，否则会减少布草的使用寿命。

(5) 撤下的脏布草应及时洗涤。

(6) 破损的床单等应及时缝补。

(二)洗衣房管理

洗衣房主要担负洗涤棉织品、制服及洗送客衣等三大任务。其管理水平、洗涤质量和工作效率的高低,不仅直接影响饭店的经营活动和成本消耗,而且影响客人的需要及其饭店在客人心目中的形象。

1. 客衣洗涤注意事项

客衣的洗涤一般分湿洗、干洗,或快洗、普通洗等类型,应根据客人需要及客衣种类进行严格区分。

(1) 明确要求,严格检查。

客衣种类繁多,其面料、质地、颜色各异,洗涤的方法与洗涤剂量应随之灵活调整。

因此,收取客衣时要明确洗涤要求,同时严格检查衣物有无破损和严重污渍以及夹杂物品等,以防止差错。

(2) 严格打码,防止混淆。

分类员必须根据洗衣单打码编号,洗衣单上的号码必须与客衣上的号码相符,洗好的客衣按号码装袋,才能防止混淆、丢失。

(3) 掌握技术要求,保证洗涤质量。

根据不同的需要严格根据技术规定进行操作,保证洗涤质量。

2. 棉织品洗涤注意事项

(1) 餐厅与客房的棉织品分开洗涤,因为脏污特性不同,洗涤所用的洗涤剂也不一样。

(2) 对色彩不同的棉织品必须分开洗涤,以免互相染色。

(3) 特别留意棉织品内有无夹杂物品。

(4) 分类处理后,要根据机器的承载能力放入允许重要或数量的棉织品。

(5) 床单洗涤要在甩至五六成干后直接送至整熨机整熨。

(6) 卫生间棉织品不熨烫,所以必须完全烘干。在最后漂洗时,加一些柔顺剂能使毛巾类柔软如新。

(7) 白色台布、餐巾必须使用碱水、漂白粉洗涤,然后上浆风干、烫干,使之有挺括感。

(8) 各类棉织品所需烘干时间要严格控制,并且不能超载入机。

(9) 有褶皱、未熨干或未干的棉织品要重新熨干烘干。

3. 制服洗涤管理

饭店一线员工的制服洗涤一般也分为湿洗和干洗两类。衣物在放入湿洗机前,应对一些特殊污渍进行人工处理。浅色衣物与深色衣物应分开洗涤,以免染色。由于工作环境的影响,厨师制服的洗涤比其他制服难度大。应先用除油渍剂喷在脏污处,用小毛刷刷拭后送入湿洗机洗涤。

六、客房安全管理

客房安全管理是指客人在客房范围内人身、财产、正当权益不受侵害,也不存在可能导致侵害的因素。

(一)火灾预防及控制

饭店火灾的发生率虽然不高,但一旦发生后果极为严重。它不仅直接威胁店内人员(包括客人和饭店员工)的生命安全、饭店与客人的财产安全,而且会极大破坏饭店的声誉及社会影响,给饭店带来不可估量的严重后果。因此,饭店与客房部应制订一套完整的火灾预防措施与处理程序,更应注重对员工防火意识及常识的培训,防止火灾发生。

1. 火灾预防

(1) 完善的防火设施设备。

在客房区域内应配备完整的防火设施设备,这主要包括:

①陈设物品的防火性能。例如地毯、家具、墙面、房门及床罩等,都应选择具有阻燃性能的材料制作。

②各类防火、灭火装置及安全设施。例如客房内的《安全须知》、《安全通道示意图》、各类安全报警装置、楼道内的安全防火灯及疏散指示标志等。

(2) 员工的防火意识与知识。

①注重培养员工的防火意识。注重培养员工的防火意识,使员工在整理客房时能注意检查各种安全隐患,并加强对客人的防火宣传。

②注重对员工的防火知识与技能的培训。配合保安部定期检查防火、灭火装置及器具,训练客房部员工掌握灭火设备设施的使用方法与技能。

(3) 严格的防火制度及职责。

①制订客房部各岗位工作人员的任务及职责。制订客房部各岗位工作人员在防火、灭火中的任务及职责,并要求严格执行。

②制订火警应急与疏散计划及程序。制订发生火警时的各类应急与疏散计划及程序,组织员工进行模拟场景训练。

2. 消防与疏散

一旦发生火灾或出现火警信号及疏散信号,客房部员工应保持冷静,按照饭店与客房部制定的消防与疏散规则,迅速采取有效措施,保证客人的生命财产安全及饭店与员工的安全,尽量减少损失。

(1) 消防。

①一旦发现起火,立即使用最近的报警装置发出警报。

②迅速利用附近适合火情的消防器材控制火势。

③如火势不能控制,则应立即离开火场,沿路关闭门窗,保持安全距离,等候消防人员到场。

(2) 疏散。

①一旦发现起火或发现疏散信号,迅速打开太平门、安全梯,并组织人员有步骤地疏散客人。

②敲击及打开房门,检查客人是否滞留在房间,并帮助客人通过紧急出口离开房间。

③各层楼梯口应有人指挥、把守,维持秩序。

(二)盗窃预防及控制

饭店发生盗窃情况可分为饭店财物被饭店工作人员、房客或窃贼盗走及住客财物被窃贼盗走两种情况。为了保障客人、饭店与员工的财产不受损失,客房部必须制定各项安全规定并严格执行,预防各类盗窃事件发生。

1. 预防

(1) 完善的设备设施。

为了有效防止盗窃案件的发生,客房部除了增强全体员工的安全意识外,还应具备各类现代化的防盗设施,例如闭路电视监控系统、各类报警器及客房安全装置等。

(2) 制定严格的安全制度。

①进出客房安全制度。客房清洁员、服务员、维修工、送餐服务员等员工进出客房时应登记其进出时间、事由、房号及员工姓名。其他部门的员工在进入客房时应有客房部的员工在场。

②钥匙安全制度。严格钥匙管理,制定严格的钥匙使用制度、领交制度及登记制度,并有专人负责保管。客房服务员的钥匙要随身携带,不能随意丢置。如遇自称忘记带钥匙的客人要求代为打开房间,应查验房卡后代为开门。若客人无房卡,则应请客人到总服务台办理开门手续。

③进出饭店大门制度。员工携带物品进出饭店大门时应遵循饭店有关携带物品的规定,进行登记。

2. 报失处理

(1) 制定受理客人报失规定。

①客房服务员接到客人报失后应立即报告上级,由部门与大堂副理、保安部取得联系,共同处理。

②客人报失后,服务员只能听取客人反映情况,不能随意对客人作出任何猜测,以免为以后的调查工作增加困难。

③服务员接到报失后不能擅自进入房间查找。

(2) 制订处理程序。

①向客人了解丢失物品的时间、地点及详细内容,并帮助客人回忆物品丢失的前后经过,分析是否确实属于失窃。

②将客人丢失物品的情况作详细记录。

③征得客人同意后,由保安员与客房服务员共同在房间帮助查找。

④如果客人丢失的财物属于贵重物品或金额较大,应立即向总经理汇报,同时保护好现场。并经总经理同意向公安机关报案,由公安机关进行处理。

(三)意外事故防范与控制

意外事件主要指住客伤病、住客死亡及设备事故等。客房部的设备设施种类复杂、用品繁多,客人在客房停留时间长,服务员因工作需要也要经常进房工作。所以,客房部应重视安全操作规程的制定和员工的安全操作意识教育,要求员工养成规范细致的工作习惯,严格执行安全操作程序,注重设备设施的维护保养及正确使用,有效防范事故的发生。

1. 住客伤病的处理

接到有伤病客人的报告,客房管理人员应立即与医务室人员或受过专业训练的员工赶到现场,展开急救工作。若伤势情况不严重,经急救处理后,送医院作进一步的检查及治疗;如伤势情况严重,应在急救处理的同时安排急救车,绝不可延误时间。事后应由客房部写出客人伤病事故的报告,报送总经理并存档备查。

2. 客人死亡的处理

如发现客人在客房内死亡,应立即将该客房双锁,并通知安保人员来保护现场。饭店安保部门应立即向当地公安部门报案,由公安部门调查、取证及验尸,以确定客人死亡原因。对发生在饭店内的客人死亡事件,客房部员工必须注意保密,不得随意向外泄露。

3. 设备事故的处理

设备事故是指因饭店设备原因而导致客人财产或人身伤害的事件。对此,饭店必须以高度负责的态度妥善处置。如客人的财物损伤,应由客房部经理亲自处理,并及时赔偿。如客人发生轻伤,可由饭店医务人员在店内处理,并给予精神上的关怀和物质上必要的补偿,避免事态扩大化。若客人伤势较重,则应送医院治疗,饭店应承担医疗费用及服务事宜,并给予必要的补偿。

七、客房设备物品管理

客房的设备物品及用品种类繁多,在饭店固定资产中占据较大比重。而且,这些设备物品的质量及配备的合理程度、装饰布置及管理的好坏,是客房商品质量及档次的直接体现。所以,客房部设备物品的有效管理及合理配置是客房部的重要管理内容。

(一)编制客房设备用品采购计划

1. 核定客房设备用品的需要量

(1) 设备部分。

客房部根据客房等级、种类、标准及数量,分别核定设备的品种、规格、等级及数量,并且进行统一造册,确定客房设备的需要量及所需资金,报饭店审批。

(2) 用品部分。

客房部根据客房等级、种类、标准、数量及核定消耗定额,分别核定用品的品种、规格、等级及需求数量,并且进行统一造册,报总经理审批。

2. 编制采购计划

客房部根据业务部门提出的设备用品采购计划,进行综合平衡后加以确定,报总经理审批。

(二)制定客房设备用品管理制度,加强客房设备用品的日常管理

1. 做好设备的分类、编号及登记工作

客房部管理人员应对客房部所属每一件设备按其用途及使用情况进行分类、编号和登记,建立设备台账和卡片,记录品种、规格、型号、数量、价值、负责部门及班组等。

2. 制定分级归口管理制度

分级归口管理有利于调动员工管理设备的积极性,有利于设备的管理和维护。

(1) 分级。

根据饭店内部管理机制,实行设备主管部门、使用部门、班组三级管理,每一级由专人负责管理,并建立账卡。

(2) 归口。

将某类设备归其使用部门或归使用班组管理。由几个部门或多个班组共同使用的某类设

备,归到一个部门或班组负责面上的管理,其他部门与班组负责点上的管理。

3. 建立岗位责任制

设备用品分级归口管理,必须有严格的岗位责任制作为保障。责任明晰,落实到人,才能使各个班组与员工更好地使用及管理设备用品。

4. 实行客房用品消耗定额管理

以一定时期在保证客房经营活动正常进行的基础上客房所需要消耗的用品数量标准为依据,将客房用品消耗数量定额落实到每个楼层,进行计划管理,控制客房用品的消耗量,达到增收节支的目的。

(三)制订设备更新改造计划

客房部根据设备使用状况,及时提出设备更新改造计划,报总经理审批,以保证饭店客房的正常运转。

思考与练习

1. 简述客房部在饭店经营中的作用和业务特点。

2. 饭店有哪些房型?画出标间的平面图。

3. 客房部对客服务有哪些内容?

4. 客房部安全工作有哪些内容和要求?

5. 客房部的设备用品控制应注意些什么?

6. 讨论:前厅部和客房部是饭店中联系最密切的两个接待部门,有的饭店分开设置这两个部门,有的饭店把这两个部门合并为一个部门。为了既能保证对客服务的质量,又能便于饭店的有效管理,你认为哪一种方法比较好,或是还有其他的方法?请说明理由。

第六章 饭店餐饮管理

◆ 了解餐饮部的作用和特点。

◆ 掌握餐饮管理的目标和要求。

◆ 熟悉餐饮部的组织结构和主要职能。

◆ 掌握餐饮原料管理、厨房管理、餐厅管理、餐饮成本控制、销售管理等餐饮业务管理要求。

第一节 餐饮管理概述

人虽然不是为了吃而活着,可人要想活,就一天也离不开吃。餐饮是人类生存与发展的基础,人类生活中最基本、最重要的活动是餐饮。随着社会生产的发展及人们价值观的改变,人类对餐饮及其服务的要求越来越高。餐饮业的发展水平不仅反映着一个国家或地区的经济发展水平及开发、利用自然资源等方面的能力,而且也体现着该国家或地区的物质文明和精神文明的程度。

因此,餐饮部是饭店的主要业务部门之一。餐饮部工作的好坏既会影响饭店的声誉,也会影响饭店的经济效益,更会影响到饭店的竞争能力。

一、餐饮部作用

尽管世界上存在不同的种族和民族,有着不同的肤色和语言,但对于维持人类生存和发展的饮食的需求是基本一致的,只不过世界上各民族因食品原料、烹调方法、饮食传统和习惯的不同而有所差异。

世界各地的宾客在星级饭店的餐饮部不仅可以品尝具有异国(地)风味的美酒佳肴,还可以领略异国(地)情调的饮食文化,这不仅能使宾客得到必要的营养补充,也能从中受到艺术感染,从而得到精神上的享受和满足。

(一)餐饮部是星级饭店的重要组成部分

星级饭店餐饮部的管辖范围包括各类餐厅、酒吧等传统的餐饮设施,有些饭店的餐饮部还管理歌厅、舞厅、茶座等娱乐设施,一些饭店的餐饮部甚至管理各种会议设施。所有这些设施均是宾客经常活动的场所,是宾客在饭店的活动中心。因此,餐饮部是星级饭店的重要组成部分。

(二)餐饮服务直接影响饭店声誉

美国饭店业先驱斯塔特勒曾说过:"饭店从根本上说,只销售一样东西,那就是服务。"餐饮部工作人员,特别是餐厅服务人员为宾客提供面对面的服务,其一举一动、片言只语都会在宾客的心目中产生深刻的印象。宾客可以根据餐饮部为他们提供的餐饮产品的种类、质量以及服务态度等来判断饭店服务质量的优劣及管理水平的高低。因此,餐饮服务的好坏不仅直接影响餐饮部的经济效益,更会直接影响饭店的形象和声誉。美国纽约的华尔道夫饭店屋顶星光餐厅、世纪广场饭店的餐厅、芝加哥的大使旅馆舞鞋餐厅,都以精美的餐饮和独特的服务风格而使得饭店闻名于世。

(三)餐饮部为饭店创造可观的经济效益

饭店餐饮部是饭店重要盈利部门之一,尽管由于所处地区、档次规模、经营重点不同,各地各类饭店餐饮部的收入会有所不同,但它仍是饭店营业收入的支柱。如欧洲的饭店餐饮营业收入往往高达饭店营业总收入的 40%～45%,北美的饭店可占 30%～35%;2011 年浙江省星级饭店餐饮收入占营业总收入的 44%。尽管 2010 版星级评定标准中对星级饭店的餐饮服务与设施进行了重新要求与界定,但对大多数高星级饭店而言,餐饮设施仍是能够为其带来极高人气与可观经济收入的重要来源。

(四)餐饮部的市场营销带动着饭店人气

制作精美的美味佳肴、优良的服务技巧是吸引宾客的主要因素。甜美的微笑、热情周到的服务、唇齿留香的美食能在客人心理上产生美好的回味。因此,与饭店的其他营业部门相比,餐饮部在竞争中更具有灵活性、多变性和可塑性。它可以根据自身的优势和环境的状况,举办各种美食节、餐饮推广活动、义卖活动,同时也可以与饭店的客房、商品或康乐服务捆绑式配套促销,不仅可以强化饭店的市场形象,还可以大大提升饭店的综合营业收入。

(五)餐饮部为社会创造更多的就业机会

餐饮部的业务环节众多而复杂,从餐饮原料的采购、验收、储存、发放,到厨房的初步加工、切配、烹调,再到餐厅的各项服务工作,且大多数工作需要人的手工劳动才能完成,因此餐饮部需要许多员工才能做好餐饮服务与管理工作,其多工种和用工量大的特点可为社会创造众多的就业机会,也是饭店承担社会责任的具体体现。

二、餐饮管理的目标与要求

餐饮管理者必须明确餐饮服务与管理的目标与要求,这是搞好餐饮服务与管理的基础。餐饮管理的目标与要求主要包括以下方面的内容。

(一)营造怡人的进餐环境

餐饮服务设施,不仅要满足宾客的生理需求,还要能满足其精神需求,如自豪感、享受感等。心理学研究表明,人们判断一件事物的好坏,大多数是通过感觉器官来进行的,所以餐饮管理者首先应营造一个舒适、怡人的进餐环境,以便给客人留下一个良好的第一印象。如餐饮服务设施的装饰、布局要与饭店等级协调一致;灯光、色彩应柔和、协调;家具、餐具必须配套并与整体环境相映成趣;环境卫生必须符合卫生标准要求;服务人员的仪表仪态应符合饭店要求;餐饮服务环境的温、湿度应宜人等。

(二)供应适口的菜点酒水

宾客的口味需求各异,且其对菜点酒水的质量评判以适口为准,为此,采用管理者应了解市场需求及宾客的消费趋向,供应的菜点酒水品种应符合目标市场的需求;食品原料的采购必须符合饭店的规格标准;厨房制作必须照顾宾客的不同口味要求;原料采供、厨房生产、餐厅服务等环节密切配合,一旦出现问题,及时解决等。

(三)提供优质的对客服务

适口的菜点酒水,只有配以优质的对客服务,才能真正满足宾客的餐饮需要。优质的服务虽然不能掩盖或弥补因粗劣的菜点酒水带给客人的不满,但适口的菜点酒水肯定会因不良的服务变得难以下咽。由此可见,对客服务从某种程度上比美味佳肴更能满足客人的需要。优质的对客服务包括良好的服务态度、丰富的服务知识、娴熟的服务技能和适时的服务效率等。

(四)取得满意的三重效益

餐饮服务与管理的最终目标是获取效益,效益是衡量采用经营成败的依据。餐饮服务与管理的三重效益是指社会效益、经济效益和环境效益。社会效益是指餐饮经营给企业带来的知名度和美誉度,它可为企业赢得客源,并增强企业的竞争能力;经济效益是指餐饮经营给企业创造的利税(绝对效益)以及由餐饮带来的企业其他设施的宾客消费(相对效益);而环境效益是指餐饮企业因采取各种节能环保而带给自己的效益,同时也使企业具备可持续发展的能力,也是企业社会责任感的具体体现。

三、餐饮产品特点

餐饮产品的生产、销售与其他工商企业相比存在一定的区别,因此,餐饮管理也有其自身的特点。

(一)餐饮生产特点

餐饮企业既生产有形的实物产品,如各种美味佳肴、酒水饮品,又生产无形的服务产品,如优良的就餐环境和热情周到的接待服务。与其他产品的生产相比,具有不同的特点。

1. 餐饮产品规格多,每次生产批量小

只有客人进入餐厅点菜后,餐饮企业才能组织菜肴的生产与销售。这就意味着餐饮产品的生产与销售基本同步,而不能先生产后销售。因此,菜肴与其他工业产品大批量、统一规格的生产是明显不同的。这给餐饮产品的统一标准与质量管理带来了许多问题。

2. 餐饮生产过程时间短

餐饮产品的生产、销售与客人的消费几乎同时进行,因此,客人从点菜到消费的时间相当短暂。这对厨师的经验与技术是一个很大的考验,对服务员的直接推销和对客服务也是一大挑战。

3. 生产量难以预测

就餐客人何时来、来多少、消费什么餐饮产品等一直是困扰餐饮管理者的问题。大多数客人不通过预订而是直接上门来消费的,因此,客人的消费需求很难准确预估,产量的随机性强,且难以预测。

4. 餐饮原料及产品容易变质

相当一部分餐饮产品是用鲜活的餐饮原料制作的,具有很强的时间性和季节性,若处理不当极易腐烂变质,因此,必须加强原料管理才能保证产品质量并控制餐饮成本。

5. 餐饮产品生产过程环节多、管理难度大

餐饮产品的生产从餐饮原料的采购、验收、储存、加工、烹制、餐厅服务到收款,整个生产过程的业务环节较多,任一环节的差错都会影响餐饮产品的质量及企业的效益,因此,餐饮产品生产过程的管理难度较大。

(二)餐饮销售特点

餐饮产品具有不可储存的特点,因此,与其他工业产品相比,其销售业有其自身的特点。

1. 餐饮销售量受餐位数量的限制

餐饮企业接待的客人数量受营业面积大小、餐位数多少的限制。在餐位全部满座的情况下餐厅不能扩大销售量。因此,餐饮企业必须改善就餐环境,提高餐位利用率,增加就餐客人的人均消费额。

2. 餐饮销售量受进餐时间的限制

人们的就餐时间有一定的规律。就餐时间一到,餐厅高朋满座,而就餐时间一过,餐厅则门可罗雀。餐饮的销售具有明显的间歇性。因此,餐饮企业应通过增加服务项目、延长营业时间等方法来努力提高餐饮销售量。

3. 餐饮固定成本及变动费用较高

餐饮企业的各种餐厨设备、用品的投资较大,且人力资源费用、能源费用、原料成本等的支出也较高。因此,餐饮企业应想方设法努力控制固定成本与变动费用,以提高企业的经济效益。

4. 餐饮经营的资金周转较快

餐饮企业的经营毛利率较高,且相当一部分餐饮销售收入以收取现金为主,而大部分餐饮原料为当天采购、当天销售,因此,餐饮企业的资金周转较快。

四、餐饮部组织机构与职能

为保证餐饮业务活动的顺利开展并达到预期的管理目标,就必须建立科学的组织机构,明确餐饮管理的职能。

(一)餐饮部的组织机构

熟悉并掌握餐饮部的组织机构有助于所有餐饮人员明确自己在企业中的位置,以便更好地沟通与协调。餐饮部的组织机构因规模、等级、服务内容、服务方式、管理模式等方面的不同而不同。常见的餐饮部组织机构如图6-1所示。

在一般情况下,餐饮原料的采购、验收、保管等业务由专职的采供部负责,而各营业点的收款工作则由专职的财务部负责。

(二)餐饮部的主要职能

餐饮管理的任务是全面筹划餐饮产品的产、供、销活动,组织客源,扩大销售,降低成本,提高质量,以满足客人需要,获得最大的经济效益。

1. 掌握市场需求,合理制订菜单

要满足客人对餐饮的需求,必须首先了解餐饮部目标市场的消费特点与餐饮要求,掌握不同年龄、不同性别、不同职业、不同民族和宗教信仰的客人的餐饮习惯和需求,并在此基础上制订出能够迎合客人需求的菜单,作为确定餐饮部经营特色的依据与指南。

2. 广泛组织客源,扩大产品销售

客源是餐饮部生存与发展的基础与前提,只有广泛组织客源,才能扩大餐饮产品的销售,因此,餐饮部必须采取各种方法招徕并吸引客人前来就餐,从而提高餐饮部的知名度、美誉度和经济效益。

餐饮经理

餐饮副经理 — 文员

行政总厨　　各餐厅经理　　酒吧经理　　管事部经理

中餐主厨　西餐主厨

各点领班　各点领班　各餐厅领班　酒吧领班　管事部领班

各点厨师　各点厨师　迎领员　服务员　传菜员　酒水员　调酒员　服务员　各点员工

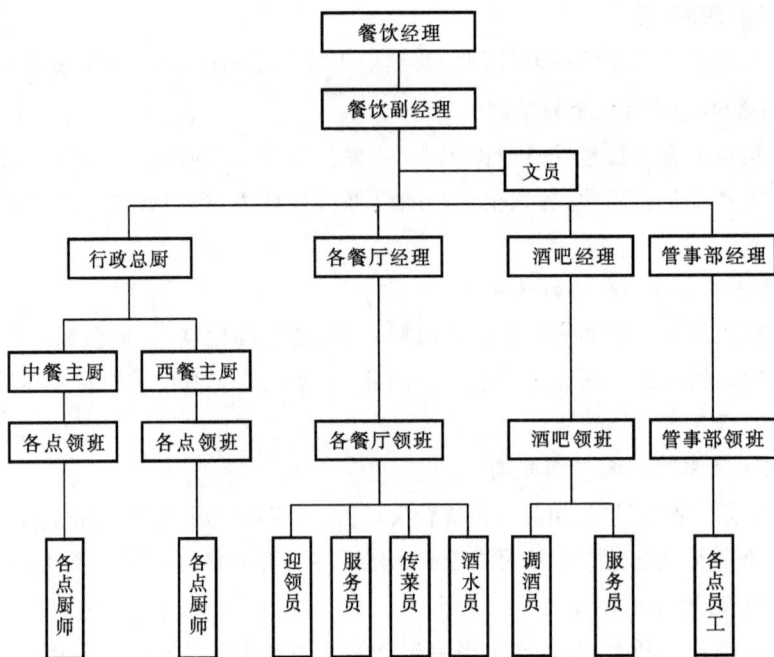

图 6-1　餐饮部组织机构图

3. 加强原料管理,保证生产需要

餐饮原料的质量直接影响餐饮产品的质量,而其价格又直接关系到餐饮部的经济效益,因此,加强对餐饮原料的采购、验收、储存管理,既可保证厨房的生产需要,又可降低餐饮成本。

4. 搞好厨房管理,提高菜点质量

厨房是餐饮产品的生产场所,其管理水平的高低直接影响餐饮产品的质量和客人满意程度。因此,餐饮部应搞好厨房管理,根据客人需要,合理加工餐饮原材料,组织厨师及时烹制出适销对路,色、香、味、形俱佳的餐饮产品,并加强生产过程的控制,努力提高餐饮产品的质量。

5. 抓好餐厅管理,满足宾客需要

餐厅是餐饮部的销售场所,又是为客人提供面对面服务的领域,它使餐饮产品的价值最终得以实现。因此,抓好餐厅管理,既可满足客人的物质和精神需要,提高客人的满意程度,又可体现并反映餐饮部的管理水平与服务质量。

6. 加强宴会管理,增加经济收入

宴会是餐饮部产品销售的重要形式和经济收入的来源,其特点是产品一次性销售量较大,质量要求较高,经济效益较好。因此,加强宴会管理,包括中西餐宴会、冷餐会、酒会等的管理,是餐饮管理的重要任务之一。

7. 加强成本控制,提高经济效益

餐饮部应根据等级、客源市场的消费水平和经营目标等因素制定相应的成本标准,按规定的毛利率确定菜肴的售价,在满足客人需求的前提下,保证餐饮部的经济利益。因此,餐饮部应建立餐饮成本控制体系,加强对餐饮生产全过程,如采购、验收、库存、发放、厨房的粗加工、切配、烹制、餐厅销售等各环节的成本控制。并定期对餐饮成本进行比较分析,及时发现存在的问题及其原因,从而采取有效降低成本的措施,最终提高餐饮部的经济效益。

五、餐饮业发展趋势

进入 21 世纪以来,中国的餐饮业进入了史无前例的大发展时期,2011 年中国餐饮业收入达到 20 635 亿元,同比增长 16.9%。产业规模首次突破 2 万亿大关,这距离 2006 年突破 1 万亿营业额仅用了 5 年时间,年均增长 2 000 亿元以上。随着东西方饮食文化的交汇,餐饮市场异彩纷呈,美食节的兴起、菜肴的创新、经营模式的变异、餐饮市场的进一步细分,使得人们能随时、随地、随心、随意地享受美食带来的欢愉;另一方面,经济实力的快速增长,传播媒介的积极引导,营销手段的合理组合,也使得我国餐饮市场的消费潜力不断壮大。总之,我国的餐饮业将进一步出现百花齐放、百舸争流的局面。

(一)餐饮业态多元化

随着餐饮业的不断发展、人们生活及餐饮需求的日益变化,餐饮业也在变化中求发展,业态呈现全新格局,朝着多元化的方向发展。

1. 饭店餐饮

高星级饭店的餐饮经营突出精品战略,除传统的中餐外,咖啡厅、外国餐厅、风味餐厅随处可见,在餐厅装修、菜肴出品、服务水平、营销方式等方面精益求精;而低星级饭店和经济型酒店则纷纷弱化餐饮功能,只提供有限的餐饮服务,如只提供早餐或只有一个餐厅,突出客房这一核心产品以降低管理费用。

2. 社会餐饮

社会餐饮蓬勃发展,各种主题餐厅争奇斗艳,满足不同年龄层次、不同消费心理、不同消费目的的消费者的需求。除了传统的餐馆外,越来越多的餐饮业态呈现在消费者面前。

(1) 会所餐饮。近年来,各地涌现出一大批各具特色的高档餐饮会所,以环境私密、产品高档、服务全面、收费高昂而吸引了一批特定的消费群体。

(2) 休闲餐饮。休闲餐饮以酒吧、茶室、咖啡厅、茶餐厅和农家乐等形式适应假日消费和休闲消费的需要,越来越受各类消费者喜爱。

(3) 中西快餐。据统计,北京、上海、江苏、浙江等经济比较发达的省市,快餐已经占到餐饮市场份额的 50% 以上。随着生活节奏不断加快、收入水平不断提高,人们对快餐的需求量在日趋增大,快餐行业必将蓬勃发展,满足大众快节奏生活的需要。

(4) 网购餐饮。近年来,随着互联网技术的快速发展,网络早已经成为现代人日常生活中不可或缺的部分,网上订餐由于其独有的便捷性和直观性,更能够轻而易举地被现代人认同和接受。

(二)企业经营特色化

餐饮产品同质化日趋严重,因而竞争也日益激烈。在这种情况下,特色化经营已成为很多餐饮部吸引消费者的主要手段。

1. 产品特色

菜肴有特色才能吸引消费者,如北京全聚德的烤鸭、杭州楼外楼的传统杭帮菜、绍兴咸亨酒店的"十碗头",每天吸引众多的消费者;而小肥羊火锅、谭鱼头火锅等也因为独具特色而深受大众消费者喜爱。

产品特色既可以体现在餐饮原料上,如海鲜、绿色食品;也可以体现在环境氛围上,如宫廷、北大荒；还可以体现在烹饪方法上，如火锅、明厨；更可以体现在口味上，如家常菜、农家菜等。

2. 经营特色

为使餐饮部在激烈的竞争中立于不败之地，除了产品特色以外，还可以通过主题、文化等的创建来营造企业的经营特色，如品位特色、时尚特色、文化特色、浪漫特色等，这既充分体现出了餐饮业态鲜明的多元化特征，又突出了企业的个性化和差异化特色。

(三)市场竞争品牌化

餐饮市场的竞争最后必将归结于品牌的竞争，品牌将成为餐饮部逐鹿市场的关键。品牌是给拥有者带来溢价、产生增值的一种无形资产，其载体是用以和其他竞争者的产品或劳务相区分的名称、术语、象征、记号或者设计及其组合，增值的源泉来自于在消费者心中形成的关于其载体的印象。

1. 品牌塑造必须明确目标市场

目标市场是企业在市场细分的基础上，从满足顾客的需求出发，并依据餐饮部自身条件而选定一个或为数不多的几个特定市场。餐饮部必须明确自己的竞争优势以及为哪类目标市场提供产品和服务，从而使目标市场获得最佳的服务和最大的利益，形成企业独特的品牌特色，提高企业的竞争能力和经济效益。

2. 品牌塑造必须具有独特性

餐饮部必须向消费者提供一种优越于其他竞争品牌的独特性，使消费者很容易把这种品牌与其他品牌区分开来，从而增加企业对消费者的吸引力，并形成良好的口碑宣传。

(四)消费时段多样化

一般说来，人们的一日三餐具有相对固定的时段，但随着生活、工作节奏的加快以及工作时间的弹性和不确定性，人们固有的用餐时间和习惯也在悄然发生变化，因此，"想吃就吃"、"随到随吃"的消费需求日趋明显。为此，餐饮部可以根据自身的地理位置和产品结构，突破营业时间的限制，既充分利用企业的场地和设施，又可满足不同时段顾客的消费需求，同时获取经济效益。

1. 营业时间的变化

根据消费者用餐时间的变化，部分餐饮部将改变固定的营业时段，延长营业时间，如早餐与午餐连续营业，午餐与晚餐之间开设下午茶，晚餐后供应夜宵等，也将会有小部分餐饮部变为全天候营业。

2. 餐饮品种的变化

在不同时段的营业中，餐饮部也将根据消费需求的不同，提供不同内容的餐饮品种，除了传统的点菜、包餐之外，精彩纷呈的各种快餐、简餐、套餐、茶点、甜品等将各显特色。

(五)中式餐饮西式化

科学技术的日新月异和交通运输的快捷方便使得中西方交流日益增多，中西方文化交融也随即体现，其中也包括饮食。

1. 就餐方式的西化

中式餐饮的传统用餐方式是共餐制，即一群人围着一张大圆桌享用同样的菜肴。为了体现饮食卫生和就餐档次，中式餐饮也开始实施分餐制，即菜肴上桌展示后再由服务人员逐人分食,这就是借鉴了英式和俄式餐饮服务的方式。如今,越来越多的餐饮部开始实行各吃制,即按照西式餐饮的方式为消费者提供单独装盘的菜肴。

2. 产品服务的西化

传统中式餐饮迎合的是客人吃饱、吃好的消费需求,但随着人民生活水平的提高和对品质生活的追求,餐饮消费者开始更加注重餐饮的健康、环境、档次、尊贵感以及与众不同的感受和经历。首先体现在菜肴上,越来越多的本土餐厅都在借鉴西式餐饮对自己的菜肴进行创新,如牛排、沙拉、甜品等在很多中餐厅被大力推广;其次体现在服务上,借鉴和使用西式餐具和用品,打造西式化就餐环境已成为餐饮业发展的一种潮流。

(六)餐饮消费绿色化

1. 消费者健康饮食

奶粉、大米、猪肉、地沟油等问题食品的相继出现,人们的消费理念也随着转变,食品安全、健康饮食成为消费者的关注热点。根据国家食品药品监督管理局日前发布的通知,我国将对餐饮服务单位的食品安全情况进行量化评级,范围包括餐馆、快餐店、小吃店、饮品店、食堂、集体用餐配送单位和中央厨房等。量化等级分为动态等级和年度等级。动态等级为监管部门对餐饮服务单位食品安全管理状况每次监督检查结果的评价。动态等级分为优秀、良好、一般三个等级,分别用大笑、微笑和平脸三种卡通形象表示。年度等级为监管部门对餐饮服务食品安全管理状况过去 12 个月期间监督检查结果的综合评价,年度等级分为优秀、良好、一般三个等级,分别用 A、B、C 三个字母表示。

2. 企业节能减排

在低碳经济形势下,餐饮业节能减排的潜力非常大,如用电磁厨房设备可以替代燃气厨房设备的节能减排效果非常明显。同时,在能源成本不断上涨、环保卫生要求日益提高的情况下,餐饮部自身在环境卫生和节约能源方面也将日趋重视。

此外,越来越多的餐饮部将通过连锁化、集团化方式加速发展,并谋求上市融资;餐饮部的人员素质和人才培养也将循序渐进地提升;信息技术的大量运用更将推动企业管理水平的快速提高。

第二节　餐饮业务管理

一、餐饮产品设计

餐饮产品设计是饭店餐饮经营的第一步,因此,必须引起餐饮管理者的高度重视。

1. 创造经营特色

餐饮部应根据目标市场客源的需求、餐饮原料的供求情况、餐饮产品的盈利能力、花色品种与营养结构、厨房设备和厨师技术力量等因素,设计出具有本饭店特色的菜点,并随时征询宾客对菜点的意见和建议,不断对菜单进行调整和充实,以便更加适合并满足宾客的餐饮需求。

2. 合理制定价格

价格是宾客在餐饮消费中较为敏感的一个因素。饭店必须根据星级、国家的物价政策、目标市场客源的消费水平等情况灵活定价,一般应遵循"高成本低毛利、低成本高毛利"的定价原则。

3. 正确展示产品

目前饭店餐饮产品的展示有以下两种模式：

（1）菜单模式。这是最为常见的餐饮产品展示模式。其优点是简洁明了，方便客人点菜，但也有不够直观等缺点。

（2）明档模式。在餐厅的显眼位置设立明档用于陈列展示饭店提供的餐饮产品。其优点是客人可以直观看到餐饮产品，便于服务人员现场推销，但也有浪费营业场所、浪费原料等缺点。

二、原料管理

餐饮原料的质量直接影响餐饮产品的质量；而其价格又直接关系到餐饮部的经济效益，因此，餐饮原料管理显得非常重要而关键，其内容主要有以下几方面。

1. 原料采购管理

饭店餐饮原料的采购模式众多，如餐饮部负责所有餐饮原料的采购；或是餐饮部负责鲜货原料的采购，而饭店采购部负责干货及酒水的采购；或是饭店采购部负责所有餐饮原料的采购。但不论什么人或部门进行原料采购，餐饮管理者都必须进行有效的控制。

（1）控制原料采购的数量和质量。饭店餐饮原料的采购数量必须严格控制，采购过量会造成原料积压乃至变质、资金占用；而采购不足则会影响餐饮服务的正常营业，所以应在掌握现有库存原料数量及当日或近期营业量预测的前提下确定各种原料采购的数量。原料采购的质量从根本上决定菜肴质量，因而必须为那些对菜肴质量和餐饮成本有较大影响的原料制定详尽具体的采购规格、标准，并分发给原料供应商，以确保原料质量。

（2）建立和健全请购制度。凡餐饮部所需的任何原料或物品，均须由使用部门提出采购申请，并严格按程序申报批准后交原料采购部门。

（3）原料采购的价格控制。餐饮产品的价格的制定依据是原料成本和毛利率，一旦确定，一般不得轻易更改，但原料价格却受市场供求关系的影响而经常波动，这就要求管理者随时了解市场行情，处理好与供应商的关系等，从而使饭店以尽量低廉的价格购入尽量优质的原料。

（4）原料的验收控制。首先应确定验收人员，一般由仓库保管员、餐饮成本核算员、厨师长或其代表组成，同时还要求原料采购员在场；其次是根据饭店的采购规格标准、原料请购单、供应商的报价单及供货发票逐项检查所购原料的质量、数量和价格，如不符合要求应拒收；再次是受理原料，经验收合格的原料由验收人员在供货发票上签字后应根据原料的用途分类分库储存或通知使用部门前来领用；最后是填写有关表单，如进货日报表，并要求相关人员签字。

2. 原料库存管理

库存管理主要内容有：经验收的原料应根据储存要求迅速分类分库存放；每种原料均需固定存放位置；所有入库原料都必须记录在册；严格控制有权进入仓库的人数；仓库内一律不得存放员工的私人物品；定期做好各仓库的清洁卫生工作；制定防火、防盗、防霉变等一系列安全制度；定期盘点（一般每月一次），以便及时了解原料的库存量；定时检查各仓库的温湿度，确保其符合原料的存放要求；经常检查库存原料的质量，发现问题及时处理。

3. 原料发放管理

原料发放管理的主要内容有：规定领料次数和时间；坚持使用领料单；坚持"先进先出"的原则；认真做好原料发放记录。

三、厨房管理

(一)开餐前的组织准备

在开餐前厨房应向所有厨师通报客源情况,公布菜单;应合理安排员工;应检查各班组的准备工作完成情况,发现问题及时解决。

1. 加工组

加工组应将当日所需的蔬菜、禽类、水产等原料加工、分类、分级备用。

2. 切配组

切配组应将已经预订的菜肴(如宴会、团队用餐等)及常用的零点菜肴切配好,并将常用的一些原料加工成丝、片、块、丁、花、茸等备用。

3. 炉灶组

炉灶组应备齐烹制加工所需的各种调料,并负责半成品和汤的制作。

4. 冷菜组

冷菜组制备熟食,切制待用冷菜,拼摆花色冷盘,准备所需的调配料。

5. 点心组

点心组制备常用的点心,备足当天所需的面和馅儿。

(二)控制菜肴质量

开餐时厨房应遵循"以餐厅需要为依据,以炉灶为中心"的指导思想,根据宾客需求及时烹制美味可口的菜肴。餐饮企业菜肴质量控制的措施主要有以下几方面。

1. 厨师的质量意识

厨师的质量意识至关重要。质量意识可以提高厨师的工作责任心并改善其工作态度。因此,餐饮企业必须定期开展质量教育,使所有厨房工作人员树立标准化观念、专业化观念并具有学习创新观念。

2. 加强检查:管理人员抽查,跑菜员检查

餐饮企业的各级管理人员在开餐时应抽查菜肴质量,发现问题及时解决。同时,餐厅的传菜服务员在取菜时,应检查菜点质量,做到"五不取",即:数量不足不取;温度不适不取;颜色不正不取;调、配料不全不取;器皿不洁、破损或不符合规格不取。不能让菜肴的质量问题暴露在客人面前。

3. 建立投诉反馈制度

一旦遇到客人投诉菜肴质量问题,餐厅应该及时将问题反馈至厨房。厨房应先解决客人的问题,随后必须分析质量问题的原因,并提出解决问题的方法,以免今后出现类似的问题。

(三)做好成本的核算、控制

厨房应根据核定的毛利率控制餐饮成本,在保证宾客利益的前提下,尽量节约,并减少浪费。厨房工作人员应对所有原辅材料进行核算,并对产品生产全过程进行成本控制。

(四)设备管理

为了改善厨房的劳动条件和工作效率。现代厨房都配备了相当数量的电器设备。厨房设备是厨房进行食品生产的物质基础,是促使制作菜肴的物质条件。因此,厨房应建立并健全设备的操作规程,将所有设备按专业化分工定岗使用,加强设备的维护与保养,确保其正常运行。

(五)卫生管理

厨房卫生是厨房生产第一条需要遵守的准则。厨房卫生就是要保证食品在选择、生产和销售的全过程中,都确保其处在安全的状态。为了保证厨房生产出来的产品具有安全性,应做到:采购的食品原料必须是未受污染不带致病菌的,食品原料须在卫生许可的条件下贮藏;厨房在食品生产的过程中必须符合卫生条件;厨房环境设备等要求清洁;厨房生产人员身体必须健康。销售中要时刻防止污染,将食品安全可靠地提供给客人。因此,一切接触食品的有关人员和管理者,在食品生产中必须自始至终地遵循卫生准则,并承担各自的职责,做好厨房环境的卫生控制、厨房各作业区的卫生控制、厨房工作人员的卫生控制。

(六)厨房安全管理

厨房安全管理就是要消除不安全因素,消除事故的隐患,保障员工的人身安全和企业及厨房财产不受损失。厨房不安全因素主要来自主观、客观两个方面:主观上是员工思想上的麻痹,违反安全操作规程及管理混乱;客观上是厨房本身工作环境较差,设备、器具繁杂集中,从而导致厨房事故的发生。针对上述情况,在加强安全管理时应主要从以下几个方面着手。

(1)加强对员工的安全知识培训,克服主观麻痹思想,强化安全意识。未经培训员工不得上岗操作。

(2)建立健全各项安全制度,使各项安全措施制度化、程序化。特别是要建立防火安全制度,做到有章可循、责任到人。

(3)保持工作区域的环境卫生,保证设备处于最佳运行状态。对各种厨房设备采用定位管理等科学管理方法,保证工作程序的规范化、科学化。

(4)严格按操作规程工作,杜绝割伤、跌伤、撞伤、扭伤、烧烫伤、触电、盗窃、火灾等厨房常见事故。

四、餐厅管理

1. 制定并实施餐厅服务规程

餐厅服务规程是餐厅提供规范化、标准化服务的前提,也是管理者控制餐饮服务质量的依据。因此,餐厅管理者应制订各服务过程的规范化程序,并组织实施。

2. 餐前组织准备

餐厅管理者应组织安排员工做好各项餐前准备工作,并进行全面的检查,如搞好餐厅卫生,准备餐酒用具,摆台,领取并摆放酒水、香烟等,然后召开餐前例会。餐前例会一般由餐厅主管主持,其内容主要有:通报预订宾客的情况及其需求;公布餐前准备工作的完成情况;提供菜肴信息,如哪些缺供,哪些需特别推荐等;总结上餐或昨日的服务情况,进行必要的批评或表扬;检查员工的仪表仪容等。

3. 开餐时的管理工作

餐厅管理者在开餐过程中应加强巡视,监督并检查餐厅服务的每一个环节,督促员工严格执行餐厅服务规程,尽力全面满足就餐宾客的餐饮需求,并对开餐过程中出现的问题或投诉进行及时的处理和总结。

4. 低值易耗品管理

餐厅低值易耗品是指布件、餐酒用具、牙签、餐巾纸等单位价值较低,但极易消耗的物品。低值易耗品如控制不力,将直接影响餐饮部的经济效益。其管理要求为:确定消耗标准,定点存放,定人管理,定期盘存,制定相应的奖惩制度等。

5. 搞好餐厅与厨房的沟通与协调

餐厅与厨房的沟通与协调向来是餐饮管理的一大难题。在管理过程中,管理者首先必须转变观念,树立"厨房服从餐厅,餐厅服从宾客"的经营意识;其次,餐厅与厨房之间应及时沟通,互传信息,如宾客对菜肴的要求,厨房的餐饮原料供应量等;再次是定期召开协调会,对餐厅与厨房各自提出的问题进行分析,明确各自的责任,树立全局观念,使双方消除误解,相互理解,共同做好餐饮工作,提高宾客的满意程度。

五、成本、费用管理

1. 制定成本控制标准

餐饮部应根据饭店的等级、客源市场宾客的消费水平和餐饮经营目标等因素制定相应的成本标准,按规定的毛利率确定菜肴的售价,在满足宾客需求的前提下,保证餐饮部的经济利益。

2. 建立成本控制体系

餐饮部应与财务部、采购部一起建立餐饮成本控制体系,加强对餐饮生产全过程,如采购、验收、库存、发放、厨房的粗加工、切配、烹制、餐厅销售等各环节的成本控制。

3. 加强餐饮成本核算与分析

餐饮部应会同财务部建立严格的核算制度,如成本日报表制度等,定期对餐饮成本进行比较分析,及时发现存在的问题及其原因,从而采取有效降低成本的措施。

六、销售管理

1. 制订并实施餐饮营销计划

餐饮管理者应了解餐饮市场的需求及消费趋势,寻找适合本饭店的目标市场,从而找准自己的市场定位,设计令目标市场满意的菜单,并针对目标市场制订营销计划,明确营销目标、营销内容、营销手段、营销费用等,并予以落实。

2. 营销手段多样化

餐饮营销效果有赖于灵活、多样的营销手段,餐饮部既应采用广告、媒体的新闻报道或宣传、人员推销等外部促销手段,更应重视内部促销,如服务过程中的现场推销、累计消费优惠促销、特色菜肴促销等。

饭店餐饮管理是饭店管理的重要内容,它直接影响饭店的服务质量、经济效益和竞争能力,必须引起餐饮管理者的高度重视。

思考与练习

1. 餐饮管理的目标与要求是什么?

2. 餐饮产品设计有哪些要求?

3. 如何进行餐饮原料采购管理?

4. 如何做好餐饮原料的库存工作?

5. 厨房管理有哪些基本要求?

6. 餐厅管理的主要内容有哪些?

7. 餐饮成本控制有何要求?

8. 如何加强餐饮销售管理?

第七章 饭店康乐管理

学习目标

◆ 了解康乐部的作用和任务。
◆ 熟悉康乐设施的种类。
◆ 明确康乐管理的目标与要求。
◆ 了解康乐经营的特点。
◆ 掌握不同康乐项目的管理要求。

第一节 康乐管理概述

康乐服务是饭店为满足宾客康乐需求而提供的一系列服务。了解并掌握有关康乐的一些基础知识是做好康乐服务的前提和保证。

康乐按字面上的理解即为健康、娱乐。饭店的康乐项目主要包括运动类、娱乐类和保健类三大类。运动类设施主要有健身房,室内、外游泳池,网球场,保龄球室,攀岩练习室,壁球室,台球室,电子模拟高尔夫球场,高尔夫球练习场,高尔夫球场,赛车场,跑马场,射击场,射箭场,乒乓球室,溜冰场,室外滑雪场等;娱乐类设施主要有歌舞厅,卡拉 OK 厅或 KTV 房,棋牌室,影剧场,公园等;保健类设施主要有按摩室,桑拿浴,冲浪浴,日光浴,理发美容室等。

一、康乐部的作用

由于现代意识日益被人们所接受,无论是旅游者还是旅游饭店,对康乐的意义都有了深刻的认识,因此,它的重要作用也日益显示出来。

1. 满足顾客的正当需求

对许多人来说,康乐活动不但是生活中必不可少的内容,而且是一种时尚。顾客对它的需求越来越大。有些人甚至把康乐作为生活中不可缺少的内容。据不完全统计,旅游饭店所在地区有 70％的年轻人喜欢到这些饭店的康乐中心去玩乐。而对于那些住宿的客人来说,康乐也是必不可少的活动之一。不少旅游者在旅游的日程中,不管严寒酷暑总是把参加饭店的康乐活动列入自己的日程安排,这是一种新的生活观念,体现了顾客对康乐项目产生了强烈的欲望,这一趋势,无疑是饭店提高效益的良好市场。

2. 扩大饭店的服务范围

康乐部已不单是为评星级而设置的。康乐在整个旅游饭店中的作用越来越显示出来了。不少旅游者常常就是选择某饭店的康乐设施完善,或对某一次活动感兴趣而投宿的。完善的康乐设施,先进和现代化的康乐器械,都会吸引着众多的顾客。康乐活动越来越受到旅游者和公众的青睐,饭店的经济效益也将明显提升。很多旅游热点的饭店,康乐部的经济收入在整个饭店的综合效益中占据了很大比重。所以,康乐设施是否完善,是饭店竞争市场的重要手段。

3. 增加饭店经济收入

康乐项目是饭店特色经营的体现。康乐项目延长旅客停留时间,提高饭店接待能力。饭店康乐项目不仅为度假旅游的客人提供了休闲、游玩、社交的场所,而且也为商务客人提供了健身、运动的基本条件。饭店具有特色的休闲、康乐项目,丰富饭店内容,形成了特有的市场吸引力,如商务饭店的客房新增交互式多媒体游戏、卡拉 OK 点播、网上博弈、视频点播、收费电视、音乐与剧场转播等康乐项目,提高了客房出租率,延长了旅客的停留时间,增加了饭店收益。

二、康乐管理的任务

康乐管理任务有以下几个方面。

1. 提供娱乐服务

娱乐享受是客人重要的消费因素。客人广泛多样,他们的娱乐口味和喜爱项目因人而异,要求也难以划一。为提供优质的娱乐服务,康乐部应在硬件设施方面多引进先进新颖的娱乐器械,更应在软件服务上不遗余力。

2. 提供健身服务

客人的强身健体要求多是非常强烈的。体育锻炼的目的因人而异,形式也呈多样性。常见的大众运动有跑步、练拳、做操、跳舞等,也有借助各种器械的专门运动,如骑自行车、单双杠、举重、各种肌肉运动等。康乐部应因地因店而异,设置游泳池、健身房等各种专门场所,以满足客人的健身需求。

3. 提供健美服务

爱美之心,人皆有之。现代健美通常包括体型健美、发型健美、脸型健美等方面。健身房、游泳池等可为体型健美服务提供场所,而发型健美、脸型健美服务则可以在美容美发室、按摩室中获得。

4. 满足顾客安全的需求

休闲健身场所,特别是健身房具有一定的危险性,其中器械设备亦具有一定的损耗性。为杜绝突发事件的发生,每天应定时检查,并进行场所、设备、器械的安全保养工作。应针对使用中出现的不安全因素,如有的器械出现明显的损坏、断裂、老化等现象,必须妥善解决。每月的重点检查和维修也是必不可少的。

5. 满足顾客卫生的需求

康乐场所应是个高雅、洁净的地方,但因其客流量较大,设备使用频繁,尤其是器械设备经过许多人的接触抚摸,因此清洁卫生工作特别重要。如游泳池卫生要求较高,应保证泳池边、台、地面、椅等的洁净;保证池水清澈、透明、无杂物、无沉淀物、无青苔,水质符合国际标准。而美容室的卫生要求更高,所有的美容设备、美容物品都直接与客人的头部、面部接触,不仅要表面整洁干净,而且毛巾等用具要经过高温消毒处理。所用的美容化妆品也都要符合行业卫生标准,化学成分要达标。

6. 提供咨询服务

体育锻炼项目很多,健身器械也五花八门。不同的客人对娱乐健身的项目,品种的熟悉程度也各不相同。对于一些国外进口器材,以及带有电子屏幕显示的体育器材,客人刚接触时不易学会使用,这就要求康乐部的员工提供耐心、正确、优质的指导性服务,以便客人顺利进行健身活动。

三、常见康乐设施

饭店康乐设施项目的种类繁多,但目前我国星级饭店的常见康乐设施主要有以下三类。

(一)运动类项目

运动类康乐设施主要有球类运动和游泳、健身房等健身运动。

1. 球类运动项目

球类运动项目很多,在星级饭店中常见的球类运动有以下几种。

(1)保龄球。

保龄球在西方社会普遍流行,自传入中国以来,也成为深受我国康乐消费者欢迎和喜爱的一种运动和娱乐项目。它又称"地滚球",是在地面(球道)上滚球击木柱(共有十个)的一种室内运动。保龄球的设备、技术及场地要求较高,保龄球室的环境设计,如灯光、功能布局等应合理,其气氛应宁静而欢快,且不能影响饭店其他设施。打保龄球时,宾客可以根据自己的体力和习惯选用重量各异的保龄球,并由电脑自动计分并显示。

保龄球比赛规则主要有:

①以球击倒柱子的数目计分(每击倒一个柱子得 1 分),最终以得分多少来决定胜负。比赛一次通常称为一球路,一球路的最高得分为 300 分。

②每一球路可以打十回,每回可以投球两次。如第一次没有击倒全部柱子,则准予第二次投球。如一次投球击倒全部柱子为好球,直接进入下一回,但该回的得分为固有的 10 分再加以下两次投球的得分计算。如第一回投出好球,而第二回两次共击倒 9 个柱子,则第一回的得分为 19 分(10+9),至第二回止的总分为 28 分(19+9)。如第二回也是好球,则也应加算下一回中第一次投球的分数。因此,若是连续三球都是好球,则第一回的得分为 30 分。

③在一回中两次投球共击倒全部柱子,称两球投完法,也称补中。其得分为固有的 10 分再加下一回中第一次投球的得分计算。若下一回是好球,则补中的得分为 20 分。

④在投第十回时,若是好球还有两次投球机会,如是补中还一次投球机会。因此,如第一至第十回都是好球,而最后的两次机会也投中好球,其总分便为 300 分。

(2)台球。

台球又称桌球,是一项十分高雅的运动项目,它一般分英式台球和美式台球两种。星级饭店通常都设英式台球。台球由一张长方形的台球桌、台球和球杆组成,运动时一般由两人参加,以击球进网袋计分论输赢。台球室的规模应根据饭店宾客的消费量及场地大小而定,其环境要求较高,讲究幽雅的氛围,尤其是灯光设计应符合台球的特性及比赛要求。

(3)网球。

网球是一项十分高雅的、较受西方宾客欢迎的运动项目。网球场一般分室内、室外两种,以室外网球场居多。室外网球场的标准是长 23.77m,宽 8.23m,正中间横隔球网(网高 0.914m)。网球场的地面材料一般有草地、沙地和涂塑合成硬地等几种,要求平整、舒适。网球运动的计分方法为:每局 4 分(3 平后须连得 2 分才能获胜),6 局为一盘(5 平后须连赢 2 局才能获胜)。男子采用 5 盘 3 胜制,女子采用 3 盘 2 胜制进行比赛。

（4）壁球。

壁球又称"软式网球"，是一项比较新兴的运动项目，它在室内进行，且占地面积较少，所以很快得到消费者的喜爱。壁球室要求场地平整、光滑，其地面和墙壁不摆任何装饰物品，照明充足，光线柔和。壁球比赛一般由两人（男双、女双和混双）进行，两人并排站立，手握球拍（比羽毛球拍稍短，击球部位呈圆形），对着墙壁轮流猛力击球（黑色空心橡胶球，略小于网球，弹性很大），获发球权的一方才能得分。比赛采用三战两胜或五战三胜，计分方法分英式和美式两种，英式是 9 分制，美式是 11 分制。

（5）乒乓球。

乒乓球是深受广大消费者喜爱的一项简便易行的大众化体育运动。其设备只需一张乒乓桌、一张网、球拍和乒乓球即可。训练或比赛由两人进行，还应设一名裁判计分，一般以 21 分为一局，采用三局两胜或五局三胜的比赛方法。乒乓球室的场地要求宽大以便消费者运动，其灯光要求比较严格，以便宾客训练与比赛。

此外，高星级饭店还设有高尔夫球等对场地要求特别高的康乐设施，以满足不同宾客的各种康乐需求。

2. 其他运动项目

（1）健身房。

健身房是饭店康乐设施中集体操、田径、举重等多种运动于一体的康乐场所，具有比较明显的健身功能。健身房应设有体重秤，墙面挂立镜，室内照明充足，光线柔和，配备电视机，并在显眼的地方设醒目的时钟。健身房常见的健身器械主要有：

①自行车。健身者通过模拟骑自行车达到锻炼身体的目的。它可以模拟上坡、下坡、平地骑行，车头上有电脑显示器，可即时显示地势、骑行速度、健身者的心率等。

②跑步器。跑步器可以帮助健身者在园地做快跑、慢跑、短跑、长跑，甚至是马拉松长跑。跑步器的跑板非常灵敏，可根据健身者的跑步速度自动调节，即自然、和谐地跟随健身者的跑步速度。如想停止运动，只需用手在扶手上按一下，跑板即会急速停止。

③划船模拟机。划船模拟机是一种训练健身者手臂肌肉和腿部力量的健身器械。健身者如同坐在一条长凳上，通过模拟划船的手拉和脚蹬达到锻炼的目的。

④多功能健身架。多功能健身架可以模拟多种体操动作，如单杠、双杠等，是一种功能多、占地少、操作易、效果好的健身器械。

⑤举重架。举重架是一种训练臂力和胸肌的力量型器械。其使用非常方便，如要增加重量时，无需使用铁饼，仅需将后架上的铁块插销插入健身者所需要的重量处即可。

（2）游泳池。

游泳是一种最全面健身的运动，是高星级饭店必不可少的一种康乐设施。游泳池一般分室内、室外两种。游泳池面积应根据饭店的场地大小而定，我国星级评定标准规定：游泳池水面面积应在 $40m^2$ 以上或 $100m^2$ 以上。游泳池的深水区一般不浅于 1.8m，如有儿童嬉水池，水深一般不超过 0.48m。游泳池池底应设有低压防爆照明灯，底边满铺池砖，有水深标志。游泳池一般都应设自动循环过滤系统，以确保水质的清洁卫生。室内游泳池一般还设加热系统。

（3）游乐赛车。

游乐赛车又称卡丁赛车，是一种小型的模拟赛车。赛车运动是一项操作简单，紧张、刺激，而又有惊无险，且深受青少年消费者喜爱的运动。其场地要求较高，一般要求赛车道应有不同角度的弯道及坡度,四周应有能充分保证安全的护栏,中间应为怡人的绿地。饭店的游乐赛车一般以赛车时间收费,如每 5 分钟 50 元等。

(二)娱乐类项目

娱乐类康乐项目主要有以下几种。

1. 卡拉 OK 歌厅

卡拉 OK 是起源于日本,并迅速在世界各地风行的一种自娱自乐的娱乐方式。它一般为镭射映像装置,有宾客点播歌曲,并随同屏幕映像及音乐同步演唱,形式亲切、和谐、自然。卡拉 OK 歌厅对场地及设备要求较高,其规模应根据饭店的具体情况而定,一般要求大、中、小型歌厅齐备,墙壁、天花板均采用吸音材料,演唱台与音响控制室保持一定的距离;具备高级激光高保真音响系统及高清晰度的电视屏幕,图像清晰、音响逼真,并配有移动式无线麦克风;灯光柔和,且可以调节。

2. 舞厅

舞厅是较受欢迎的大众化娱乐设施。舞厅的面积应根据消费者的流量及饭店的场地情况而定。舞厅的舞池地面应选用优质材料,弹性交好,舞池上空装有变幻彩灯;舞厅的音乐播放设备应采用高质量激光高保真音响系统。舞厅的宾客休息区应满铺阻燃地毯。灯光应柔和且可调节。墙壁、天花板采用吸音材料,舞厅的整体装饰应美观,并具有一定的特色。

3. 游艺室

游艺室应根据饭店接待的宾客的需要而进行设置。它可以设在前厅部的某一处,也可以设专门的游艺室,进行集中管理。游艺室的电子游戏机种类应根据宾客的喜好配备。星级饭店的游艺室一般均使用代用币(筹码),并采用有奖销售的方式经营。

4. 棋牌室

棋、牌是世界性娱乐项目。象棋、围棋、扑克牌、麻将牌等都具有国际性,但各国人们都有所侧重,如日本人偏好围棋和麻将,美国人喜好扑克和国际象棋,而中国人则偏爱中国象棋和麻将等。各饭店应根据自己接待的客源结构来提供棋牌服务。棋类和牌类一般应分房间设置。目前饭店的自动麻将台较受麻将爱好者的欢迎。棋牌室一般按时间经营收费,如每小时30.00 元等。

(三)保健类项目

保健类康乐项目主要有以下几种。

1. 桑拿浴室

桑拿浴又称蒸汽浴,分干、湿两种。干蒸汽浴也称芬兰浴,浴室封闭,内设矿石炉,通电烧红后向矿石泼水,而产生大量蒸汽,使人有一种身临骄阳下被干晒的感觉;湿蒸汽浴也称土耳其浴,浴室内的湿度较高,使人有一种置身于热带雨林的感觉。无论干、湿蒸汽浴,都会使人大汗淋漓,可以起到减肥、消除疲劳、治病、美容、增强身心健康等作用,因而是一项深受宾客欢迎的康乐设施。桑拿浴室一般设有温度计、湿度计、沙漏计时器和体重秤,并设有宽敞、舒适的宾客休息区,并提供电视、书报和饮料服务。

2. 按摩室

按摩属医疗保健类的康乐项目。它具有促进宾客的血液循环、消除疲劳、增进身心健康的作用。按摩室一般与健身房、理发美容室或桑拿浴室配套,也有一些星级饭店提供单独的客房按摩服务。按摩室应设专用按摩床,床上用品配套齐全、卫生,客用按摩衣、拖鞋和按摩用品均为高档产品,休息室宽敞、舒适,提供电视、书报和饮料服务。

3. 理发美容室

理发、美容是技术性和艺术性都很强的高档服务项目。在星级饭店中,理发、美容一般分别单设,有条件的饭店还应男、女宾分设。理发美容室的地面一般铺设花岗岩或大理石,至少两面墙壁设有立镜,理发、美容的器具、用品应先进、高档,如可电动转向、按摩的理发椅等,其布局和摆放应方便使用。理发美容室应设有休息场所,配有沙发、电视、衣帽架,提供免费的书报(必备发型杂志)和饮料服务。

四、康乐管理的目标与要求

康乐管理者必须明确康乐服务与管理的目标与要求,这是搞好康乐服务与管理的基础。康乐管理的目标与要求主要包括以下方面的内容。

(一)提供优质的康乐服务

提供优质服务即要求控制康乐服务质量。

1. 适应宾客不同需求是优质康乐服务的前提

康乐部应根据宾客的康乐需求设置相应的康乐设施,诸如为健身类宾客设立健身房、游泳池等设施,为健美类宾客完善桑拿、按摩、美容等服务,为娱乐类宾客提供歌舞、棋牌等活动场所之类均是康乐服务的基础。

2. 满足宾客的不同需要是优质康乐服务的保证

齐全的康乐设施,只有配以完善的对客服务,才会真正迎合宾客的需求,如员工良好的服务态度,指导并协助宾客正确使用康乐设施,组织趣味性或寓参于乐的活动等。这是康乐服务质量的基本要求和根本保证。

(二)保证设施安全卫生

康乐设施的安全卫生不仅是宾客的需要,而且也是康乐部的管理要求。

1. 安全

通过检查、保养和维修等方法确保康乐设施的安全运行,并在服务过程中随时发现并消除一切不安全因素。

2. 卫生

制定详尽的卫生标准,并严格执行与落实,确保康乐服务符合宾客的卫生要求。

(三)抓好设备维修保养

康乐设备的维修保养程度直接影响到其正常运行及宾客、员工的人身安全,必须予以高度重视。

1. 日常保养

要求管理人员督促员工进行日常的养护工作,随时检查,发现问题及时解决,并形成制度。

2. 定期检修

应根据康乐设备的种类、特点及使用要求进行定期检查维修,消除安全隐患,确保其正常运行。

(四)提高社会经济效益

康乐设施因满足了宾客需求,故能提高饭店声誉,从而既可直接创造较好的经济效益,也为饭店吸引了客源,使饭店整体经济效益得到提高。这也是康乐管理的目标。

第二节 康乐业务管理

一、康乐业务经营管理特点

只有了解康乐设施的经营管理特点,才能更好地做好康乐服务工作。康乐部的经营管理特点主要有以下几方面。

1. 消费主体的不稳定性

康乐部所提供的消费项目是为了满足客人基本生活需求以外的更高层面的需求,消费状况受客人的兴趣、爱好、年龄、健康状况等因素的影响。在服务过程中,应针对不同项目的客人的特点,采取不同的服务方式,这样才能达到较高的服务水平。

2. 经营管理的灵活性

灵活性主要表现在服务项目的设置和服务员工的调配方面。康乐部能提供品种繁多的服务项目,能满足不同娱乐健身需求的客人。康乐部的员工在服务过程中,不仅是提供某些有形的器具,还应向客人提供指导和咨询服务,甚至可以直接参与陪练。康乐部不像客房餐饮服务那样稳定,必须根据具体情况采用灵活的方式,才能有较好的经营效果。

3. 经营项目的选择性

娱乐健身项目种类繁多,不可能都设置齐全,面面俱到。娱乐健身经营项目应该有所选择。选择经营哪些项目,要依据本地区客源构成和居民习俗、爱好来确定。对于国外来客,也要根据他们的习惯爱好来设置一些喜闻乐见的娱乐健身项目。

4. 经营管理过程中的协作性

康乐服务以健身娱乐为主要内容,以提供优质服务和获取最佳经济效益为主要目的。康乐服务是综合服务项目,不仅要求在康乐部内部统一协调,更要求与餐饮、商场等各部门密切配合、加强协作,保证酒、饮料、水果、食品的及时供应,保证健身娱乐活动的顺利进行。

二、常见康乐项目管理要点

康乐部服务项目因饭店所在的地区及其种类、等级等方面的不同而不同,且不同的项目有不同管理方法和要求。较为典型且常见的服务项目及其管理要求简述如下。

(一)舞厅管理

舞厅经理及领班应做好舞厅营业的各项管理工作。以确保舞会成功、客人满意。

1. 指导、检查员工的营业前准备工作

(1)舞厅内各项卫生及员工仪表仪容等应符合饭店有关标准。

(2)各种服务用品齐全、数量足,如舞曲唱片、吧台酒水及酒具等。

(3)音响、照明、空调等系统正常运转。

(4)确保舞厅内空气清新、温湿度符合要求并确保通风良好。

2. 控制舞厅营业时的服务质量

(1) 监督、检查各岗位员工的工作,使之符合服务标准。

(2) 协调各服务环节之间的关系,如音响师、服务员等,使其密切协作、配合。

(3) 根据舞厅容客量,控制进入舞厅的宾客数量。

(4) 指导音响师或乐队播放(演奏)符合宾客需求的舞曲,调节并控制舞厅气氛,使之热烈、高雅。

(5) 礼貌劝阻醉酒宾客或未成年宾客进入舞厅。

(6) 确保舞厅的安全与文明,如宾客在舞厅有不良行为应予以劝阻或请其离开。

(7) 及时、妥善处理宾客之间及宾客与服务员之间的纠纷。

3. 督促员工做好舞厅结束工作

(1) 搞好舞厅的清洁卫生工作。

(2) 处理宾客遗留物品。

(3) 检查各项结束工作,使之符合要求。

(4) 填写舞厅营业记录。

(5) 切断所有电源,关闭门窗,确保安全。

(二)卡拉 OK 歌厅(KTV)管理

1. 符合需要

卡拉 OK 歌厅的设施设备和环境应符合饭店等级及宾客需要,主要有以下方面。

(1) 温湿度、卫生等符合饭店有关标准。

(2) 音响、电视、点歌器、话筒等配备齐全,性能良好。

(3) 各种服务用品,如歌单、酒水单、酒具和音像唱片等齐全,并符合要求。

2. 提高服务质量

(1) 督促各岗位员工均应按服务规程为宾客提供优质服务。

(2) 调节并活跃歌厅气氛,如要求服务人员适时演唱等,以激发宾客的唱歌欲望。

(3) 确保对客服务的主动、热情,如点歌、播放节目、酒水服务等及时准确,以满足宾客的不同需要。

(4) 及时、妥善处理宾客投诉。

3. 其他管理工作

(1) 保证卡拉 OK 歌厅依法经营,文明经营。

(2) 各种音像唱片的管理应符合有关规定要求,如内容健康、存放固定、编号统一等。

(3) 加强酒水推销,提高歌厅营业收入。

(三)健身房管理

(1) 健身器材品种齐全,且维修保养良好,以满足不同宾客的健身需求。

(2) 确保更衣室服务的准确、规范,各种消耗用品补充及时。

(3) 确保接待服务的文明礼貌,且符合服务规程要求。

(4) 保证提供优质的健身指导服务,要求讲解明确、示范准确。

(5) 及时、妥善处理宾客健身过程中的意外事故,如扭伤等。

(6) 保证饮用水的供应,并按要求提供其他酒水服务。

(7) 做好健身器材的维修保养工作,发现问题及时修复,确保宾客的使用安全。

(四)美容美发室管理

(1) 要求美发美容部分设男宾、女宾部。

(2) 环境卫生符合国家及饭店有关的标准和规定。

(3) 确保预订受理工作的礼貌与准确,即使用礼貌服务用语,准确记录宾客的美发美容要求。

(4) 做好休息区域的卫生,并备齐有关物品如书报杂志,以便宾客等候。

(5) 根据宾客需要,及时、迅速地提供高质量的美容美发服务,尽力使宾客满意。

(6) 随时保证美容美发室的卫生,并做好有关器械工具的消毒。

(7) 保证美发美容用品的安全、卫生。

(五)桑拿浴室管理

1. 环境卫生管理

(1) 确保更衣室、淋浴室、卫生间、桑拿房等处的环境卫生,符合饭店有关规定。

(2) 保证饮用水及饮具的卫生。

2. 提高服务质量

(1) 桑拿设施设备运行良好。

(2) 预订服务礼貌、准确。

(3) 接待服务各环节协调、配合,其服务符合饭店标准。

(4) 用品供应及时充足。

(5) 温(湿)度计、地秤等完好、准确。

3. 安全管理

(1) 桑拿木板平整无松动、无毛刺。

(2) 禁止患有心脏、高血压等病的宾客入浴。

(3) 随时观察宾客的浴况,发现宾客有不适或意外情况,应及时、妥善地急救处理。

(4) 更衣室服务应准确、安全,防止宾客衣物的遗失或混淆。

(六)按摩室管理

康乐部的按摩室一般与桑拿浴室设在一起或单独设立,其管理要点如下:

(1) 设施设备,如休息室家具、按摩床、按摩杆等应舒适、美观、安全。

(2) 按摩室环境卫生及用品卫生符合饭店的卫生标准。

(3) 预订及接待服务应符合规程要求,做到主动、热情、耐心、礼貌。

(4) 确保按摩质量,要求时间够、力度大和部位准。

(5) 督促员工遵守职业道德及饭店有关规章制度,确保按摩服务的健康文明。

(6) 严禁员工向宾客索取小费和物品。

(7) 严格执行进入客房按摩的登记、陪同制度,即事先登记,由客房服务员陪同进房。

(8) 按标准要求为宾客提供酒水报务,提高营业收入。

(9) 严禁异性按摩。

(七)台球室管理

(1) 台球室设施如球桌、台球、球杆等符合有关标准。

（2）台球室卫生良好,温(湿)度要求符合有关标准。

（3）预订与接待服务符合饭店服务规程要求。

（4）陪练服务准确、高效,但应照顾到宾客的心理要求。

（5）指导不谙台球运动的宾客,要求讲解热情,示范准确。

（6）加强台球室的巡视管理,维护球室秩序,禁止赌博现象的出现。

（八）游泳池管理

1. 卫生管理

（1）符合国家有关部门对游泳池的卫生要求。

（2）池水清洁,无任何污物。

（3）配套设施如更衣室、淋浴室和卫生间等处的卫生符合饭店卫生标准。

（4）游泳池周围的环境卫生洁净怡人。

（5）饮水卫生符合有关标准。

2. 用品管理

（1）用品,如卫生间的卫生纸,淋浴室的发液、浴液、毛巾等应齐全、优质。

（2）用品供应及时、充足。

3. 服务质量管理

（1）各岗位接待服务符合规程要求。

（2）向宾客定时公布室内或室外温(湿)度及池水水温。

（3）定时进行池水水质检测,以符合卫生要求,一般每日两次。

（4）做好休息区域的卫生工作及食品、饮料供应服务。

4. 安全管理

（1）备齐各种救生器材,如救生圈等,并配备救生员。

（2）严禁醉酒客人入池游泳。

（3）严禁供应含酒精饮料及使用玻璃、陶瓷等易碎饮具。

（4）加强更衣室管理,严防宾客财物遗失。

（5）及时、妥善地处理溺水等意外事故,并采取急救措施。

（九）网球场管理

（1）场地符合国际标准,所用球拍、网球等用具优质高档。

（2）场地平整、卫生。

（3）休息区域座椅舒适、美观,并供应卫生饮用水(饮具要求与游泳池相同)。

（4）及时、热情地接待宾客,严格执行饭店的服务规程。

（5）提供指导、陪练服务,并协助宾客记分。

（6）配备必要的急救药品或器材如氧气袋等以便及时处理宾客的意外人身伤害。

康乐部除上述康乐项目外,还有较为普遍的棋牌室、游艺室、医务室、壁球室、闭路电视等项目,一些新建的高星级饭店还有模拟高尔夫球场、打靶场、卡丁赛车场等康乐项目,各饭店应根据项目的具体情况制订相应的管理要求。

思考与练习

1. 康乐部有何作用？

2. 康乐部的任务是什么？

3. 康乐设施有哪些种类？

4. 康乐管理的目标与要求是什么？

5. 康乐经营有哪些特点？

6. 不同康乐项目的管理要求分别有哪些？

第八章 饭店市场营销

◆ 了解企业经营观念的发展史,掌握4P4C市场营销理论。
◆ 了解市场调研的内容和市场预测的方法。
◆ 掌握市场营销策略。

第一节 饭店市场营销概述

饭店业市场的激烈竞争,使得确立市场营销观念并将现代营销思想、方法和策略运用在饭店经营管理中,已成为饭店管理的首要问题。

一、企业经营观念的发展

许多饭店从业人员错误地认为营销是销售部门的工作,但实际上,营销是一种观念,而非某种具体的销售行为。

企业经营观念的发展经历了以生产者为中心的传统观念和以客人为中心的现代观念两大时期。

1. 传统经营观念

(1)生产观念。生产观念是指企业的经营重点在于生产出尽量多的产品。在20世纪80年代初期,大量的外国人、华侨、外籍华人和港、澳、台同胞来我国旅游观光,他们需要住宿和饮食,但当时的饭店数量较少,在旺季时,只要有床位就能吸引客人前来住宿,甚至在高峰期会出现客人入住会议室的现象。当时的饭店无暇顾及服务质量,这个时期的经营观念就是生产观念。

(2)产品观念。产品观念是指企业的经营重点从注重产品数量转为注重产品质量。从20世纪80年代中期开始,饭店供求相对平衡,宾客有了选择余地,饭店也就开始通过改造硬件、增加服务项目、加强员工培训等方式来提高服务质量,以便能够吸引更多的客人。这个时期的经营观念就是产品观念。

(3)销售观念。销售观念是指企业的经营重点在于把高质量的产品推销出去。从20世纪80年代末期开始,饭店业出现供大于求的局面,且各企业的质量也已经同步提高,在这种情况下,各饭店开始想方设法推销自己的产品,如折扣销售(打折)、有奖销售(赠送消费券)等。这个时期的经营观念就是销售观念。

生产观念、产品观念和销售观念都是传统的经营观念,这种经营观念以我(生产者)为中心,我生产什么,你(客人)就买什么,企业强调的是产品本身。

2. 现代经营观念

(1) 市场营销观念。市场营销是指在满足客人(包括现实客人和潜在客人)需求的基础上实现销售收入。从 20 世纪 90 年代中、后期开始,饭店业通过增添新的服务项目、改变原有的产品提供方式、提供个性化服务等来吸引客人,这就是市场营销观念。

(2) 社会营销观念。社会营销观念是指企业在满足客人需求的基础上还需承担一定的社会责任,以实现整个社会的可持续发展。餐饮企业追求在满足客人需求的同时,尽量减少物质资源的占用与浪费,走可持续发展之路,如提倡客人将没吃完的食品打包、引导入住一天以上的客人不换床单等。

市场营销观念和社会营销观念都是现代经营观念,这种营销观念以客人的需求为中心,即你(客人)需要什么,我(生产者)就生产什么、提供什么,饭店业强调的是客人的需求。

二、饭店市场营销的概念

1. 饭店市场营销的概念

饭店市场营销是饭店以宾客为中心,研究宾客的需求,细分目标市场,推出适销对路的饭店产品,并采取相应的手段,选择一定的销售渠道,以满足宾客各方面正当而合理的需要,从而实现饭店经营目标的活动。

2. 饭店销售的概念

饭店销售是指通过饭店销售人员与潜在客源之间进行交流来推销饭店的产品和服务。它通过饭店销售人员直接与潜在客源进行交流,在双方交流的过程中,彼此互通信息,即饭店销售人员为宾客提供信息的同时,又从宾客处得到了反馈信息。因此,它属于双向交流。由于饭店销售主要是通过饭店销售人员来进行的,因此,饭店销售也被称为饭店人员销售或人员推销。

三、饭店市场营销的意义

不同对象由于对饭店的认识、熟悉程度不同,对饭店市场营销的反应也不一致。因此,饭店营销对不同的宾客来说,所起的作用是不同的。一般地说,饭店市场营销的意义有以下几个方面。

1. 让客人知晓

通过各种形式的营销,让客人知道某饭店的存在,知道其提供的产品和服务;还要提高他们对其形象和内容的认识程度,这也要通过各种形式的推销来实现。

2. 让客人喜爱

这就要求饭店所提供的产品和服务首先必须是能满足客人的要求的。如果饭店的产品和服务确有不少不足之处,就应先提高质量,然后再向客人推销和介绍。

3. 让客人偏爱

饭店要着重宣传自己的产品质量、价值、绩效和其他优点,造成客人在同行的竞争中偏好你的饭店。

4. 让客人信服

信服是导致购买的前奏,也是促使其反复光顾你的饭店的基础。因此,要通过推销和实实在在的经营管理,使客人对光顾你的饭店所获得的质量、价值深信不疑。

5. 促使客人光顾

通过各种营销活动,争取使信服你的饭店的客人立即光顾和重复光顾你的饭店。

四、4P4C 营销理论

(一)4P 营销理论

4P 理论是美国营销学家麦卡锡(McCarthy)于 1960 年在其《基础营销》(basic marketing)一书中提出的,4P 分别是产品(product)、价格(price)、分销(place)和促销(promotion)。他认为一次成功和完整的营销活动是以适当的价格、适当的渠道和适当的促销手段,将适当的产品投放到特定市场的行为。

1. 产品(product)

企业必须注重产品的开发功能,要求产品具有独特的卖点,把产品的功能诉求放在第一位,要求满足消费者的需求。

2. 价格(price)

企业根据不同的市场定位,制订不同的价格策略,产品的定价依据是企业的品牌战略,注重品牌的含金量。

3. 分销(place)

企业并不一定要直接面对消费者,而是注重经销商的培育和销售渠道的建立,企业与消费者的联系是通过分销商来进行的。

4. 促销(promotion)

企业注重销售行为的改变来刺激消费者,以短期行为(如让利、买一赠一等)促成消费的增长,吸引其他品牌的消费者或促进提前消费来促进销售增长。

营销学家们后来又增加了 4P,即人(people)、包装(package)、公共关系(public relation)和政治(politics)。

(二)4C 营销理论

1990 年,美国学者罗伯特·劳特朋(Robert Lauterborn)教授提出了与传统营销的 4P 相对应的 4C 营销理论,分别是顾客(consumer)、成本(cost)、方便(convenience)和沟通(communication)。

1. 顾客(consumer)

企业直接面对顾客,应该考虑顾客的需求,建立以顾客为中心的销售理念,并贯穿于市场营销的全过程。

2. 成本(cost)

顾客购买产品时,除了耗费一定的资金外,还要耗费一定的时间、精力和体力,这些构成顾客的总成本,企业应该考虑顾客为满足需求而愿意支付的总成本,努力降低顾客购买产品的总成本。

3. 方便(convenience)

企业应该最大限度地便利消费者,如饭店在设计和布局上要考虑消费者进出、上下等。

4. 沟通(communication)

企业为了创造竞争优势,必须不断地与消费者沟通产品、服务、价格等方面的信息,影响消费者的态度与偏好,说服消费者购买企业的产品和服务,并在消费者心目中树立良好的企业形象。

第二节　饭店市场调研和预测

一、饭店市场调研

饭店面向众多的客源层次,所以,饭店必须了解目标市场的需求,并不断创造新的产品与服务,以适应不断变化的宾客需要。

(一)宾客状况的调查

饭店经营目标的确定依赖于对宾客状况的调查,饭店的顾客来自世界各地,他们中间有不同的国籍、职业、性别、年龄以及旅游目的等等。为了能制订出切实可行的企业目标,有必要对宾客状况进行调查,调查内容有:

(1) 客人喜欢什么类型的饭店? 度假型? 商务型? 会议型?

(2) 客人对客房产品有何需求? 客人偏爱什么样的装潢? 流行色?

(3) 客人对餐饮的需求如何? 菜单种类? 餐厅的营业时间? 餐饮价格?

(4) 客人有何康乐需求? 消费者希望菜肴的分量多少较适宜,这关系到菜肴是否合胃口,客人花费得是否妥当。

(5) 客人的年龄情况、购买力以及情趣、生活基调等等。

(二)目标市场调研

每个消费个体或不同层次的消费群体,对于需求的侧重面会不一样,千差万别。饭店无法满足整个市场的需求,必须划分现有市场和挖掘潜在市场,寻求适合企业目标的市场。

在明确宾客的基本状况以后,可以将消费者按照不同的消费特征进行划分。主要有以下方面:

(1) 地理特征。国家、政治区域、人口密度、相隔距离、气候条件等。

(2) 人文特征。性别、年龄、婚姻状况、家庭大小、收入、教育程度、职业、民族血统和风俗习惯。

(3) 心理特征。个性、观念、生活方式、意见态度、兴趣等。

(4) 购买过程特征。冲动型、理智型、经济型、猎奇型、享受型等。

饭店应分析各细分市场需求的变化趋势、竞争情况和本企业的能力,决定取舍,选择最有利的目标市场。

(三)市场调研的方法

1. 询问调查法

询问调查法是询问被调查者以收集资料的一种方法。走出去或者请进来询问,或举行座谈,从中了解历史和现状,收集信息。询问中避免用自己的观点影响调查对象,所提问题要简洁、明确,不能含糊其辞、模棱两可。一般要设计询问表格。

常见的提问方法有开放性提问和封闭式提问两种。

(1) 开放性提问。调查人员提出问题后,由调查对象自由回答,调查人则作好详细记录,从中取舍自己所要的情况和数据。

例如:您喜欢××饭店的哪些方面？不喜欢哪些方面？

您对××饭店的服务有什么意见和要求？

以上问题回答后,也可以再追问几个问题。

例如:还有别的方面吗？

您能举几个实例说明吗？ 等等。

开放性回答的优点是,拟定问题不受限制,不规定标准答案,有助于获得真实的意见,并可深入了解被调查人的态度和建设性意见。饭店可依此作出定性的判断。其缺点是,无法对调查对象的答案具体定量进行统计分析,不易对含糊的回答作出解释。因此,这种提问不适用大规模样本调查。

（2）封闭式提问。封闭式提问主要有以下方法:

①是非法。

例如:您对饭店的环境满意吗？

是□否□

②顺位法。

例如:请您按 1—5 等级的服务质量,评定下列饭店:

饭店甲□饭店乙□饭店丙□饭店丁□饭店戊□

③对照法。

例如:您光临××饭店的原因是:

精致□美食□舒适□服务周到□方便□热闹□价格合理□

④多项选择法。

例如:您来中国旅行的目的是什么？

度假□公差□会议□观光□品尝中国菜□探亲访友□其他□

⑤量度答案法。

例如:××饭店的服务质量高

非常同意□比较同意□同意□不大同意□反对□

例如:登记入住的速度

	非常	有点	中性	有点	非常	
快						慢

2. 观察调查法

在不向当事人提问的条件下,通过对调查对象直接观察,在被调查者不知不觉中,观察和记录其行为。例如管理者在巡视餐厅的过程中注意客人的表情神态,桌上剩菜的品种,座位的占据情况,服务员的仪表仪容等。又例如,观察其他竞争饭店的设施、价格、菜肴品质、陈设、灯光及服务水平等,以侦察竞争饭店的优、劣势,进行比较,从而确定自己整改的方针、策略。

3. 实验调查法

实验者控制一个或几个自变数,研究其对其他变数的影响。比如,测定在其他因素不变时,客房价格对客人购买行为的影响。此法花费的时间较长,费用高,市场也不一定选得准确,测验结果也难以比较。

4. 资料调查法

这是一种收集第二手资料的方法。资料的主要来源是企业内部销售记录;客人研究报告;竞争情况报告和其他有关资料;以及政府机关、旅游协会、饭店协会、图书馆资料等。收集第二手资料,比较简便,而且节省费用,因此,调研人员应尽可能利用第二手资料,再确定还需收集哪些第一手资料。

二、市场预测

市场预测,是在市场调查的基础上,运用科学的方法和手段,对影响市场变化的诸因素进行研究、分析、判断和推测,掌握市场发展变化的趋势和规律。比如,目标市场客源倾向预测、经营量预测、客房出租率预测、利润预测等等。

(一)预测的类型

1. 按预测范围划分

根据预测范围,市场预测可分为宏观预测和微观预测。前者牵涉面广,是粗线条的、综合性的预测,包括整个旅游市场供求变化,发展趋势以及与之相联系的各种因素的变化,比如对整个旅游行业前景的预测,就属于宏观预测。后者是比较细致的专项性预测,指对一个饭店未来供求情况和发展趋势,或者经营状况的预测。

2. 按预测时间划分

根据预测时间的长短,市场预测可分为长期预测、中期预测、近期预测和短期预测。长期预测的时间通常在五年以上,中期预测时间在一年至五年之间,短期预测时间在一季度至一年,近期预测在三个月以下。例如设施的增加与客房的重新装修等预测,属长期预测;未来旅游发展趋势及客源市场变化等预测,属中期预测;客房的一年供需情况预测,属短期预测;特色菜肴的推出与受欢迎程度预测,属近期预测。一般说来,预测的时间越短,精确度就越高,而到底采取何种预测,则要根据决策的需要来决定。

3. 按预测对象划分

根据预测对象,市场预测可分为国际市场预测、国内市场预测、某区域市场预测和某系统市场预测等等。

4. 按预测方式划分

根据预测方式,市场预测可分为判断预测和统计预测。前者主要是靠专家意见或者决策人员积累的经验进行直觉判断、主观的预测,因而误差可能较大;后者是用数学方法进行预测,较为精确和客观。

(二)预测方法

预测方法可以分为定性预测和定量预测。

1. 定性预测法

(1)经管人员意见法。这种方法是最简单,也是最常用的一种销售预测方法。此法是由营销、生产、服务、财务等几个部门主要经管人员根据自己的经验和实践,对于预测期的营业收入作出估计,然后取平均数作为预测计数。这种方法尤其对新企业来说,往往是唯一可供选择的预测方法。但这些主观判断往往受心理因素的影响,有一定的风险和片面性。

(2)特尔菲法。特尔菲法即专家意见法。由企业向一批专家进行一系列调查。企业根据专家们对第一次问询表的回答情况,设计新的问询表,再向他们作调查,直到意见基本一致为止。由于专家各抒己见,各自为政,因而可以避免权威人士们的意见影响。这种方法费用不高,节省时间,便于深思熟虑,具有连续性的长期观察特点,一般适用于长期预测。

(3)消费者意见法。对有代表性的消费者或市场进行调查,通常在现有的和潜在的客人中进行民意测验,了解被调查者是否已经形成购买意图,或是否计划购买,从而及时掌握销售动向。

(4)服务人员估计法

服务人员是最接近客人的,因而对市场供需情况、客人动向比较了解,其预测是较有价值的,同时,也往往能反映多数客人的意见和销售的实际情况。

2. 定量分析法

随着现代计算方法和计算机的应用,对市场进行预测的定量方法逐渐增多,而且日趋精确。

第三节　饭店市场营销策略

营销强调的重点是产品和服务所能给予人们的满足及利益,而不仅是产品与服务本身。美国一位饭店营销学家指出:"我们这个行业的产品并不是客房、食品和饮料,也不是空间。说得确切一点,事实上,我们并不推销什么物品,人们并不是为了购买什么物品或其特性,他们购买的是'利益'。"

一、营销要素

早在 1980 年,美国著名营销学家科特勒·考夫曼在《饭店销售学》一书中,就将营销因素组合概括为 6 个部分。

1. 人(people)

人指客人或市场。企业的任务是通过市场调研确定本企业的消费者,然后详尽地了解他们的需要和愿望,即了解所服务的对象。

2. 产品(product)

产品指企业的建筑、商品、设备和服务。企业应根据客人的需要,向他们提供所需的产品和服务。

3. 价格(price)

价格一方面要适应客人的需要,另一方面要满足企业对利润的要求。

4. 促销(promotion)

促销的任务是使顾客深信本企业的产品就是他们所需要的,并促使他们来购买和消费。

5. 实绩(performance)

实绩指产品的传递。这是使客人再来购买产品的方法,使在店客人花费最大量金钱的方法。并使客人在离店后为本企业进行口头宣传和作活广告。

6. 包装(package)

饭店的"包装"是指把产品和服务结合起来,在客人心目中形成本企业的独特形象。饭店包装包括外观、外景、内部装修布置、维修保养、清洁卫生、服务人员的态度和仪表、广告和促销印刷品的设计以及分销渠道等。

企业要确定营销因素组合,首先要决定用何种产品和服务来满足市场的需求。营销因素组合中的其他几个因素都必须与产品和服务组合相适应。

通过产品与服务的组合销售,在宾客心目中形成企业的市场形象。市场形象既不是产品,也不是服务,而是两者的综合,是客人的看法和感受。好的市场形象是巨大的竞争力,也是产品与服务组合销售的目的所在,它可扩大销售的趋势。

二、饭店营销组合策略

饭店产品与服务的组合策略主要有以下几种。

1. 扩大或缩小经营范围

扩大经营范围的策略,指扩大产品与服务组合的广度,以便在更大的市场领域发挥作用,增加经济效益和利润,并且分散投资危险。

缩小经营范围的策略,指缩减产品和服务项目,取消低利产品和服务项目,从经营较少的产品和服务中获得较高的利润。

企业采用扩大经营范围,还是缩小经营范围的策略,往往取决于饭店管理人员的经营思想。有些管理者认为,发挥企业的潜力,多开辟经营服务项目,以增加营业额。比如开设广东早茶或夜宵、外卖等项目;或是将娱乐寓于饮食,从而推出舞厅酒吧、伴唱餐厅,充实文艺节目的餐会等;也有增设房内用餐、房内酒吧等服务项目等。

也有一些管理者认为,企业利用自己的优势,提供既是市场需求,又是本企业所擅长的产品和服务,将是增强竞争力的策略。比如,某饭店以中国川菜为拳头产品,应以四川风土人情的环境布置,配以特色餐具及服务方式,以此来吸引远道而来的国际游客,并创造出享誉四方的名声。

2. "高档"或"低档"产品与服务策略

所谓"高档"产品与服务组合策略,就是在现有产品的基础上,增加高档高价的产品与服务。例如,在房间内增设电脑,在餐厅开辟古玩摆设空间,大堂吧放置伴奏钢琴等。这样,逐步改变饭店仅供应低档产品的形象,使客人更乐意光顾饭店。企业一方面增加了现有低档产品的销售量,同时又进入高档产品与服务市场。

所谓"低档"产品与服务组合策略,就是在高价的产品与服务中增加廉价的产品与服务。采用这种策略的原因有:

(1) 企业面临着"高档"策略的企业的挑战,从而决定发展低档产品应战,以增强竞争力。

(2) 企业发现高档产品市场发展缓慢,因而决定发展低档产品,以增加营业额和利润。

(3) 企业希望利用高档产品与服务的声誉,先向市场提供高档产品与服务,然后发展低档产品与服务,以便吸引经济情况更适合"低档"的客人,扩大销售范围和领域。

(4) 企业发现市场上没有某种低档的产品与服务,以填补空缺,扩大销售量。

例如美国马里奥特饭店公司,建造了一批中等价格的饭店,餐厅设施以小咖啡为主,不提供客房用膳。该公司利用已有的声誉,使低档的产品与服务获得成功的销售。

上述两种策略均有风险。或是"高档"不很容易受到消费者相信,或是"低档"可能会影响原有高档产品与服务的形象。管理者要切实分析企业的市场地位和市场变化情况及企业实力,以便有的放矢、恰如其分地推行相应的策略。

3. 产品与服务的差异化策略

饭店处于同质市场,通过营业销售推广强调自己产品的不同特点以增加竞争力,希望客人相信自己的产品更优越,进而使客人偏爱自己的产品。当然,这同样适用于服务。这种策略称作产品与服务差异化策略。例如,具有相当规模的汽车停车场,经营城市中唯一的香槟酒吧,拥有本地唯一的旋转餐厅,甚至出现独特的"女士楼层"等等,这些均显示了饭店在产品与服务上领先一步的气质,以吸引客人和市场。

产品与服务差异化的理论基础是,客人的爱好、愿望、心理活动、收入、地位等方面存在差别,因此产品与服务也必须有所差别。如果饭店要在市场上获得生存和发展,就必须使自己的产品与竞争者的产品有所差别,向客人提供更多利益和享受,并不断努力,保持和扩大这种差异,力求在竞争中立于不败之地。

4. 发展新产品策略

饭店应根据市场需求的变化,随着宾客的爱好,市场技术、竞争等方面的变化,向市场不断推陈出新、吐故纳新,向目标市场提供新产品和新服务。这是饭店制订最佳产品策略的重要途径之一,也是企业具有活力的重要表现。

饭店管理人员可以经常"改动"产品,有的是小改,有的是大改。例如:

(1) 更新装潢,调换用具和用品。

(2) 组织专题周和食品节以及各种文娱活动。

(3) 更换人员服饰。

(5) 调整价格,按质论价和按需要论价。

(6) 散发新的宣传品、纪念品。

(7) 改善服务,不断修改服务项目,提高人员的素质和修养。

(8) 最大限度地保证服务质量。

此外,饭店要利用每年一度的喜庆佳节,如国庆节、狂欢节、情人节、圣诞节、母亲节、儿童节等,或重大的社会活动、文艺活动、体育比赛等时机,隆重推出不同凡响的组合产品或适应于各种活动的服务项目,作为实施新产品策略的良机和妙策。

三、饭店市场推销

推销指买卖双方互相沟通信息。推销的过程也就是信息传递的过程。推销的任务是使目标市场上的客人知道饭店的产品,说服、影响和促使客人购买饭店的产品和服务,并通过他们影响更多的客人前来饭店大量消费、反复消费,吸引更多的客人。

(一)人员推销

人员推销是推销人员通过面对面的洽谈业务,向饭店的客户提供信息,劝说客户购头本饭店的产品和服务的过程。

饭店的人员推销主要适用于旅行社推销和其他大型活动、会议等等。

1. 人员推销的程序

(1) 收集信息,发现可能的主顾,并进行筛选。推销人员要建立各种资料信息簿,建立客史档案,注意当地市场的各种变化,了解本市的活动开展情况,寻找推销的机会。特别是那些大公司和外商机构的庆祝活动、开幕式、周年纪念、产品获奖、年度会议等信息,都是极有推销意义的。

（2）计划准备。在上门推销或与潜在客户接触前，推销人员应做好销售访问准备工作，确定本次访问的目的、要访问的对象，列出访问大纲，备齐推销用的各种饭店资料、照片、图片等。

（3）销售访问、洽谈业务。访问一定要守时，注意自己的仪容和礼貌，自我介绍，并直截了当地说明来意，尽量使自己的谈话吸引对方。

（4）介绍饭店产品和服务。着重介绍本饭店产品和服务的特点，针对所掌握的对方需求介绍，引起对方的兴趣，突出本饭店所能给予客人的利益和额外利益，还要设法让对方多谈，从而了解对方的真实要求，再证明自己的产品和服务最能适应客人的要求。介绍饭店产品和服务还要借助于各种资料、图片、场地布置图等。

（5）处理异议和投诉。碰到客人提出异议时，推销人员要保持自信，设法让客人明确说出怀疑的理由，再通过提问的方式，让他们在回答提问中自己否定这些理由。对客人提出的投诉和不满，首先应表示歉意，然后要求对方给予改进的机会，千万不要为赢得一次争论胜利而得罪客人。

（6）商定交易和跟踪推销。推销人员要善于掌握时机，商定交易，签订预订单。这时要使用一些技巧，如代客下决心，给予额外利益和优惠等等争取订单。一旦签订了订单，还要进一步保持联系，采取跟踪措施，逐步达到确认预定。即使不能最终成交，也应通过分析原因，总结经验，保持继续向对方进行推销的机会，便于以后的合作。

2．电话推销

电话推销包括：推销人员打电话给客户进行推销和推销人员接到客人电话进行推销。电话推销要注意：

（1）迅速接电话或找到客人要寻找的推销人员；

（2）做自我介绍，询问客人的要求；

（3）语言诚恳、礼貌；

（4）做好电话记录，以免遗忘；

（5）中途不要让客人久等；

（6）电话中推销自己的产品和服务时力求精确，突出重点；

（7）商定面谈和进一步接触的时间地点、感谢客人来电。

3．人员推销的管理

（1）制订推销计划，特别是经营淡季的推销计划。

（2）推销计划持之以恒，只有不断地和客人联系，才能收到推销的效果。

（3）保存精确的推销记录，建立客史档案。

（4）做好市场分析，了解竞争对手的推销方法，知己知彼。

（5）建立合理的推销网络，可按地理布局划分推销范围，也可按自己的产品和服务种类划分推销范围，或者根据不同行业的顾客划分范围。

（6）建立客户资信档案，以确定不同客户是否给予签单挂账优待。

（7）认真检讨取消预定报告和丧失营业机会报告，及时总结，以利进一步推销。

（8）加强推销质量控制，不断培训推销人员。定期评估推销绩效，检查每日推销日记和销售访问报告。加强对销售访问的控制。

值得强调的是，除了上述意义的人员推销外，还应强化全员推销的概念。所有与客人接触的饭店员工都是义务的推销员,故要将饭店活动的各种信息传播给每一个员工。此外,饭店员工的仪表仪容、微笑、准确、优质的服务本身,以及所给予客人的任何建议从广义上说都是人员推销的组成部分。

(二)内部促销

饭店内部促销是指饭店向住店的及在餐厅、酒吧、康乐、商场等部门消费的宾客进行推销的活动。

内部促销可以间接地影响各部门的销售额。饭店应加强对员工的教育,使他们自觉地承担推销工作。

内部促销包括销售人员接待来宾时的促销、前台人员的促销、内部宣传资料促销和俱乐部促销。促销时应做到:

(1) 树立全员推销观念。

(2) 按部门制订详尽、系统的实施计划。

(3) 切忌"闪电式"的活动,而应该打"持久战"。

(三)广告推销

广告是市场推销较常见的方法之一。它通过报纸杂志、广播电视等宣传媒介,把有关的饭店经营和服务信息有计划地传递给客人,直接或间接地促进产品和服务的销售。

1. 广告的作用

(1) 宣传饭店的设施及其产品和服务。

(2) 刺激宾客需求。通过各种类型的广告,引起客人到本饭店消费的欲望,或影响他们选择饭店的决策。

(3) 抵消、削弱其他竞争对手的广告影响。这种防御性的广告可以防止客源被竞争对手夺取。

(4) 宣传饭店新产品,促使客人立即购买。

(5) 加强淡季促销,稳定饭店经营,减少销售量的波动。

2. 广告的筹划程序

(1) 识别广告要吸引的目标市场,了解他们的地理分布、收入、对本饭店的态度及心理状况,有针对性地设计广告。

(2) 确定广告的目的,是为了短期效益还是长期效益,是为了扩大影响还是直接销售。

(3) 设计能打动、吸引人的广告词和广告提纲,突出自己的风格和特点。

(4) 确定广告的预算。通常预算的方法有:

①根据总营业额的一定比例确定预算;

②根据实际经济能力确定预算;

③根据竞争对手的预算确定预算;

④根据目标和任务确定预算。

(5) 选择合适的广告媒介和广告公司。

(6) 制作和审查广告稿。

(7) 核定广告的效果。

3. 广告的种类

各种广告媒介都有自己的特点,决策人员要根据自己制作广告的目的,选择适合自己需要的广告媒介。

(1) 报纸广告：在报纸上做广告目前已很普遍，报纸的时间性强、迅速，便于剪下保存，费用也较电视广告等便宜。报纸广告适合于做食品节、特别活动、饭店产品小包价等广告，也适合于登载优待券，让客人剪下凭票给予优惠。报纸广告要注意登载的频率、版面、广告词和大小、色彩等。

(2) 杂志广告：杂志广告的最大特点是针对性强，不同的人阅读不同的杂志，这便于决策者根据服务对象选择其常读的杂志做广告。杂志的吸引力也较强，纸张、印刷质量高，对消费者心理影响显著。例如：针对外宾、常驻外商机构和公务旅行者的杂志广告可选择《北京周报》和《中国建设》、《今日中国》等，针对新婚夫妇的婚礼宴会广告可登在《家庭》、《现代家庭》、《中国青年》等杂志。

(3) 电台广告：电台广告较适合于做针对本地客人的广告。不同的节目拥有不同的听众，穿插其间的饭店广告就能吸引不同类型的客人。如：吸引老年人的广告可穿插在戏曲和有关老年人健康的节目中；针对年轻人和现代企管人员、专业人员的广告可穿插在轻音乐等节目中。不同的时间其广告吸引的对象也不同，一般说白天上班时间只能吸引老年人和家庭主妇。电台常常用主持人与来访者对答形式做广告，比较亲切。

(4) 电视广告：电视广告的宣传范围广，表现手段丰富多彩，是唯一能同时使用文字、图画、声音、色彩和动作的广告，吸引力很强。但电视广告的费用高，属瞬时广告，无法持久保存，电视广告适合做宣传饭店设施和形象的广告、特别活动的广告等。针对外宾、常驻机构的电视广告最好安排在新闻特别是外文新闻的前后，效果更好。

(5) 直邮广告：即直接寄给消费者的广告。它针对性强，能使读者感到亲切，它竞争少、灵活且便于衡量绩效。但它手续繁杂、费用高，收信人的姓名、地址也不易收集。直邮广告适合于介绍饭店特别促销活动、新产品和服务以及吸引本地的常驻机构、三资企业和大公司等。

(6) 户外广告：指用于交通路线、商业中心、机场车站和车辆行人较多的地方的广告牌，它的显露的时间长、费用低，适合于做宣传饭店设施、树立形象的广告。户外广告有招贴广告、绘制广告、招牌广告等类型。

(7) 交通广告：绘制在汽车等交通工具上的广告，一般是以当地消费者为对象。

(8) 现场广告：张贴和树立在大型活动场所的广告都属现场广告。

(9) 电梯广告：饭店的电梯是介绍饭店设施的理想宣传场所，可以用来介绍各种客房、餐饮和娱乐设施，对住店客人有较大的推销作用。

(四)宣传推销

有一位作家曾经说过："比被人议论更糟的事情只有一件，那就是不被人议论。"如果你经营的饭店是第一流的，始终为客人提供高质量的产品和服务，那么，自然希望被人谈论。

宣传与广告的区别在于宣传是不付费用的。宣传，是指借助于报纸、电视、电台等各种媒介，提供信息，以引起公众对某件事的关注。更重要的是：以新闻消息再现的宣传比广告更能获得消费者的信任。

宣传的要点是：

(1) 善于把握时机，捕捉在饭店举行的有新闻价值的事件向新闻界投稿。

(2) 大型会议、大型宴会活动、娱乐活动等，要邀请新闻界的代表参加，事先通报这些活动的有关情况，送呈书面的"内情"通报或自拟的新闻稿。

（3）有专人负责新闻稿的撰写、新闻照片的拍摄，加强与新闻界的沟通和联系。

（4）寻找机会，与报纸、电台、电视台等联合举办有关饭店或食谱、饮食的专栏和节目，既能提高饭店的声誉，又能近水楼台，为自己的经营特色、各种销售活动进行宣传。

（5）也可制作付费的专栏文章，这些实际上是文章广告，对吸引读者的注意效果较好。

（五）公共关系

饭店公共关是指为了塑造饭店良好形象、与饭店内部员工和外部公众建立和维持良好关系，以及为消除和处理对饭店不利的谣言和事件而开展的活动。

公关的任务，是要加强与公众的联系，提高本饭店的知名度，创立良好的饭店形象，并通过社会舆论，影响客人的购买行为。

公关活动的策略有两种：一是积极的公关策略。通过加强与公众联系方面的活动，尽可能地树立饭店的社会声誉。积极参加各种公益活动，如：慈善事业、救灾活动，给予老人、儿童各种优惠等，扩大自己的声誉；二是消极防守性的公关策略，即通过开展公众关系方面的活动，来避免饭店声誉的不利影响。如偶然发生的食物中毒和其他事故，着重宣传饭店如何认真负责、积极、妥善地为就餐者排忧解难，清查事故，确保不再发生的各种行为，以减少对饭店的不利影响。

思考与练习

1. 传统经营观念与现代经营观念的主要区别有哪些？

2. 什么是饭店市场营销？4P4C营销理论有何含义？

3. 饭店市场调研的内容主要有哪些？

4. 市场预测有哪些类型？

5. 市场营销有哪些基本要素？

6. 饭店市场营销组合策略有哪些？

7. 电话推销应注意什么？

8. 各种广告媒体分别有何优缺点？

9. 宣传的要点是什么？

10. 如何进行危机公关？

第九章　饭店工程管理

学习目标

◆ 了解饭店工程管理的任务、特点、原则与方法管理体系。
◆ 掌握工程管理范围、设备保养管理、设备维修管理、节能降耗措施等工程管理实务。

第一节　饭店工程管理概述

饭店设施、设备是饭店正常运行的基础,也是饭店提供优质服务的前提,更是饭店条块结合的标志和基本条件之一。饭店设施、设备管理的好坏直接影响到饭店的安全和经济效益。所以,加强工程设备管理是饭店每一级管理者的主要任务之一。

一、饭店工程管理的任务

饭店工程管理的任务主要有以下几方面。

1. 负责饭店所有设施、设备的管理工作

工程部对饭店设施设备的选择、购置、运输、安装、使用等负有主要责任,同时,还要做好设备的资产管理,如分类编号、登记保管、建立技术档案等。

2. 做好设施设备的维修保养工作,确保其正常运转和使用

工程部应对饭店所有设施设备的功效、性能、使用方法等了如指掌,以便做好其维护、保养、维修等工作,从而保证设施设备的安全运转,提高使用效率,延长使用寿命,要求保养良好,维修及时高效。

3. 负责饭店的能源供应

饭店所需的所有电、水、蒸汽、冷暖空调等各种能源均由工程部及时保质、保量地供应,并要求低消耗。

4. 拟定饭店设施、设备的更新改造计划

工程部应根据饭店经营需要,提出设施设备的更新改造计划,供决策者决策或批准实施。大范围或大规模的更新改造应招标施工,但工程部应加强监控。

5. 控制设备成本、节约维修费用

工程部在选择、购置设备时应特别慎重,除考虑其质量、性能等因素外,要货比多家,控制设备成本。同时,应对能源供应和维修保养加强管理,既要保证饭店需要,又要尽力减少费用开支,从而提高饭店经济效益。

二、饭店工程管理的特点

饭店工程管理的特点主要有以下几方面。

1. 管理范围广

工程部的管理范围广,具体体现在:

(1) 涉及部门全。工程部不仅要管理本部门范围内的设备,而且还要管理饭店其他部门的设施设备。而在饭店中,几乎每个部门都有不同数量的设施设备。

(2) 设备种类多。设备种类具体包括电力系统、上下水系统、空调系统、电脑系统、电讯系统、电视音响系统、消防安全系统及洗衣房系统、厨房设备和各种家具等。

2. 管理要求高

饭店设施设备不仅要求正常运转,更要求完好无损,任何一点差错都会影响宾客的满意程度。而且饭店设备的种类多,能源供应数量大、形式异,因此,工程部的管理难度大,要求高。

3. 员工技术性强

饭店设施设备的种类众多,且技术要求各异。因而工程部的员工配备要求也高。首先要求员工技术能力强,能做好相关设备的维修保养工作,最好是一专多能。其次,还要求具有良好的服务意识,努力为前台服务。

三、饭店工程管理的基本原则与方法

饭店工程管理工作的原则和方法主要有:

(1) 按照"效益-价格比"和饭店档次要求,科学配置设施设备。

(2) 坚持关键和复杂设施设备的"持证上岗"制度。

(3) 坚持按照标准实施设施设备的更新换代工作,确保"硬件不软"。

(4) 建立"万能工检修——使用部门检查与保养——专业内部请修"的内部"三关"控制,将问题消灭在客人发现之前;树立崭新的工程质量观念,以"请修数量逐年下降"作为衡量工程工作质量的标准。

(5) 确保在 15 分钟内到达维修地点的效率标准,以确保营业需要。

(6) 工程专业人员完全按照"服务员标准"与客人和内部员工进行交流。

(7) 根据设施设备安全使用标准,满足客人对设施设备的特殊要求。

(8) 行使专业审批权和监理权,代表企业对工程项目进行审批、全过程施工监控,确保质量与进度。坚持原则,不徇私情,改变工程工作的那种"前面建,后面修"的不正常局面。

(9) 建立健全和不断完善各项工程设施设备的科学操作和正常维护保养及修理制度,拟定和执行维修保养计划。

(10) 主动为一线做好保障作用,对一线请修绝不拖延,执行"一线要求和客人要求就是紧急战斗命令"的原则。

(11) 与有关部门配合,在确保营业需要和对客服务质量的前提下制订各部门能源控制指标,为企业节约成本与费用。

四、饭店工程管理体系

饭店工程管理体系主要表现在以下方面:

(1) 工程专业管理与各部门使用中的管理相结合;

（2）建立起设备设施的专人定点管理制度,将责任落实到人;

（3）以工程部"维修调度中心"统筹企业工程维修工作;

（4）严格"工程工作单"的传送和签认制度,避免相互扯皮;

（5）严格按照"三关"控制,实行万能工常规检修、使用部门日常使用中的保养与维护、内部故障请修三结合的原则,层层控制,消灭问题和隐患;

（6）竭尽全力将工程施工与客人消费或休息时间错开,避免打扰客人;

（7）加强仪容仪表和语言行为的培训与检查督导,树立工程人员新形象;

（8）加强重要设施设备的重点检查和维护,确保无故障发生;

（9）代表企业参与工程施工监理,为企业利益负责;

（10）定期向高层决策层提供设施设备运转、能源消耗、大修、更新、改造的建议计划,帮助决策层做好工程工作的管理。

第二节　饭店工程管理实务

一、工程管理的主要内容

工程管理的主要内容有以下方面:

（1）制订设备的配置计划。

（2）设备的选型、订购管理。

（3）设备的验收、保管管理。

（4）设备的安装、调试管理。

（5）设备的移交、建档管理。

（6）设备的使用、运行管理。

（7）设备的保养、维修管理。

（8）设备的更新、改造管理。

（9）设备的成本、费用管理。

（10）设备的报废及处理。

二、设备保养管理

(一)确定设备保养标准

工程部应根据设备的种类、结构、性能、运转时间和技术要求等确定主要设备的保养标准。具体有:

（1）变电设备保养标准。

（2）备用发电机的保养标准。

（3）电机电器的保养标准。

（4）电梯的保养标准。

（5）空调系统的保养标准。

（6）冷库、冷柜的保养标准。

（7）锅炉保养标准。

（8）消防系统的保养标准。

(二)制订设备保养计划

工程部应根据设备保养标准制订相应的保养计划,以确保设备的正常运转。设备保养计划按不同分类主要有以下几方面。

1. 按保养时间分

按保养时间分类,保养计划可分为以下几种:

(1) 年度保养计划。

(2) 季度保养计划。

(3) 月保养计划。

(4) 日保养计划。

2. 按保养要求分

按保养要求分类,保养计划可分为以下几种:

(1) 日常保养。日常保养又称为例行保养,主要是对设备进行除尘、擦洗、上油等保养工作,一般由设备的使用人员完成,但需工程技术人员专业指导与协助。

(2) 一级保养。一级保养主要是对设备的检查与维护,如空调风机和部分厨房设备的检查清洗工作,一般也由设备操作人员和工程技术人员共同完成。

(3) 二级保养。二级保养主要是对设备进行局部的解体检查与维护保养,如对电梯的内选外呼功能、电梯轿厢的照明和风扇、电话等进行的检查和维护,一般应由工程技术人员完成。

(4) 三级保养。三级保养主要是对设备的主体部分进行解体检查和调整,如对冷柜的风机、压缩机、化霜系统等的解体检查、上油、清洗等工作,应由工程技术人员完成。

(三)设备保养计划的实施

工程部管理人员应监督设备保养计划的实施。

(1) 工程部应将不同的设备保养计划落实到相应的技术班组。

(2) 各技术班组在保证维修的前提下安排本班组内的技术人员完成相应的保养计划。

(3) 各级管理人员应巡视检查各保养计划的实施情况,监督各技术班组的工作,检查其设备保养工作是否符合保养标准和时间要求等。

(4) 处理好连续运转设备的保养工作。

管理人员应根据要求,督促相关人员做好充分的保养准备工作,尽量缩短设备的停机保养时间,以保证饭店正常营业的需要。

三、设备维修管理

工程部和设备维修管理主要包括计划维修和日常维修两方面的内容。

(一)计划维修

计划维修,又称为定期检修,是根据设备的分类,在设备保养的基础上定期对设备进行的检查维修工作。

1. 维修计划的制订和实施

维修计划一般由工程部与保养计划一起制订,即设备的维修保养计划,维修标准也是如此。所以维修计划的制订及实施与设备保养计划的制订及实施同时进行,具有同样的管理要求。

2. 制定维修领料和工具的使用规定

(1) 维修领料的规定。凡设备和维修需要零配件时,维修人员应填写申领单,经有关人员签字后去工程仓库领料。如遇仓库没有适用的零配件,则应由维修人员或仓库管理员填写请购单,经相应的管理人员签字核准后,交采购部或由工程部采购员迅速采购或请人代为加工。

(2) 维修工具的使用规定。常用的工具由各工种使用保管,如遇正常损坏,可去工程仓库以旧换新;如是人为损坏,则应赔偿。当维修需要使用专用贵重工具时,应如同领料一样办理申请手续。待使用完毕后,应及时交回仓库,并办理相关手续。

(二)日常维修

日常维修,也称计划外维修,是指及时修复设备的突然故障或损坏。饭店设备种类众多,且相当一部分设备是连续运转,因此很容易产生故障或损坏现象。加强日常维修管理,对保证供应、提高服务质量极其重要。

1. 建立报修单使用制度

凡出现设备故障或损坏时,均应填写报修单。报修单既可反映工程部的工作量,还有助于工程部分析设备的运行状况,加强保养,从而延长设备的使用寿命。

(1) 报修单一般由设备部使用部门填写后交工程部安排维修。

(2) 工程技术人员在巡视检查设备的运行状况时,如发现问题,也应填写报修单。

(3) 遇紧急情况时,使用部门可先电话通知工程部进行设备抢修,但事后应补填报修单。

(4) 报修单一式三联。一联由使用部门自留,其余两联应交工程部办公室,其中一联交给维修人员,另一联留在办公室备查。

(5) 设备维修后,应由使用部门的人员在维修人员的报修单上签字,并填写修复的时间,维修人员返回工程部后应将维修单上交。

(6) 如遇交接班时间,维修人员也应办理报修单的交接手续。

2. 确保维修质量

工程部管理人员应检查、控制报修单上需维修项目的修复情况,并确保质量。

(1) 及时派工。管理人员应根据报修内容、时间顺序和缓急程度及时将维修任务分派到相应的班组。维修人员接到报修单后应迅速赶赴维修现场。

(2) 及时修复。维修人员应根据报修内容准备必需的材料和工具,迅速排除设备的故障,使之尽快投入使用。

(3) 及时汇报。如遇无法修复的设备,应注明原因,及时向上级汇报。上级管理人员也应及时、妥善地处理。如遇"请勿打扰"客房或正在营业的餐厅中的设备需要维修,也应迅速汇报,管理人员应与报修部门协商维修时间。

(4) 密切合作。维修人员在维修过程中应与使用部门密切合作。需要在客人面前维修的设备,如客房中电视机临时故障处理,则应待客礼貌,文明维修,行为举止得体。

(5) 保证维修效果。经维修后的设备应有良好的使用效果,返修率低。

(6) 降低维修费用。维修时应勤俭节约,既不能浪费维修材料,也不应拖延维修时间,以降低设备维修的费用。

3. 加强巡视检查

工程部应建立并健全设备的巡查制度,要求工程技术人员巡回检查相应区域内设备的运行情况,及时发现问题,并予以妥善解决,从而提高设备的使用效率,降低维修次数。

四、其他工程设备管理工作

(一)建立并健全设备的使用制度

工程部应建立各类设备的安全操作规程,并经常性地安排业务培训,使设备操作人员能准确、安全地使用各类设备,并遵守设备维修保养的有关规定,确保设备的正常运行。

(二)局部的装修

工程部应制订局部装修方案,明确规定影响饭店营业区域范围及装修时间,经批准后通知有关部门,并礼貌告知宾客。然后组织施工人员在预定的装修时间、施工区域内文明施工,优质完成。

(三)重大活动的场地布置

饭店在举办一些重大活动时,如在大型宴会、酒会、会议、圣诞活动等,需工程部协助并配合布置现场。工程部在接到这类任务时,应按要求组织人力完成灯光、音响、舞台等的布置,并根据需要搞好临时装饰、模型制作等工作,确保设备的正常运行,以提高服务质量。

(四)处理设备事故

因非正常原因造成的停水停电、空调停供、电梯停运等可视为设备事故。当发生设备事故时,工程部各级管理人员应迅速赶到事故点,组织人力进行抢修,并分析事故原因,断然采取应急措施。

如发生重大设备事故,工程部有关人员应马上切断事故设备的能源,如电源等,采取应急措施,保护事故现场,报告事故情况,并配合有关部门调查事故原因,追究责任人的责任。

处理设备事故后,工程部管理人员应对设备操作人员和维修人员加强安全教育和业务技术培训指导。

(五)设备的技术资料管理

1. 设备技术资料的内容

设备技术资料主要有以下内容:

(1) 设备合格证和检验单;

(2) 设备图纸和使用说明;

(3) 设备安装调试记录;

(4) 设备运行性能记录;

(5) 设备检查记录;

(6) 设备维修保养记录。

2. 设备技术资料作用

设备技术资料主要有以下作用:

(1) 有利于制度设备维修保养计划;

(2) 便于检查设备的运行情况;

(3) 有助于确定设备的维修保养周期;

(4) 是制定设备安全操作规程的重要依据;

(5) 有利于提高设备使用效率,延长设备的使用寿命。

3. 设备技术资料的管理

设备技术资料的管理主要有以下内容：

（1）汇集分类；

（2）登记建档。

五、饭店节能降耗措施

饭店水、电、气成本占营业收入额的 10％左右，节能增效是饭店运行管理中的一大重要任务。有效管理的饭店运行费用低，经营利润高；反之亦然。饭店节能降耗措施主要有以下方面：

（1）节能理念最重要，从总经理到每位员工都要有成本经营理念：节能成本 1 元＝经营额 10 元；没有成本经营的饭店＝无经济效益的饭店。

（2）从建设、改造蓝图上就要考虑开业后能耗和费用因素。

（3）功能布局合理是降低运行费用的最有效方法。

（4）客房内布局适应客人消费理念。分三个布局：过渡区（过道）、活动区（窗口）、静区（床）。前两个用硬地面（瓷砖、木地板），最后的静区则可用软地面（地毯），可减少 PA 清洁费用。

（5）客房卫生间内少用浴缸，多用淋浴。地面、墙面地砖可用彩色或迷彩色。

（6）去除床头柜上电器集中控制装置，改为就近控制方式，减少不必要照明耗电。

（7）客房内少用镜子。

（8）客房内床头灯不放在墙上，改设在天花板上。

（9）客房内沙发数量可减少，不一定要"一个茶几配两张沙发"的老模式，可减少一个沙发；少用全包式的沙发，改用半包式或全木式。

（10）减少或去掉一次性用品（六小件）。

（11）如果当地自来水质偏硬，布草不一定用白色，可改用彩色布草。卫生间地巾不一定用棉织品。

（12）饭店餐厅、客房、康乐区域客用布草的尺寸、质地按要求配置，尺寸不宜过大。

（13）客房内采用通透视卫生间，避免卫生间长明灯现象。

（14）衣橱不设照明灯或采用红外感应控制。

（15）设备应定期维护，保持良好的运行状态。

（16）保持建筑物完好，防止不必要的渗漏，杜绝跑、冒、滴、漏现象。

（17）管道保温层完好，厚度为 50 毫米。

（18）更新耗能大的设备，避免电器超期服役。

（19）严格管理：合理安排运行，如冷冻机组、冷却机组。

（20）控制变压器运行台数，让其工作负荷在 60％～80％时，效率较高。

（21）执行工作程序，准时抄表，监视能源消耗。

（22）采用先进的技术管理手段，如 5A、BAS 建筑，变频装置（节电 10％～30％）。

（23）采用取电牌控制客房用电设施。

（24）照明系统采用双路以上控制，如公共区域、客房走廊的照明系统采用双路以上控制。

（25）采用新技术的半导体节能灯照明，节电 70％，寿命延长 10 倍。

（26）建筑物亮化采用节能光源,亮化设施应分区域、亮度,实行节日、平时可定时控制。

（27）控制节能灯采购程序,节省采购费用 50％以上。

（28）及时去除电热器具内水垢。

（29）用气设备冷凝水回收可节约费用 20％～25％;冷凝水回到锅炉房给水箱或洗衣场。

（30）洗衣场、厨房等用蒸汽设备的疏水阀处于"疏水阻气"的状态,可节能 10％。

（31）客房内不设饮水机,用电热水壶。

（32）大堂入口的门应采用节能空间,新建或改造时应设旋转（自动）门或两道门,以减少空调损失。

（33）控制空调使用温度,夏季 22～26℃,冬季 18～23℃。夏季上升（冬季下降）1℃,节省成本 5％～8％。

（34）饭店空调送风系统工作正常可节省 20％的能耗。大堂、餐厅、客房等前后台的空调多用送风,不仅能改善空气质量,还能节能。

（35）空调系统每年清洁保养两次可节省 5％的运行费用。

（36）饭店各区域空调耗能应实行绩效管理,装分表控制,节能有奖。

（37）饭店各区域（客房、厨房、洗衣场、员工更衣室、PA 等)用水实行绩效考核管理装分表控制,节能有奖。

（38）控制饭店外墙玻璃使用面积。

（39）客房窗户改用中空玻璃（特别是靠马路一侧）。

（40）控制热水温度,夏季 45～48℃,冬季 48～52℃。水的温度每上升 1℃,增加成本 5％～8％。

（41）控制冷、热水压力可节水 5％,客房洗澡水压力:0.2～0.35MPa,如果是屋顶水箱供水应解决客房顶层以下三个楼层供水压力达到上述要求。

（42）热水系统应有循环系统,保证冬季混水器旋到左侧时,10～15 秒内应出热水;冷、热水系统应采用防锈管材,如紫铜管,绿色管材。

（43）采用热水锅炉比蒸汽锅炉经济,同低蒸汽锅炉蒸汽压力也可节能。

（44）增加热水包体积可以让锅炉夜间工作或减少工作时间。

（45）新建或改造时,冷空调系统可采用热空调系统,这样夏季饭店用热水无需能耗。有条件可使用地热空调系统。

（45）餐厅（包厢)在开餐前 15 分钟前使用新风换气、降温,视客情调节空调温度。

（47）宴会厅、餐厅、餐厅包厢、大会议厅区域或空调冷冻水系统应分区控制。

（48）饭店空调系统的主机应按大、中、小搭配,避免"大马拉小车"现象。

（49）凡分散式建筑的饭店（景区、度假村)不一定使用中央空调系统,可采用风冷、分体、柜式等空调。

（50）培养员工、客人科学的消费理念。培训所有员工（从总经理到员工)正确使用空调温控器。少用高档;控制中档;使用低档。如睡觉时温度增加（夏季)或降低（冬季)1～2℃,可节能 5％～8％。

（51）客房采用节水装置,如调节水龙头出水压力,并用过滤网,客用水符合三个要求:用水卫生,水温合适,压力达标。

（52）员工浴室采用感应水龙头,用插卡喷淋头。

（53）管理程序应改变,如餐厅当晚的台布当晚洗,可节省洗涤成本10%以上,布草可延长使用20~40次。

（54）厨房用水"头道不用新",分质排放,可节水20%~30%。

（55）客房卫生间冲水箱调节到6升,不用8升,每天可节省20升水。有条件可使用中水。

（56）要使所有员工知道:饭店资金大进大出,但不能大手大脚。从我开始,从点滴开始,如废旧电器的再装配再利用。再如大布可以做成小台布,方台布可做成长台布,旧布草可以做成洗衣袋以及遮尘套等,充分做到物尽其用。

（57）在饭店大门入口处加防尘垫,宽度大于2米,可将60%的鞋底污垢挡在室外,减少大堂、楼层地毯PA清洁工作量。

（58）饭店PA清洁应记住:"时间"是最好的去污剂。任何污渍在6小时之内处理是有效的。

（59）地毯保养方法:吸尘,局部及时去渍,控制洗涤。

（60）花岗岩、大理石地面有污渍(口香糖)及时处理最有效,用油漆刮刀去除口香糖,用洗涤剂再处理一下,就无痕迹了。

（61）客房内布草可以一客一换,不必一天一换。但事先应以提示牌征求客人意见。

（62）加强物品领用制度,严格库房管理。但应注意以人为本。

（63）教育员工养成良好的节能习惯,如上、下两层楼自觉走步行梯。

（64）减少库存量,由供应商送货。

（65）厨房原料进价不定期询价(起码一周一次),降低采购成本。

（66）库房定期盘点,账物相符,减少漏洞。

（67）执行好部门二级库领用、报损制度。

（68）从源头控制餐具破损率(库房、餐桌、餐具柜)。新增加餐具应视餐厅(包厢)规格、数量采购,减少浪费。

（69）从源头控制布草使用寿命,增加布草以餐厅、客房类型、规格、数量采购,减少浪费。

（70）提高布草洗涤次数从源头做起。餐桌收台时,减少菜肴汤对布草的污染,不要将硬物(牙签等)夹在待洗的布草内。减少客房内待洗布草二次污染机会(布草放在地面上、鞋印、运往洗衣场的途中受污染)。干、湿洗之前要预去渍,成功的洗涤取决于有效的预去油,可有效地减少回洗。

（71）卫生间内排风扇可去掉,改为屋顶集中式控制。

（72）正确选用花岗岩和大理石,大堂地面、卫生间台面、窗台等需要清洁的地方不用大理石,改用花岗岩。

（73）电梯轿厢内不用日期地毯,改为花岗岩地面。

（74）大堂地面每天保养一次,保养时间夏季在12点以后,冬季在11点以后。

（75）洗衣设备安装正确。用气设备支管从主蒸汽管上方接入;用水设备支管从主水管下方接入。洗衣设备疏水阀型号要正确,大烫机用大容量(浮球式,倒吊桶式);其他设备用圆盘式。

（76）规模小的饭店(小于100间客房)不一定设洗衣场,可送出洗。

（77）水洗机用洗脱一体化变频功能的,干洗机用带制冷回收功能的(第四、五代干机)。

（78）干洗机蒸馏箱、烘干机按洗涤量及时进行清理。

（79）洗衣场用水"头道不用新"，水洗排水分质排放，可节水 20％～30％。

（80）洗衣场工作时间可调整为夜班，用夜间的峰谷电。

（81）广场、大堂内慎用喷水池。

（82）游泳池内的水温不超过 26 摄氏度。

（83）桑拿区干蒸房内桑拿炉选用两段式控制方式。桑拿湿区、休息区面积不要大，扩大按摩区营业面积。

（84）蒸汽、热水管走地下时一要悬空、保温。

（85）洗农场离锅炉房不宜过远。

（86）供厨房用的冷冻、冷藏库体积应合理配备。肉类原料化霜应在冷藏室内进行，杜绝用自来水化霜。

（87）灶台用红外（感应）控制式的，做到锅离气（油）关。用先进的炉灶燃烧装置。

（88）公共区域多用自然光。

（89）饭店内部办公指令传递采用无纸化（电脑网络）；内部文件用小号字体，纸张两面都用。

思考与练习

1. 饭店工程管理的任务有哪些？

2. 饭店工程管理的特点是什么？

3. 饭店工程管理有哪些原则和方法？

4. 工程管理体系的内容有哪些？

5. 如何做好设备保养管理？

6. 如何做好设备维修管理？

7. 饭店应采取哪些节能降耗措施？

第十章 饭店财务管理

学习目标

◆ 了解饭店财务管理的概念、目标与任务、对象与功能,掌握财务管理原则。
◆ 掌握资金筹措管理、饭店投资管理、营业收入管理、应付款管理、成本费用控制和利润分配等财务管理实务。

第一节 饭店财务管理概述

饭店经营过程中,客观存在着资金的运动,它体现了饭店与各方面,如投资者、宾客、税务机关、饭店内部各部门和员工等的经济关系,这就是饭店的财务。饭店财务管理行使会计核算、财务监督和财务控制等职能。

一、饭店财务管理的概念

饭店财务管理是饭店经营管理系统中的分系统或子系统,是提供和协调财力资源、保证整个经营管理系统正常运行的职能管理系统。理解这一概念应注意以下几个方面:

(1) 饭店财务管理系统是饭店整个经营管理系统的一个组成部分,虽然它起综合性的管理作用,但是它仍然是饭店经营管理系统的一部分而不是全部,它与其他系统有机结合共同组成饭店经营管理系统。

(2) 饭店财务管理的主要任务是为各部门的生产经营活动提供财力资源并有效地调度这些资源,使之发挥更大的经济效力。

(3) 饭店财务管理是一个职能系统,其要求是围绕着饭店的政策和策略进行的,从而使它与饭店的操作系统有了明显的区别。

二、饭店财务管理的目标与任务

(一)财务管理的目标

在市场经济的条件下,饭店作为一个企业,其财务管理目标即是经济效益最大化,它具体体现在以下方面。

1. 营业收入最大化

通过饭店的全面经营管理(包括财务管理),使饭店形成最大接待能力,产品日益满足宾客需要,从而吸引更多的客源,保证饭店营业收入达到最大化。

2. 成本费用最小化

通过财务部的监督和有效控制,使饭店的各方面投入,如人、财、物等达到最小化。

3. 利润最大化

最小的投入,最大的产出,两者之差即为利润最大化。

4. 饭店资产增值最大化

除利润最大化外,饭店还应注重资产价值的增加,提高饭店资金利用率,保证饭店资产得到最大程度的增值,不能贬值,更不可流失。

5. 员工利益最大化

饭店应确保员工能得到更多的利益,以调动其工作积极性,从而实现饭店总体目标。

6. 社会贡献最大化

社会的存在与发展取决于各企业为社会提供了多少贡献。所以,饭店应确保各种应纳税款,保证产品质量,维护社会公共利益,参加社会公益事业,从而达到社会贡献最大化。

(二)饭店财务管理的任务

饭店财务管理主要有以下任务:

(1) 筹措饭店所需资金,提高资金利用效果。

(2) 组织饭店全面预算,拟定各部门计划目标,为决策者提供决策依据。

(3) 审核饭店设备、物品请购,控制采购基金的使用。

(4) 组织饭店收款业务,承担应收、应付账款及各项成本的核算等会计职能。

(5) 制作各种财务报表,并进行分析,报告饭店各项经济目标的完成情况。

(6) 控制饭店成本费用,增加饭店盈利。

(7) 分配饭店收益,协调各方面的经济利益。

(8) 实行财务监督,维护财经纪律。

三、饭店财务管理的对象与功能

(一)饭店财务管理的对象

饭店财务管理是指对存在于饭店经营过程中的资金运行系统所实施的管理,它是饭店管理体系中的重要组成部分。饭店的生产经营活动中的任何一项决策和行为都涉及资金的投入和运行,资金运行的效率及其管理的效果如何在很大程度上决定了饭店经营的成功与否。在资金运行系统中,不仅涉及对资金投入时间、投入量的控制问题,而且涉及资金运行中反映出的各方面的利益协调问题,即财务关系问题,如果对财务关系的管理不予重视,同样会影响饭店正常经营活动的进行,甚至会影响饭店发展战略的落实。因此准确地说,财务管理的对象是饭店经营过程中的资金运行及其在运行中反应的财务关系。其特点主要有以下几方面。

1. 全面性

从财务管理的对象可以看出,财务管理是独立于其他各项业务管理且具有综合性质的经济管理活动,因此,它具有全面性的特征。饭店各项业务活动无不在价值上表现为资金的耗费和回收,饭店要通过财务管理工作,努力以较低的耗费实现较大的产出。这一切都要求财务管理渗透在饭店经营的方方面面,以实现全方位的控制和监督,正是从这个意义上讲,饭店财务管理不同于各项业务管理而具有全面性、综合性的特征。

2. 复杂性

财务管理的复杂性体现在两个方面：一方面是财务管理的对象及其运动比较复杂，它不仅包括对资金运动这一复杂的过程进行管理，而且包括对资金运动中涉及的各方面财务关系进行管理，对后者进行的管理尤其复杂；另一方面是财务管理的工作范围比较广泛，目前我国大多数饭店的财务部既负责财务会计的核算工作，又负责计划、统计、物价、物资采购、验收管理和客账结算等工作，广泛的工作范围造成了饭店计划财务管理的复杂性。饭店产品各组成部分资金运动的不同、客账结算的即时性、产品销售的时间性、更新改造的紧迫性以及投资的高风险性等都导致了饭店财务管理的复杂性。

（二）饭店财务管理的功能

每个管理系统都有其特定的功能。财务管理系统作为饭店重要的职能系统之一，其基本功能是围绕实现饭店经营管理的总目标，保证必要的财力资源，提高资金的周转效率和周转效益。具体来说其基本功能与作用体现在以下几个方面。

1. 饭店设立的基本前提

饭店是一个国家发展旅游业并由此获得旅游经济收入的重要源泉。饭店是资金密集型企业，它的房屋及附属设施设备的投资一般要占到全部资产的80%以上，这些投入需要在饭店建成开业以后，经过长期的经营活动，才能逐渐收回。饭店产品的特点决定了它的物流与商流是分离的，它需要宾客前来饭店进行消费，客源市场的变幻莫测及饭店的固着性决定了饭店投资的风险是很大的。高额的投资及其高风险性决定了饭店设立前严密的可行性分析及管理的必要性，离开了财务筹划管理，饭店设立前的市场调研、客源分析、财务评估等工作所需的大量的资金就难以得到保证，而在这方面的节省有可能给今后的经营带来隐患。

现代饭店设立的投资体制有了很大的变化，投资主体日益多元化，投资主体在将资金投向饭店项目的时候，需要与饭店管理公司建立委托代理关系，由后者进行饭店项目的咨询服务及经营管理。饭店投资业主在将资金投放出去以后，关心的是投资效果及其未来发展前景如何，饭店管理者需要向业主提供这方面的预测分析报告，并通过对投资额的工程成本的控制来实现投资的预期目标；饭店管理者要实现预定目标，除了接受业主的投入以外，还需要向外筹措资金，以保证工程项目的顺利进行，筹措资金的比例、期限及投放的时间等都需要很好地计划，才能实现最小的投入获取最大的目的。这一切工作都需要计划财务系统发挥作用。

2. 饭店正常运行的基本保障

饭店产品的特点是以服务为核心，饭店建立之初的一系列投资只是形成了提供服务的基本硬件条件，要使饭店正常运作起来也需要大量的流动资金投入，如招聘各岗位员工，购置各种物料用品，采购各种餐饮原材料等，这些资金投入不仅要在数量上保证经营需要，而且要在构成上保证比例恰当，这些都需要计划财务管理方面做好资金预算，以便在适当的时间、以适当的数量安排资金的投放，实现既保证饭店正常运行的需要，又满足节约使用资金的管理要求。

饭店产品的经营具有自身的特点，其各组成部分在产品形成与提供服务中对资金的需要量是不同的，如客房产品中，硬件投资是在基建时一次完成的，提供服务时耗费的开支大部分已经发生在先，其他开支如物料用品所占的比例较小，对资金的需要量可以通过出租率的预测进行定量投放；餐饮产品各项支出中原材料支出比例较大，所占资金较多且多变化，需根据不同季节、不同数量预计资金需要量,并控制好采购数量及品种结构,从而在保证客人的消费需求得到满足的情况下,尽量减少库存积压,以提高资金周转率,实现饭店的经营目标。

饭店操作系统中各组成部分的正常运作会不断产生资金的流出与流入,流出与流入会由于各方面的原因而导致在时间上和数量上的平衡,形成收大于支或支大于收的情况,于是出现资金的相对过剩或相对不足。前者虽能保证运行需要,但若忽视管理或有效利用,会降低资金使用效益;后者若不及时筹措资金,补充来源,就会使正常运行受阻,影响饭店的声誉。实践中,不少饭店正是由于财务管理水平低、资金调度能力差,从而出现了要么资金供应中断,要么资金运行呆滞的情况,极大地影响了饭店经营管理效益的提高,给饭店造成了不应有的损失。由此可见,饭店各部门的正常运作离不开计划财务管理工作,它是使饭店正常运行的保障系统。

3. 饭店经营决策的参谋

决策是为了实现特定的目标而从众多的行动方案中选定最佳方案的分析判断过程。饭店管理过程中面临许多经营决策问题,经营决策既是从调查研究,经过思维评价到作出决定的一个过程,又是选择方案的一种活动。说它有风险是因为做出任何一项经营决策理应对各种影响因素和难以预测的潜在意外事件,加上人们的行为难以做到完全的理性化,所以经营决策是有风险的。这就需要在饭店内外部环境发生变化或发现决策有偏差的时候,及时对已作出的决策进行较正,这实际就是"不断决策"的过程。由此可见,决策并非像一些人理解的那样就是拍板,而是一个提出问题、分析问题、解决问题的系统分析过程。对饭店来讲,经营决策贯穿于整个经营管理过程的始终,是饭店生产经营管理的核心和基础。

既然经营决策是一个系统分析过程,就必须具备一定的分析资料,其中最重要的管理信息系统就是财务系统,因为饭店经营状况如何都最终反应在价值变化上,通过财务核汇总、归纳、整理,便可得到饭店综合的财务信息。对这些财务信息进行分析,就可以从不同方面对饭店经营状况作出判断,对发现的问题提出解决的对策,从中筛选出较优的方案予以落实。这种不断分析、判断、筛选、择优的过程就是决策过程。计划财务管理就是要通过财务核算与分析为经营决策提供及时准确的信息资料,使经营决策建立在科学分析的基础之上,避免盲目决策的出现,有利于决策的正确性和决策调整的及时性。

饭店经营管理中大部分是经营决策所涉及的资金和盈利问题,都需要由财务决策加以汇总,通过财务决策来判断经营决策的盈利性和可行性,对经营决策的筛选提供参谋意见。

4. 饭店战略发展的支持系统

饭店经营管理大体上可以分为两种,一种是饭店战略管理,用来解决饭店长期发展的方向性问题;另一种是饭店的实务管理,用来解决饭店近期的日常运行问题。如果说饭店的日常运行离不开财务系统提供的保障功能的话,那么财务系统提供的支持功能更是饭店战略发展所不可缺少的,因为任何一项饭店发展战略的设想及其实施都离不开大量的资金支持,战略发展的目标是长远的,它需要借助于具体的发展策略和步骤加以落实,在这一过程中,每一步都存在投入产出比例问题,都需要通过计划财务管理系统的参与和支持来实现产出大于投入,将一个个短期目标累加起来,才可实现饭店战略发展的目标。

雄厚的实力是饭店在激烈的市场竞争中取胜的基础,饭店的实力不仅体现在产品经营上,而且要体现在资产经营上,现代饭店业的发展需要将两种经营结合起来,才能形成规模经营效益,才能有实力去抢占市场。通过资产经营,不仅可以打破饭店资产的固化状态,推动资源的优化配置,而且可以盘活饭店存量资产,实现饭店存量资产的流动与重组,加快饭店集团化建设的步伐,实现饭店战略发展目标。

四、饭店财务管理的原则

饭店组织财务活动、处理财务关系时,应遵循一定的准则和要求,这就是饭店财务管理的原则。饭店管理原则是体现财务管理规律性的行为规范,是对财务管理的基本要求。结合饭店经营管理的实际,财务管理的基本原则主要包括以下几方面。

1. 计划性原则

计划就是饭店拟订一个未来发展目标并制定出相应的政策和策略的过程,计划是饭店经营管理的中枢,也是财务管理与控制的标准。财务管理涉及饭店经营的各个方面,必须与饭店长期发展结合起来,以提高资金的使用率和效益,保证饭店发展目标的实现。

计划性原则的目的是要实现资金合理配置,也就是通过对资金活动的组织和调节来实现饭店各项物质资源最优化的结构比例关系。饭店产品是由多种经营项目组成的综合性产品,它们之间存在着一定的比例关系,这种比例关系是资金运用的结果,其状况如何是通过资金结构表现出来的。按照系统论的观点,组成系统的各个要素的构成比例,是决定一个系统功能状况的最基本的条件。一旦系统的结构形成就会对环境产生整体效应,要么是有利的影响,要么是不利的影响。在计划财务管理系统中,如果资金配置合理,资源构成比例恰当,就能保证饭店经营活动的顺畅运行,否则就会危及饭店经营活动的正常进行,甚至影响饭店的兴衰。

2. 专业性原则

财务管理作为饭店经营管理中的职能部门,要为实现饭店经营管理总目标做贡献,就必须充分发挥经营决策中的专业参谋作用。国外饭店管理体制中实行的总监制,其基本考虑之一就是由各总监提供所辖领域的专业咨询服务,为饭店高层管理者进行经营管理决策提供专业参谋,通过运用特定的分析方法和手段,从财务专业的角度为经营管理决策提供建议和方案,以便决策者从中进行选择。

一个人所拥有的管理知识和技能是有一定限度的,任何一个人都不可能熟悉饭店经营管理的每一个领域,就像任何一个饭店都不可能满足市场上所有顾客的消费需求一样,在这种情况下,盲目自大、自以为是只能导致经营决策失误的概率上升,明智的作法是充分发挥各专业管理人员的专业特长,吸取他们的参谋建议,尤其是财务方面的参谋意见,对整个饭店的发展具有重要意义。

3. 控制性原则

这一原则要求在进行财务管理的过程中,要坚持在促进饭店发展的前提下实施财务控制,按照发展与控制的顺序进行管理。传统的财务管理片面强调控制的作用,在某种程度上变成了饭店的"守财奴"。节约开支,控制成本是饭店管理的基本要求,也是提高饭店效益的有效途径,但是过分强调控制的作用,可能会对饭店发展中重要的投资持否定态度,从而丧失发展的重要机会。只谈控制而不谈发展,是无法实现饭店规模的扩大和财富的迅速积累的,也是与现代市场经济发展的要求不协调的。

坚持"发展中控制"这一原则必须正确认识饭店发展与成本控制的辩证关系,财务管理上讲求成本效益配比性,即一定的效益必然建立在一定的成本耗费基础上,两者保持同方向变化。财务管理是要努力实现以比较低的成本耗费达到比较高的经营效益,这一高一低也是有一定限度的,如果成本降低危及到了饭店产品的质量和正常的经营,则失去了控制的意义。况且成本还分有效成本和无效成本两种,对饭店发展有利的有效成本不论支出多大也要保证供应,反之,对饭店发展不利甚至有害的无效成本不论支出多小也要控制,即控制以是否有利于饭店发展为标准。

管理的效益在于促进发展,如果财务管理不能促进饭店的发展,那么再好的控制手段和控制结果也是无效的。实践中许多饭店一味要求降低成本费用,以为这就是控制的全部,于是出现了该花的钱不花,产品的质量受损,危及饭店战略利益的情况。因此,饭店必须在一个大的思路上考虑控制问题,处理好控制与发展的关系。

4. 牵制性原则

财务管理是从价值上对饭店实施的全面管理活动,它掌握了饭店的经济命脉。在饭店日常管理中,财务管理部门经常涉及资金的收支,由于其内部的复杂性,导致出差错的可能性增加。

为了堵塞管理上的漏洞,减少饭店的损失,降低经手人员犯错误的机会,饭店在财务管理工作中必须坚持"牵制性"原则。即实行相关联的两个环节由不同人员进行操作,并和后一环节进行监督和交接的原则。这既是财务管理工作本身的基本要求,也是饭店管理制度建设所必需的。

饭店财务管理水平的提高,有赖于工作中内部牵制制度的建立和完善。所谓内部牵制是指:对经济业务的处理均由两个或两个以上的人或部门来完成,不赋予某人或某部门单独处理经济业务的权力,以便对经济业务进行交叉监督,防止错误和舞弊的发生。内部牵制作为一种自验系统,其实质是依靠会计组织将舞弊的发生控制到最低限度。内部牵制的基本内容是业务处理程序,即按照分管原则和责任制的需要,规定业务处理基本程序,并由此进行相互核对与检查,实现财务管理中的自我验证。

牵制性原则不仅符合财务管理的业务要求,而且也体现了内部控制制度的基本要求,而内部控制制度是现代饭店管理的重要组成部分,因而牵制性原则也适应了饭店提高经营管理水平的需要。

饭店经营管理水平的提高首先要求有健全的内部管理制度,其中重要的制度之一就是内部控制制度。内部控制制度是指饭店行政领导与各个职能部门之间以及各有关部门的工作人员之间,在处理经济活动时相互联系、相互制约的管理体系。内部控制制度的主要内容是联系与制约两个方面。通过联系相互配合,各司其职,促使经济活动顺利进行;通过制约相互监督,防止产生错误和贪污舞弊等情况。

第二节　饭店财务管理实务

饭店财务管理包括资金筹措管理、饭店投资管理、营业收入管理、应付款管理、成本费用控制和利润分配等主要内容。

一、资金筹措管理

发展是饭店在市场经济中的首要任务,唯有不断地发展,饭店才能在市场中保持竞争优势,并谋求到更大的利益。饭店的发展离不开资金的支持和运筹。对同一经营活动来说,经营决策和财务决策的着眼点不同,经营决策侧重于经营角度,财务决策侧重于从资金占用与盈利的角度分析问题,虽然两者的目标是一致的,但为了保证经营决策的正确性和最优化,最终都要通过财务决策进行评价和选择。资金筹措管理的主要内容有以下几方面。

1. 科学的预测资金需要量

融资数量的确定需要根据饭店经营的实际情况运用一定的方法进行预测,如趋势法、销售百分比法、线性回归法等。通过预测资金需求量来指导融资活动,防止出现资金不足或资金过剩的情况,影响饭店资金利用效率和效益。

饭店融资活动必须考虑饭店经营的特点,在某种程度上说,旅游饭店的经营是有季节性的,只是不同类型的饭店这种季节性表现的程度不同而已,这种特点反应在融资上就要求必须控制好融资的时间,在经营旺季时对资金的需求量较大,反之在经营淡季对资金的需求量就较小。适应这种经营变化的规律,才能使融资来的资金恰到好处地发挥出应有的作用,反之就会影响饭店经营活动的顺利进行。

2. 选择最佳筹资渠道和方法

融资方式是指饭店融通资金所采取的具体形式,一般来说,融资方式主要包括以下几种:

(1) 吸收直接投资;

(2) 发行股票;

(3) 银行借款;

(4) 商业信用;

(5) 发行债券;

(6) 发行融资券;

(7) 融资租赁。

融资过程中,正确认识这些融资方式的种类及其属性,有助于饭店选择适宜的融资方式,形成对饭店长远发展有利的融资组合。

上述融资方式中,吸收直接投资和发行股票形成了自有资金,而其他方式则形成了债务资金。

3. 确定饭店资金成本和资金结构

融资方式的不同组合决定着饭店的资本结构及其变化。所谓的资本结构是指饭店各种资本的构成及其比例关系,一般情况下,现代饭店都采用债务融资与权益融资相结合的筹资结构,这种筹资结构又被称为"杠杆资本结构",其中杠杆比率表示资本结构中债务资本和权益资本的比例关系。

在融资中饭店利用债务融资不仅可以降低资金成本,而且有可能获得财务杠杆利益,即利用债务资本来增加权益资本利润率,这一点正是采用债务融资的根本吸引力所在。虽然债务融资具有这样的优点,但是如果债务融资的比例控制不好,会给饭店经营带来很大的财务风险,因此必须结合饭店的发展状况、获利能力、现金流量状况以及所处行业的不同来综合加以考虑。

不同的融资方式决定了饭店融资行为的风险性大小是不同的。要降低融资风险,饭店必须综合考虑其自身资金实力的大小及其变动趋势。所谓资金实力主要是指饭店依赖自有资金抵御外界环境变化的能力,如果饭店的自有资金越雄厚,这种抗风险的能力就越强;反之,自有资金的比例越低,饭店抗风险的能力就越弱。资金实力趋于雄厚的过程,也就是饭店逐步发展、壮大、完善的过程,因此,饭店融资风险的降低最根本地取决于饭店经营管理水平的提高和饭店资金实力的增强上。

二、饭店投资管理

投资是指将财力投放于一定对象,以期望在未来获取收益的经济行为。任何一项投资行为都存着收益与风险,通常收益越大,风险越大。而伴随着风险的增大,会引起饭店价值的下降,从而不利于财务目标的实现。因此,饭店在进行投资时,必须谨慎地权衡两者之间的关系,努力使之达到稳固状态,促使饭店更好地实现发展目标。

饭店通过资金的投放,会形成不同的资金占用形态,其实物表现便是各类资产。一般来说,饭店的资产包括流动资产和非流动资产两大类,其中非流动资产包括固定资产、无形资产、对外长期投资等。饭店资产总额中流动资产与非流动资产的比例关系被称为饭店的资产组合。不同的资产组合,会给饭店带来不同的风险和收益,如果饭店将资金较多地投放于流动资产,则可能会降低饭店的财务风险,因为当饭店需要偿付债务时,流动资产可以迅速地转化为现金。但是,一味的投资于流动资产,会导致流动资产的相对闲置,固定资产相对不足,又会降低饭店的盈利能力;反之,增加固定资产的投资,则会增加饭店的风险和盈利。

影响饭店资产组合决策的因素有许多,其中较为重要的因素有以下几方面。

1. 风险与收益

饭店资产组合的状况如何,取决于饭店对收益与风险的不同选择,面对两者同方向变化的内在关系,如何建立一个适合本饭店特点的合理结构,取决于饭店决策者和财务管理人员的实践经验和管理水平,尤其是决策者对风险的认知水平和承受能力。如果决策都是勇于承担风险、偏好收益的人,则会采用一种冒险的资产组合,即降低流动资产投放量,只够正常的经营需要量,而没有安排保险投放量,这时投资收益率较高,风险也较大;如果决策者不愿意冒险、偏好安全,可能会采用一种保险的资产组合,即增加流动资产投放量,除了满足正常生产经营需要量和保险投放量外,再增加一部分额外投放量,这时投资收益率较低,风险也较小。一般的决策者会采用适中的资产组合,这时投资收益率一般,风险也一般。总之,决策者对风险与收益均衡的不同态度是影响投资资产组合的重要因素。

2. 行业特点

不同的行业经营范围和要求不同,资产组合的情况也会有较大的差异。饭店业是凭借着已有的设备设施为客人提供服务的综合性行业,不仅设备设施的投资在饭店投资总额中的比重较高,而且无形资产的投资也占有相当的比例,因而饭店的资产组合中非流动资产所占的比例较高。

3. 经营规模

饭店经营规模的大小也影响资产组合中各部分相对比例的大小。一般来就,随着饭店规模的不断扩大,流动资产在总资产中的比重相对来说会有下降,这是因为经营规模大的饭店相对于小饭店而言,融资能力较强,在遇到偿付风险的时候可以迅速筹措到资金,解决财务风险问题,因而可以采用较为冒险的资产组合以获取更大的收益。

现代饭店业发展的一个突出的特征便是固定资产的投资规模越来越大,使得资产组合中的非流动资产的比例日益提高,导致其经营成本中固定成本的比例上升。饭店资产组合的不同不仅仅是反映了各类资产的配置比例问题,更重要的是它反映了饭店利用营业杠杆的状况以及营业风险的大小。

营业杠杆是用来衡量营业风险大小的一个指标,是指饭店经营决策时对经营成本中的固定成本的利用。利用营业杠杆可以获得营业杠杆利益,即在营业额一定的情况下,由于固定成本这个杠杆所带来的增长程度更大的经营利润,伴随着销售量的增长,单位产品所负担的固定成本会相对减少,从而给饭店带来额外的收益。利用营业杠杆同时也会面临着营业风险,即由于利用营业杠杆而导致息税前利润变动的风险。由于营业杠杆的作用,当销售额下降时,息税前利润下降得更快,从而给饭店带来营业风险。

三、营业收入管理

营业收入是指饭店在一定时期内按照一定的价格,通过提供产品或服务所取得的货币收入。营业收入水平的高低代表了饭店经营业绩的好坏,也在一定程度上体现了社会对饭店的认可和满意程度。只有实现了一定数量的营业收入,饭店经营才能顺利进行,饭店利润的实现才有可靠的基础。

在销售量一定的情况下,饭店营业收入的多少取决于价格的高低。所以营业收入管理的重点目标就是制定合理合销的价格以刺激销售量的增长,实现营业收入的最大化。

(一)产品定价

从理论上讲,产品的价格是价值的货币表现,价格的高低要反映社会平均耗费的劳动量的多少,依此确定价格,但是价格与价值是处于不同层次之中的,价格要在市场上实现,因此价格不仅受价值大小的影响,还要受到其他许多经济因素、非经济因素的影响,所以饭店进行价格决策时,不能完全考虑价值大小,还应考虑以下一些因素。

1. 产品需求的价格弹性

需求的价格弹性表示需求量变化对价格变化的敏感程度,如果价格变化1%,导致需求量更大幅度的变化,则这种产品的价格弹性大;反之,则是需求的价格弹性小。需求的价格弹性不同,价格的制定及调整对需求量的影响方向是不同的。

2. 市场竞争状况

市场竞争的激烈程度不同,供求双方在市场中的竞争地位就会不同,从而会在产品价格上反映出来。

3. 销售数量

随着产品销售数量的变化,单位产品的价格也会发生变化,通常是销售量越大,销售价格越低。

4. 消费者心理因素

产品价格是否合理取决于能否被消费者接受,消费者心理的变化会对同一价格产生不同的评价,从而影响其购买行为。

5. 产品寿命周期

处于不同寿命周期的饭店产品,市场需求与竞争程度有较大差异,从而存在不同的价格水平。

6. 政府的价格政策

政府的价格政策的变化,会引起不同行业产品价格水平的变化,从而也会影响饭店产品的价格水平。

总之,饭店营业收入的取得依赖于制定合理的适销价格,价格的制定及调整受多种因素的影响,某一因素的变化都有可能引起价格的变化,加上饭店经营本身就具有极大的波动性,因此,饭店产品的价格具有较大的灵活性,饭店必须结合实际所处的环境实施管理。

(二)营业收入的控制

饭店营业收入作为饭店现金流量的主要组成部分,其实现程度关系到饭店经营活动能否顺利进行。现在,越来越多的饭店采用赊账的方式来扩大销售量,增加营业收入,但随着销售量的不断扩大,应收账款中坏账损失的比例也在增加。而与此同时,饭店营业收入的核算方法是权责发生制,即只要取得了获取收入的权力,无论是否收到营业款都作为收入实现来入账,于是就出现了账面营业收入与实际可动用的现金不一致的情况,产生了收入或利润的虚增,给饭店正常经营安排带来较大的困难。虽然账上有收入,但却不得不靠贷款来维持正常的运营。为此,饭店必须加强对应收账款的管理,控制其赊销规模,使之适应饭店经营规模的要求和对此的承受能力,使资金在各形态上的占用和周转更为顺畅。

(三)收款管理

餐厅和前厅收款既是保证饭店经营收入的重要环节,又直接影响饭店服务质量,更是财务管理的重要内容之一。财务部收款管理主要包括人员管理和业务管理两大方面。

1. 人员管理

餐厅、前厅收款人员管理,主要是科学地编制排班表,既要保证餐饮部和前厅部的营业所需,又要尽力降低人力成本,并确保收款准确无误。

(1) 编制排班表。餐厅和前厅收款员排班表应根据餐厅的营业时间和前厅部的运转以及收款员工作时间来编制。排班时应注意:

①安排正常班次。

②规定工作时间和地点。

③安排轮休和替班。

④规定交接班时间。

⑤制定请假、换班、调休等制度。

(2) 加强培训。财务部应根据需要,为收款员安排业务培训,以提高其业务技能和工作效率。

2. 收款业务管理

(1) 制订收款工作程序。

①餐厅收款工作程序主要有:正常操作工作程序,收款机使用程序,宾客付款结账程序,支票结账程序,信用卡结账程序,现金、账单交接程序,临时替班交接程序,菜单更改工作程序,收入日报表编制程序,现金清点、整理程序等。

②前厅收款工作程序主要有:散客客房结算程序,团队客房结算程序,电脑输入帐单程序,结账程序,现金和收据交接程序,客房订金核销程序,夜间稽核员工作程序,外币兑换工作程序,超额客房挂账的催账程序,客人保险箱使用程序等。

(2) 检查收款前准备工作。管理人员应督促收款员做好各项准备工作。检查内容主要有:出勤情况,周转现金账的清点与控制,班次交接手续是否完善,账单、收据等物品准备是否充足,收款机运行情况,员工仪表仪容等。

(3)监督检查。收款主管和领班必须巡视前厅和各餐厅的收款处,控制收款业务的正常进行,检查收款员的工作是否符合程序要求,发现问题,及时纠正处理。遇收款员用餐时,领班临时替班,确保收款工作的正常进行,但应严格执行相关的交接程序。

(4)其他收款管理工作。如检查收入报表的填制情况,检查餐厅营业结束后的现金、账单、发票等的交接是否符合规定程序,检查前厅收款员下班前的结束工作完成情况并审核所有现金和票据等。

(四)收入核数管理

收入核数管理是在夜审的基础上对饭店收入再次进行审核、分类和汇总,并反映在财务账户上,要求正确考核饭店营业收入情况,及时收回应收账款,从而保证资金的有效运用。

1. 审核饭店销售收入日报表

(1)审核各项收入。收入核数主管及领班带领核数员全面、仔细地检查前一天的饭店营业收入情况,监督、控制饭店营业收入的真实性和准确性。其内容主要有:审核客房营业收入;审核餐饮营业收入;审核客房电话服务费收入;审核洗衣收入;审核商务中心收入,包括电传、传真、电话服务费及打字、复印等收入;审核商品部销售收入;审核各项其他收入,如车队收入等。

(2)审核统计指标的计算是否准确,如客房出租率、客房平均房价、团队客房百分比、散客客房百分比、食品收入百分比、酒水收入百分比等。

2. 处理信用卡和支票收入

编制信用卡汇总表并做账务处理。处理各种支票,如现金支票、转账支票等。

3. 处理收款员结账差

(1)处理正差异:查明原因后用账务处理。

(2)处理负差异:填写账款差额报告后,由核数主管交收款主管,以向责任收款员追回差额。

4. 提取相应款项

提取款项,主要包括旅行社等单位的佣金、营业税、商品部代销商品成本、其他应提款项等。

5. 催账

了解未付应收款的款项内容及数额,向财务部经理汇报,并向未付应收账款的客户催账。

6. 进行账务处理

将所有收支款项入账,确保准确无误。

四、应付款管理

财务部应加强饭店资金管理,监督资金的使用,控制费用标准,使饭店资金得以正常周转和合理使用。

(一)控制支票领用制度

1. 建立支票领用制度

一般应由采购员根据请购单内容填写支票领用表,并经采购部经理签字核准后方可领用,领用时还需在支票领取登记表上签字。

2．完善结账程序

结账时，采购员应持有支票存根、购货发票和收货单（验收单），应付款核数员应仔细检查发票的日期、购物名称、数量、单价、大小写金额、供应商印章等内容，同时检查发票与收款单是否一致，然后注销请购单，并将所购物品内容和金额填入支票领取登记表，转入银行支出账。

（二）审核每日银行支出表

根据支票号码及转账时间，审核每项银行支出，确保准确无误。

（三）控制固定资产购置和报废

财务部应根据预算控制固定资产的购置与建账，并根据程序处理固定资产的报废。

（四）审核物品领用情况

根据申领表或物品出库单检查领用物品的数量和金额，并如实地反映在各部门相应的账上。

（五）审核工资表

根据每位员工的出勤情况及各自的岗位、职务、工作时间等编制工资表并加以仔细检查，确保员工利益和饭店利益。

（六）监督其他各种费用的支出

其他各种费用支出主要有：

（1）员工福利费的提取与使用。

（2）员工工作餐费用及其分摊。

（3）员工理发费用及其分摊。

（4）员工制服费用及其分摊。

（5）棉织品洗涤费用及其分摊。

（6）临时工工资。

（7）员工宿舍费用。

五、成本费用控制

成本费用是饭店满足客人的消费需求、提供合格的产品服务所必需的支出，它发生在饭店生产经营的整个过程中，是饭店管理与决策的灵魂。

（一）成本费用的含义

从不同的需要出发，对成本的表述各不相同，从管理实践的角度来看，成本是指为实现一定目的或达到一定目标而付出的代价。这种对成本的理解有着丰富的内涵，首先，它不仅包含实际发生的成本支出，而且包含着机会成本，这是进行管理决策时必须考虑的重要因素。所谓机会成本是指饭店决策中由于放弃某种可以获取经济利益的机会应补偿的损失。如果忽视了机会成本，有可能会使饭店作出得不偿失的轻率决策；其次，它不仅包含着可用货币计量的成本支出，而且包含无法用货币计量的开支，它也是为达到一定目的而付出的代价，如员工积极性受挫，致使情绪低落，物耗上升，服务质量下降等。总之，饭店为实现既定目标而付出的所有代价都是成本费用管理中必须予以关注的。

（二）成本费用的分类

为便于对成本费用进行管理，需要从不同的角度对其进行分类：按照经济内容的不同可以分为营业成本、营业费用、管理费用、财务费用;按照与经营业务量的关系不同可以分为固定成本费用、变动成本费用、混合成本费用;按照其可控性可以分为可控成本费用、不可控成本费用等。不同的分类满足不同的管理需要,体现不同的管理要求。

成本费用在饭店经营管理中起着重要的作用,它既是对生产经营过程中劳动耗费进行监督和衡量的工具,也是对劳动耗费的价值补偿尺度,还是饭店确定产品价格的基础和衡量饭店经营管理水平的杠杆。因此,成本费用管理始终是饭店财务管理乃至整个经营管理的核心。然而,实践中饭店在成本费用管理方面却存在的许多误区,如一味强调成本的降低而忽视饭店发展的目标,过分强调成本的补偿性而忽视市场的作用,为降低成本而降低了饭店的质量,成本控制制度不健全等,这一切都说明需要树立正确的成本费用管理观念,引入科学的成本费用控制方法,以提高饭店财务管理水平。

(三)处理好与成本费用相关的关系

正确的管理意识或管理思想是指导管理实践的有力武器,针对上面所提的问题,主要应认清以下几方面关系。

1. 成本与效益之间的关系

饭店经营活动中发生成本费用开支的目的是要获取相应的经济效益,如果发生成本费用开支不能获取相应的收益或为获取相应的收益创造条件,则这种开支就是无效的开支,应该通过管理活动避免这种无效开支的发生。需要注意的是有些成本费用从发生到取得一定的效益要经过一个过程,也许要经过相当长的一段时间,所以这里讲的效益不仅是近期效益,还应包括远期效益。从饭店战略发展的角度考虑,远期效益的取得所需的投入更应得到保证,目前一些饭店的管理者目光短浅,只求眼前利益的取得,这实际是对成本与效益的关系的理解过于狭窄,这种状况若不加以改变的话,势必会影响饭店的长远发展和市场上竞争力的真正增长。

2. 成本与质量之间的关系

成本费用降低的含义是指在不影响饭店产品质量的前提下,经过加强管理,使单位产品的成本费用得以降低。饭店产品的核心是服务,服务产品不同于一般的物质商品,后者存在质量问题能通过退换加以解决,饭店这种服务产品不可以退换,因而服务质量对饭店的声誉及在市场上的竞争力有很大的影响。饭店成本管理的目标应是在坚持一定质量标准的前提下努力使成本越低越好,在一定目标成本下努力使质量越高越好,从而使成本控制与质量保证进入一个良性循环的轨道。忽略了产品质量的保证和提高,靠克扣客人应消费的产品部分来降低成本,降低了客人对饭店的价值认同度,这种情况下成本下降得再多也失去了意义,因为两者本应是同一的目的却出现了背离,所以结果自然是大相径庭。

3. 成本与市场之间关系

成本费用是饭店为客人提供服务中发生和开支,不同的饭店由于经营管理水平不同、劳动生产率高低不等以及其他一些原因的存在,致使每个饭店的个别成本耗费水平不同,然而市场经济条件下,市场只承认由社会平均劳动时间确定的社会平均成本,因此只有努力降低个别成本,使之低于社会平均成本水平,才能有盈利,两者之间的差额越大,盈利水平就越高;反之,内部管理不严,浪费现象严重,个别成本高于社会平均成本,就会亏损。

成本是定价的基础,但是有些饭店以个别成本水平为依据,确定的价格脱离了市场所接受的水准,这种一厢情愿的定价方法无法使其成本耗费得到补偿。因为产品卖不出去,就不能实现产品由服务形态向货币形态的转化,其劳动耗费就没有补偿的来源。即便是经过努力,产品的成本降低了,如果是没有人前来消费的话,降低的成本同样得不到市场承认,仍然会导致亏损。这从另一角度说明了营销管理在饭店经营管理中的龙头作用,一些饭店努力降低成本却就是不肯在营销上花钱,其根本就在于没有搞清成本与市场之间的关系。

4. 专职管理与全员管理之间的关系

饭店成本费用的发生涉及整个经营活动的始终,发生在每一环节、每一岗位上,因此只依靠财务部门及其人员是不够的,应该充分调动每个部门、每个员工在成本费用管理中的积极性和主动性,将财务部门的专职管理与全员管理结合起来,财务部门负责指导整个饭店的成本费用管理工作,各部门负责具体落实成本费用管理的规定并控制各项成本费用的开支。这样在饭店形成一个成本费用管理的网络,使各项管理措施更好地得到贯彻执行。

(四)成本费用控制的方法

成本控制是指饭店根据一定的控制标准,对成本费用形成的全过程进行指导、监督和限制,并采取措施纠正偏差,以利于实现成本费用管理的目标。成本费用的控制有广义和狭义之分,广义的成本费用控制是指由成本费用发生前的预防性控制、发生过程中的现场控制和发生后的反馈控制所组成的综合控制系统;狭义的成本费用控制是指由过程控制和反馈控制组成的控制系统。现代饭店管理越来越多地接受了广义的控制概念,使成本费用的控制水平更提高一步。目前常用的控制方法是制度控制法和预算控制法。

1. 制度控制法

制度是约束人们行为的一种规范,是落实饭店各项管理意图的有利保证。制度控制就是通过饭店的各项管理制度对各种业务活动所进行的一种控制。无论是国家还是饭店企业都规定了大量的成本费用管理制度,这些都是进行控制的依据。如各项开支消耗的审批制度,设施设备的维护保养制度,各种材料物资的采购、验收、保管、领发制度,人员考勤考核制度,凭证审核传递制度,会计报表制度,财务预测、分析、报警制度等。南京金陵饭店在饭店管理中根据国家有关财务方面的各项制度,结合饭店实际情况先后制定了包括各项费用开支在内的内部财务规定和管束办法近150项,这些制度的建立和实施,进一步强化了财务控制职能。遵循这些制度规定,用制度指导、规范、约束人们的财务行为,既简化了管理工作,又有利于财务管理目标的实现。

2. 预算控制法

预算控制法是以预算指标为控制的标准,通过分析对比找出差异并加以改进的一种成本费用控制方法,预算不仅是限制成本费用开支的手段,更是提高饭店经济效益的有效措施。目前我国在预算管理方面还存在许多问题,限制了我国饭店管理科学化程度的提高。国外在预算管理方面已积累了许多经验和好的做法,需要我们认真学习,并加以吸收和改进,使之符合我国的国情并提高饭店管理水平。

饭店市场的竞争日益激烈,饭店客源市场的变化受到来自政治、经济、社会、自然道德风尚等多方面因素的影响和制约,这就需要饭店有一个能适应这些因素变化莫测要求的预算,来引导饭店的经营活动协调地向前发展,因此,饭店编制预算经常用弹性预算法,即根据预算期业务量可能发生的变化,编制出一套能适应多种业务量水平的预算,以更有效地控制成本费用的开支,更准确地评价预算完成情况。

预算执行过程中,需要强化过程中的控制,以预算指标为依据有计划地安排各项支出,使成本费用的发生不突破预算的控制范围;预算执行后,及时进行预算执行情况的分析,找出执行中的问题,提出解决的对策,将分析研究的结果反馈给相应决策者,以便对下一步的预算编制加以改进。

(五)餐饮成本控制

1. 餐饮成本的核算

(1)食品原材料初加工核算。食品原材料经初加工处理后才能成为适合烹制菜肴、点心的净料。毛料和净料有着数量和价格上的差异。大部分饭店都以净料价格计算餐饮成本,故需加强原料的粗加工核算。其核算方法用公式表示为:

$$净料单位成本 = \frac{毛料总成本 - 下脚料折扣}{净料重量}$$

如果某种原料经粗加工后有多种兆料可供使用,则应分别分等级计算其净料单价。

(2)进口食品原材料完税价格的核算。餐饮部因经营需要而进口的食品原料,如西餐原料、洋酒等,其成本核算公式为:

$$进口原料单位成本 = \frac{进价成本 + 运输费 + 检疫费 + 海关税 + 工商税}{原料净重}$$

(3)饮食制品的成本核算。饮食制品的成本,由各种原材料的成本构成,用公式表示为:

$$单一品种成本 = 主料成本 + 配料成本 + 调料成本$$

$$单位品种成本 = \frac{各种原材料总成本}{制品单位数量}$$

$$卤菜单位成本 = \frac{净料成本 + 调料估值}{卤菜重量}$$

(4)编制餐饮成本日报表。饭店建立成本日报表制度既可控制餐饮成本,又便于餐饮部管理人员及时了解经营情况。其主要内容有:

①直接进料成本。直接进料成本指各厨房直接购入的原料的成本,以直接进料验收单为计算依据。

②仓库领料成本。仓库领料成本指各厨房、餐厅、酒吧等从各仓库领用的食品的材料和酒水成本,以申领或出库单为计算依据。

③内部调拨成本。内部调拨成本指餐饮部内部各厨房、餐厅或职工食堂之间食品原材料和酒水的调拨成本,以内部调拨单为计算依据。

因此,当日餐饮成本的计算用公式表示为:

$$每日餐饮成本 = 直接进料成本 + 仓库领料成本 + 调入成本 - 调出成本$$

在餐饮成本日报表上还需计算当日食品成本率和累计成本率。

2. 餐饮成本控制

(1)加强对餐饮原料请购单的审核,以免原料采购的失误而造成积压或损失。

(2)加强原料验收控制,确保饭店购入餐饮原料的质量、数量、价格符合饭店需要。

(3)加强对原料、酒水仓库的管理,防止库存原料的流失。

(4)加强原料的发放控制,仔细检查原料出库记录的正确与否。

(5)做好餐饮成本的核算工作,确保餐饮成本的准确性。

（6）督查各厨房、餐厅、酒吧的原料和酒水的使用情况，防止浪费或流失。

（7）严格控制食品原料和酒水的报损程序，尽力降低餐饮成本。

（8）检查餐饮部的饮食制品销售价格是否符合毛利率标准，发现问题，及时促使餐饮部改进。

（9）控制餐厅收款员的工作质量。一般应根据点菜单的内容，每天检查账单记录等，确保餐饮部的既得收入，发现问题，及时调整或处理。

（10）认真编制每日和每月的餐饮成本报表，要求数字精确，并作出相应的分析，以便为有关管理者提供决策依据。

六、利润分配

利润是饭店最终的财务成果，它包括营业利润、投资净利润、营业外收支净额。营业利润是由正常业务活动所取得的利润，是饭店营业收入扣除营业成本、营业费用、管理费用、财务费用后的余额。投资净收益是指饭店对外投资取得的收益扣除投资损失后的余额。营业外收支净额是指饭店生产经营无直接关系的营业外收入减去营业外支出后的余额。

追求利润是饭店经营管理的根本动力。利润是社会对饭店劳动的承认和奖励，对饭店来说，利润是它向社会作贡献的来源，也是它回报投资者的基础，同时利润还是饭店适应市场需要，不断扩大经营规模的资金保障。因此，对利润的关注历来是各方面十分重视的焦点。

（一）利润分配的原则

利润的分配一直是各财务主体关心的内容。利润分配的本质是对利润的所有权和占有权进行划分，经保证其合理归属和运用的管理过程。由于利润分配涉及各方面的财务关系，处理不好会影响各方面的积极性，因此，必须明确利润分配中的基本原则，这些原则主要包括以下几方面。

1. 必须遵守国家的财经法规

这里主要有两方面的含义：一是利润分配的对象是税后利润，而税后利润的大小受到税前利润调整的影响，由于我国税法的规定与会计法规定的不一致，因此，国家允许在交纳所得税之前对应纳税所得额进行调整，饭店必须严格遵守国家规定的调整项目和调整的比例，不得通过多摊成本费用的办法减少应纳税所得额，影响国家财政收入；二是严格遵守国家规定的税后利润分配的项目、顺序、比例，不得擅自削减项目或降低分配比例。

2. 必须兼顾所有者、经营者和员工三方面利益

所有者投入的资金、经营者投入的管理才能、员工投入的劳动都是维持饭店经营所必须有的要素投入，都要求获得一定的回报，这是他们继续进行了要素投入的动力所在，因此利润分配时要兼顾这三者的利益，不能以饭店长远发展为由，否定他们近期利益的满足，因为这是对他们经营努力的一种否定，也无法实现他们自身的再生产要求。同样也不能由于实现近期利益而损害饭店的长远发展利益，因为三者利益的实现最终取决于饭店的生存与发展，饭店长远发展得不到保证，三者的任何利益都将是无本之水。

3. 坚持以丰补歉，增强饭店发展后劲

社会经济的发展总会存在景气与不景气的循环，饭店业的发展也是处于循环之中的，在客源市场景气的时期饭店获利较多，而在饭店市场不景气的时期，饭店经营管理者虽然努力经营，仍难以获得较好的回报。既然这种丰歉不一的状况是客观存在的，那么在获利较高的时期

从税后利润中留存一部分利润不仅可以弥补饭店市场不景气时造成的亏损,使其对投资者的利润分配较为稳定,增强投资者的信心,而且可以提高饭店自我发展和抗风险的能力,为饭店的进一步发展提供了内部资金的来源,增强了饭店发展的后劲。

(二)利润分配

明确了利润分配的原则后,就需要对税后利润进行具体的分配,并通过对税后利润的分配最终形成分配给出投资者的利润和饭店留用的利润等不同的项目。从饭店留用的利润来说,主要包括以下几方面。

1. 公积金

公积金是指饭店在税后利润留成计提的用于增强饭店后备力量、防备不测事件的资金。公积金包括两种,即法定盈余公积金和任意盈余公积金。"法定"盈余公积金是我国财务制度规定的,任何企业在做了一系列扣除(弥补没收财物损失、支付各种税收的滞纳金和罚款、弥补以前年度亏损)后必须按 10% 计提该项公积金,当该项公积金已达到饭店注册资本 50% 时可以不再计提。任意盈余公积金则是在计提法定盈余公积金和公益金之后,由企业自主决定是否提取。

2. 公益金

公益金是饭店从税后利润提取的用于购置和建造员工集体福利设施的资金,提取比例由企业决定,提取顺序是在法定盈余公积金之后,在任意盈余公积金之前。

3. 未分配利润

未分配利润是饭店留下待以后年度分配的利润和待分配利润,它可以用来弥补亏损。

分配给投资者的利润是投资者从饭店获得的投资回报。通常情况下,饭店当年若无利润,就不能进行利润的分配,若有利润则在亏损弥补后仍可以动用一部分公积金进行分配。如果饭店存在以前年度不分配利润的情况,也可并入当年利润一起进行分配。

思考与练习

1. 什么是饭店财务管理?
2. 饭店财务管理的目标是什么
3. 饭店财务管理有哪些任务?
4. 饭店财务管理的对象有哪些?
5. 饭店财务管理具有哪些功能?
6. 饭店财务管理的原则有哪些?
7. 如何科学预测饭店的资金需求量?
8. 影响饭店资产组合决策的因素有哪些?
9. 饭店产品定价应考虑哪些因素?
10. 如何控制应付款?
11. 成本与利润、成本与质量有何关系?
12. 利润分配应遵循哪些原则?

第十一章 饭店安全管理

学习目标

◆ 了解饭店安全管理的特点、目的、任务、原则。

◆ 掌握安全管理的基本要求、消防管理、治安管理等安全管理实务。

◆ 了解灭火的原理,掌握常用灭火器材的操作技巧。

第一节 饭店安全管理概述

所谓安全,是指避免任何有害于企业、宾客及员工的事故。事故一般都是由于人们的粗心大意而造成的,事故往往具有不可估计和不可预料性,执行安全措施,具有安全意识,可减少或避免事故的发生。因此,无论是管理者,还是每一位员工,都必须认识到要努力遵守安全操作规程,并具有承担维护安全的义务。

要做好饭店的安全管理,首先必须明确安全管理的特点、目的与任务。

一、饭店安全管理特点

1. 内容的广泛性

饭店安全管理涉及范围较广,几乎包括饭店的各个部门和每项工作,所以其管理内容极为广泛而复杂。具体体现在:

(1) 既要保障宾客安全,又要保障员工及饭店的安全。

(2) 重点、要害部位多,如前厅、餐厅、厨房、康乐场所、仓库、配电房、电梯、锅炉房、财务部等。

(3) 既有人身安全,又有财物安全,且管理要求各异。

(4) 人员进出频繁。饭店是公共场所,接待的宾客构成复杂,且流动性较大。

2. 工作的服务性

饭店的安全工作是饭店服务的一部分,安全部员工在工作过程中既要面对宾客,又要与各部门员工有工作接触,因此,其工作既要保证饭店各方面安全,又要提供服务。

(1) 遵循外松内紧的工作原则,即安全工作在形式上应适应环境,表现自然;在思想上则要保持高度警惕,预防各种不安全因素。

(2) 在处理与客人关系时,既要按政策、原则、制度办事,又要文明执勤、助人为乐。

(3) 在处理与各部门及其员工关系时,既要严格执行各项安全管理制度,又要尽力简化手续,提供方便。

(4) 仪表仪容要符合规定要求,服务态度应友善,语言谈吐须礼貌,行业举止要得体。

3. 全员的参与性

饭店安全管理不仅仅靠安全部就能做好,更需要饭店全体员工的积极参与。只有群防群治,才能真正把安全工作落到实处。其原因为:

(1) 大量员工使用设施设备,只有依靠群众,才能发现设备事故隐患,并确保操作安全。

(2) 前台员工与宾客接触,只有依靠群众基础才能发现宾客中的不安全因素,如盗窃、赌博、卖淫嫖娼等违法行为。

(3) 饭店员工坚守各自岗位,可以发现可疑外来人员及火灾苗头等不安全因素。

(4) 一旦发现安全事故,只有依靠群众,才能做好保护现场、调查取证、协助侦破等安全工作。

二、饭店安全管理的目的

饭店安全管理的目的,就是要消除不安全因素,消除事故的隐患,保障客人、员工的人身安全和客人、饭店的财产不受损失。

饭店的不安全因素主要来自主观、客观两个方面:主观上是员工思想上的麻痹,违反安全操作规程及管理混乱,客观上是饭店有些部门,如锅炉房、厨房等本身工作环境较差,设备、器具繁杂集中,从而导致事故的发生。针对上述情况,在加强安全管理时应主要从以下几个方面着手:

(1) 加强对员工的安全知识培训,克服主观麻痹思想,强化安全意识。未经培训的员工不得上岗操作。

(2) 建立健全各项安全制度,使各项安全措施制度化、程序化。特别是要建立防火安全制度,做到有章可循,责任到人。

(3) 保持工作区域的环境卫生,保证设备处于最佳运行状态。对各种设备采用定位管理等科学管理方法,保证工作程序的规范化、科学化。

三、饭店安全管理的主要任务

饭店安全管理的任务就是实施安全监督和检查机制。根据饭店安全管理特点,潜心研究安全动态,切实把握安全管理规律,不间断地发现安全隐患。沟通信息、教育全体员工牢固树立安全第一、预防为主的方针,发现、分析、解决饭店在安全管理上存在的事故隐患和不安全因素,采取行政、技术、经济等不同手段,调动职工做好安全工作的积极性,确保饭店经营服务活动的正常开展。饭店安全管理的具体任务主要有以下几方面。

1. 制订安全措施,组织安全业务培训

饭店要根据公安、卫生防疫、消防等单位的规定,结合本饭店的特点,制订具体的安全措施。要对全体员工进行安全业务培训,包括未发生事故的预防,发生事故时的处理等。要给员工培训法律知识,提高员工对各种犯罪活动的警惕性,增强员工保护消费者权益的意识。还要让员工学习民法,了解如何维护饭店和自身的权益。

2. 建立健全安全管理组织

饭店要成立以总经理或副总经理为首、各个部门经理参加的安全委员会,协调饭店整个的安全业务。要成立安全部,并给安全部门配备专业人才和必要的物质条件。各个部门、各个班组都有配备安全员,负责沟通安全方面的信息,宣传安全知识。要建立分工负责的安全管理体制,发动全体员工做好安全工作。

3. 做好消防设备检查和维修工作

消防设备,如灭火器、水龙头、防火通道、隔火通道、感烟装置、监控系统等,要定期地进行检查维修。安全管理必须切实抓好这些设施、设备的预防性检查和维修工作,设专人管理,位置摆放合理,取用方便。

4. 配备必要设施,制定安全管理制度和规程

饭店应配备安全技术设施,制定适应本饭店经营活动需要的安全管理制度和安全操作规程,并督促有关部门贯彻执行。

5. 做好工程设计施工的安全工作

审查基建工程设计是否符合安全、消防要求,配备安全消防器材,报公安消防监督机关审批;并加强施工区域的安全管理工作。

6. 制订应急预案

饭店应制订各种突发事件(突发事件应包括火灾、自然灾害、饭店建筑物和设备设施事故、公共卫生和伤亡事件、社会治安事件等)的应急预案。其主要内容包括:可能性分析,各部门职责,应急救援指挥,应急内外资源,安全保护措施,危机公关策略,善后措施,应急培训与演练,预案完善。

7. 妥善处理安全事故

由于饭店客流量大,人员复杂,尽管饭店千方百计加强团结安全管理工作,仍不可能做到完全杜绝事故的发生。一旦发生事故,首先要会同有关部门和人员,及时查明原因和事故的责任者,分清事故性质,根据情节轻重提出处理措施,同时,还要吸取经验教训,分析发生安全管理的漏洞或不足,及时修订安全措施,提高饭店安全管理质量。

四、饭店安全管理原则

饭店安全管理的指导思想和行动准则主要有以下三个方面。

1. 安全第一,预防为主

饭店安全管理工作最重要、最大量的是运用预防手段,采取各种保卫措施,积极做好各项防范工作,把事故隐患消灭在萌芽状态,防患于未然。特别要防止破坏和治安事故发生。

2. 确保重点,兼顾一般

根据工作对象的主次和任务量大小,妥善合理分配安全保卫力量。凡影响饭店全局的部门和工作环节,要花大力气保障万无一失。

3. 主管负责,专群结合

安全管理工作,最根本的是领导重视和支持,有专门的机构或人员,建立、健全安全防范管理制度,积极推行安全保卫岗位责任制,把责任落实到人。同时,要充分发动和依靠饭店广大员工共同作好安全保卫工作。

五、饭店安全管理的基本要求

(一)保障宾客的安全

饭店宾客不仅仅是指住店客人,还包括来饭店购物、就餐、享用康乐设施的客人及来访客

人等,饭店应保障所有这些宾客的安全。

1. 宾客的人身安全

宾客的人身安全是指宾客的人身不受任何损害。对宾客人身造成损害的可能因素主要有以下几方面。

(1)设施设备因素。设施设备因素主要有以下几方面:

①洁净的玻璃门无明显标记;

②室内地面有滑腻或地毯不平整;

③室外地面有碎石或积雪等;

④楼梯梯级不平或有滑腻物等;

⑤用电插座、开关或设备漏电;

⑥卫生间淋浴水温过高或浴缸上方拉手不牢固等;

⑦电梯失灵或故障;

⑧家具、天花板、顶灯顶饰等不牢固;

⑨消防设备失灵或缺乏。

(2)员工因素。员工因素主要有以下几方面:

①脾气暴躁或有暴力倾向的员工故意伤害宾客;

②员工在工作中因过失造成宾客人身伤害,如餐厅值服务员不慎将热汤倾倒在就餐宾客身上等。

(3)宾客因素。宾客因素主要有以下几方面:

①醉酒宾客闹事;

②宾客的暴力或违法行业;

③宾客从客房窗户向外乱扔酒瓶等易致他人人身受损害的物品。

饭店应针对上述因素采取相应安全措施,确保饭店宾客的人身安全。

2. 宾客的财物安全

宾客的财物安全是指宾客随身携带的支票、现金、信用卡、珠宝饰物、衣物等财物不受任何损失。影响宾客财物安全的可能因素主要有:

(1)自然灾害,如地震等。

(2)火灾事故。

(3)无贵重物品保险箱或缺乏防盗设施。

(4)盗窃案件。盗窃案件常见有以下几种情况:外来不法分子盗窃,宾客中的不法分子盗窃,饭店中不良员工的盗窃等。

(5)饭店和工作差错,如:洗衣房洗坏衣物,行李员差错行李。

(6)宾客的自身过错,如:离开客房时不关房门,未将贵重物品或大宗现金存放在保险箱内,寄存一般物品时夹带贵重物品,醉酒后乱扔乱放财物。

针对上述各种因素,饭店也应采取相应的安全措施,确保宾客的财物安全。

3. 宾客的心理安全

宾客在饭店逗留(住店或使用饭店设施)过程中,尽管其人身、财物是安全的,但有时在心理上会有一种来自环境、设施设备、员工、服务等方面的紧张或受威胁的感觉,这就是心理上的不安全感。所以,宾客的心理安全可以理解为宾客在饭店逗留过程中心理上的从容、愉悦感受。影响宾客心理安全的可能因素主要有以下几方面。

(1) 饭店环境气氛。如:保安人员态度生硬,表情严肃或对宾客失礼;环境森严、气氛紧张。

(2) 设施设备因素,即容易引起宾客人身安全的设备因素。

(3) 菜单不明码标价或服务项目收费过高。

(4) 员工因素。员工因素主要有:

①员工窥视或乱闯客房;

②随意动用宾客物品;

③过于警惕的询问;

④催促宾客用餐或享用其他服务;

⑤不负责任的查房;

⑥员工向宾客索取小费;

⑦仪表仪容不洁;

⑧客房清扫时,混用抹布;

⑨客用品不卫生或不消毒;

⑩饭店安全事故频繁发生。

针对上述诸多因素,饭店同样应采取相应措施,以避免宾客心理上的不安全感。

(二)保障员工安全

饭店员工的安全与否,直接影响到员工的工作积极性,处理不好的话,甚至会导致员工流失,从而影响饭店的正常运行。所以,保障员工安全是饭店安全管理的主要目标之一。

1. 员工的人身安全

影响员工人身安全的可能因素主要有:

(1) 人员因素,如:外来或宾客中的不法分子袭击员工,员工之间的打架等,服务或操作时的不谨慎。

(2) 设备因素,如:设备质量不佳,设备安装不合理,操作设备不当。

(3) 劳动保护措施不够完善,如:劳保用品不足或质次,长期超时工作,未定期体检。

其他,如工作餐的不洁、火灾及造成宾客人身损害的有关因素等也会导致员工的人身损害。为此,饭店应采取相应的安全管理措施来保证员工的人身安全。

2. 员工的思想意识安全

员工的思想意识安全是指预防员工受外来不良思想意识的影响。影响员工思想意识安全的可能因素主要有:

(1) 盲目追求物质享受。

(2) 资产阶级自由化思潮的影响。

(3) 宾客中的资产阶级思想意识和生活方式的侵蚀。

(4) 拜金主义、享乐主义、极端个人主义的蔓延。

(5) 不良宾客的诱惑。

(6) 自甘堕落。

针对上述现象,饭店各级管理都应加强员工的思想政治教育,加强饭店的精神文明建设,从而有效地防止精神污染,确保员工的思想意识安全。

(三)保障饭店的安全

1. 饭店的财产安全

影响饭店财产安全的可能因素主要有:

(1)自然灾害。

(2)宾客的逃账或欠账。

(3)收款员的漏账或营私舞弊等。

(4)盗窃或抢劫。

(5)火灾。

(6)资产管理不善或不当。

饭店各级管理者应采取各种有效措施,预防饭店财产不受任何损失。

2. 维护饭店声誉

影响饭店声誉的主要因素是饭店的服务质量,所以,饭店应加强服务质量管理,提高饭店声誉,从而吸引更多的客源,获得更好的经济效益。

第二节 饭店安全管理实务

一、消防管理

饭店设备齐全,又有各种易燃物品,因此火险隐患也多,且饭店人员集中,一旦发生火灾事故,人财损失不可估量,更会影响饭店声誉。所以,加强消防管理是安全管理,也是饭店管理的重要任务。

(一)消防管理的原则、方针和目标

(1)饭店消防管理应遵循"谁主管、谁负责"的安全工作原则。

(2)消防管理应贯彻"以防为主、防消结合"的消防工作方针。

(3)消防管理应达到"消除火险隐患、确保饭店安全"的管理目标。

(二)消防管理要求

(1)根据国家消防法规,建立饭店各层次管理者为消防负责人的各级消防管理组织。

(2)制定严格的防火制度,全面落实消防安全责任制。

(3)配备必要的消防安全设施,并定期进行检查,确保其完好无损。

(4)组建义务消防队,请当地消防机关给予必要的业务培训,并定期进行局部或全店规模的消防演习,提高应急、应变能力。

(5)加强对全体员工的消防安全教育,提高全员的消防安全意识,及时发现并消除火险隐患。

(6)加强监督检查,及时处理违反消防安全制度的人或事,从而确保饭店消防安全。

(三)灭火的原理与方法

燃烧必须具备三个条件:可燃物、热源、氧气。如果去掉其中一个条件,燃烧即停止。灭火

的目的就是阻止燃烧。

灭火的基本方法有以下几种：

1. 隔离法

隔离法就是将可燃物隔离开，由于没有可燃物，火就自然灭了。

2. 窒息法

窒息法就是阻止空气流入燃烧区，即切断燃烧中氧的供给，使燃烧因得不到足够的氧而熄灭。

3. 冷却法

冷却法就是将燃烧的湿度降到燃点以下，具体做法是将水或灭火物质直接喷射到燃烧物上，使燃烧物温度降低，火即熄灭。

4. 抑制法

抑制法就是使用化学灭火剂抑制燃烧，使燃烧终止。

二、防治自然灾害

自然灾害应急事件指的是台风、洪灾、旱灾、地震、泥石流、火灾、冰雹、雪等因素而造成饭店建筑物倒塌、淹没、道路阻塞等的应急事件。

(一)防治自然灾害的目标

(1) 加强自然灾害危害性的教育，提高饭店和员工自我保护意识。

(2) 完善自然灾害事件的报告网络，做到早预防、早报告、早处置。

(3) 建立快速反应和应急处理机制，及时采取措施，确保不因自然灾害而危及饭店客人、员工安全和财产损失。

(二)防治自然灾害的原则

1. 预防为主，常备不懈

经常宣传自然灾害事件的预防知识，提高饭店和员工的安全保护意识。加强日常检查，发现隐患及早采取有效的预防和控制措施，努力减少自然灾害事件的损失。

2. 依法管理，统一领导

严格执行国家有关法律法规，对自然灾害事件的预防、报告控制和救治工作实行依法管理，对于违法行为，依法追究责任。成立学校自然灾害事件应急处置领导小组，负责预防、指挥、协调、处理工作。

3. 快速反应，运转高效

建立预警快速反应机制，增强人力、物力、财力储备，提高应急处理能力。一旦发生自然灾害事件，快速反应，及时高效地做好处置工作。

(三)自然灾害事件的预防

1. 高度重视，加强管理

切实加强对自然灾害事件的领导和管理，将预防自然灾害事件的工作纳入饭店目标管理考核，并定期开展专项检查，发现问题及时提出整改措施。

2. 经常检查，排除隐患

应经常性地对饭店建筑物、地下室、庭院、电线、树木等开展自查，尽早发现问题，及时消除安全隐患。

3. 增加投入，制订预案

饭店应增加投入，切实加固好自然灾害事件易发生的基础设施；并制订防治自然灾害的应急预案，定期对员工开展培训和演练。

4. 发现问题，及时报告

严格执行饭店重大自然灾害事件报告制度。对发生的事件做到按程序逐级报告，并以最快的通讯方式在1小时之内报告有关部门，确保信息畅通；任何部门和个人都不得隐瞒、缓报、谎报。

根据自然灾害事件的发生情况，结合饭店的特点，应启动相应的自然灾害事件的应急预案，作出应急反应和处置；保证组织落实，人力落实，财力落实，以最快、最高效的办法，处置好事件发生情况，确保饭店安全。

三、治安管理

饭店治安管理是指饭店为维护内部公共秩序而进行的一系列管理活动。其目的是保障宾客、饭店及员工的人身和财产安全。在饭店中，人员构成复杂，流动性又大，因此，加强饭店的治安管理极为重要。

1. 制定并落实全饭店、各部门及各要害部位的安全管理制度

饭店安全部组织并实施各项治安管理工作，监督各部门做好安全管理工作，使各部门把具体业务与安全管理结合起来。

2. 配备必要的设施

为防止饭店治安事件的发生，饭店应配备必要的防盗防暴设施，如闭路电视监控系统、电子门锁、贵重物品保险箱等，以有效地维护饭店的内部治安秩序。特别要正确使用监控装置，防止事故发生。

3. 进行法律、法规教育

饭店安全部应经常组织饭店全员性的法律、法规教育，使全体员工既能自觉遵守国家的法规和饭店的各项规章制度，又能及时发现、处理或预防各种治安事故和案件。

4. 加强巡逻检查

安全部门的人员要随时到饭店的各个部位进行巡逻，检查安全措施，查看事故隐患。遇有大型活动，要派便衣巡逻，确保活动的正常进行和重要人员的人身安全。要建立报告制度，对存在于饭店中的事故隐患，要通过各个部门，各个班组的安全员，安全部门的巡逻人员，及时地反映到饭店的高层领导。

5. 加强对宾客的管理

饭店接待各种形形色色的宾客，其中也不排除有违法犯罪分子。因此，饭店应通过各种措施和方法来消除宾客中的不安全因素，如严格执行入住验证登记、访客登记等制度，以保证饭店治安秩序。

6. 做好安全检查，提高安全工作质量

要加强对消防、食品卫生、工程等的安全检查，帮助有关部门贯彻落实安全措施，清除安全事故隐患，全面提高安全工作质量。安全部门要与其他部门加强联系，保持信息畅通，一旦出现事故,及时采取措施予以妥善处理。

7. 其他安全管理工作

(1) 加强饭店要害部位的安全管理,一般要求重点巡查。

(2) 加强对员工,特别是要害部位员工的管理,确保员工素质符合饭店安全管理要求。发现问题,及时调岗或辞退。

(3) 根据上级安排和饭店经营需要,做好重大活动和重要宾客的安全保卫工作,确保万无一失。

(4) 配合公安机关查破饭店发生的各类案件。

(5) 妥善处理各类突发事件,如宾客身亡、醉酒宾客或精神病患者肇事等,维护饭店的正常秩序,保证饭店形象不被破坏。

思考与练习

1. 饭店安全管理有何特点?

2. 饭店安全管理的目的和任务是什么?

3. 饭店安全管理应遵循哪些原则?

4. 饭店安全管理有哪些基本要求?

5. 消防管理的要点是什么?

6. 如何预防自然灾害?

7. 治安管理有哪些要求?

第十二章 饭店人力资源管理

学习目标

◆ 了解饭店人力资源管理的含义、目标与要求。
◆ 掌握员工招收的程序和面试技巧。
◆ 了解员工培训的含义、特点、形式、渠道，掌握员工培训的作用、培训计划、培训需求、培训方法和培训技巧。
◆ 了解编制订员的依据和用人原则，掌握员工激励、薪酬管理、职业生涯管理的要求。

第一节 饭店人力资源管理概述

在饭店管理中，人的管理最为关键。加强饭店的人力资源管理，既可提高饭店服务质量，也可提高员工的工作效率，更可增加饭店的经济效益。因此，做好饭店的人力资源管理工作具有十分重要的意义。

一、饭店人力资源管理的涵义

人力资源管理就是饭店通过各种政策、制度和管理，对人力资源进行合理配置、有效开发和科学管理，从而影响员工的态度、行为和绩效，借以实现饭店目标的管理活动。

在管理过程中，人、财、物是最基本的组成部分，称之为"三要素"。其中，人是主体，起着主导地位的作用。没有人的参与，一切活动谈不上是管理。

二、饭店人力资源管理的目标与要求

1. 建立一支专业化的员工队伍

饭店要正常运转并取得良好的经济效益和社会效益，不仅要有与饭店各个岗位相适应的员工数量，而且这些员工的素质要符合饭店业务经营的需要。任何一家饭店想在竞争中取胜，就必须重视造就一支专业化的员工队伍。简单地说，专业化的员工是指具有饭店意识和良好职业习惯的员工，是不会自发形成的，必须通过管理者有意识的挑选、培养和激励，即进行人力资源开发与管理，并经过一定的时间熏陶和锻炼才能逐渐形成。

2. 形成最佳的员工组合

一支优秀的员工队伍，必须经过科学的配置，才能形成最佳的人员组合，即每个人的行为协调一致，形成合力，共同完成饭店规定的目标。否则，即使员工非常优秀，也未必能够保证取得好的成效。因此，在饭店经营管理活动中，管理者应制订明确的岗位职责，并使每个员工权

责相当,能够各尽所能,形成最大的工作效能,进而形成一个有序、高效的饭店组织。

3．充分调动员工的积极性

人的管理实质上并非管人,而在于得人,谋求人和事的最佳配合。正所谓"天时不如地利,地利不如人和"。因此,饭店人力资源管理的最终目标就是充分调动员工积极性,即"得人"。也就是通过各种有效的激励措施,发挥最佳的群体效应,创造一个良好的人事环境,使员工安心工作,乐于工作,最大限度地发挥员工的积极性和创造性。

第二节　员工招聘

员工招聘是指饭店为了发展的需要,根据人力资源的规划和工作分析的数量与质量要求,采取各种措施吸引人力资源来补充岗位空缺的活动。另外,饭店业的流动率呈上升趋势,能及时补充员工成了人力资源部的一项重要工作内容。员工招聘主要是由招募、选拔、录用、评估等一系列活动构成的。

一、制订招聘计划

人力资源部在招聘前,应掌握本饭店的人力需求状况,并根据工作分析制订相应的招聘计划。招聘计划一般包括以下内容:

(1) 确定工作岗位、人员需求量、岗位要求。

(2) 招聘信息发布时间、方式、范围、时间限制等。

(3) 招聘预算等等。

招聘计划根据职能的划分进行审批,批准后发布招聘信息。

二、确定招聘渠道

人力资源部应根据饭店需要,确定招聘渠道。依招聘渠道的不同,招聘可分为内部招聘和外部招聘。

(一)内部招聘及其优缺点

内部招聘可采用公告或通知的形式"广而告之",饭店内部员工推荐和毛遂自荐。

1．优点

内部招聘的优点主要有:有利于调动与员工的积极性、培养积极进取的精神,促使员工在工作中积极掌握各种技能,努力提高技能水平;有利于增强员工对本饭店的忠诚度;有利于吸收外部人才,为新员工提供广阔的前景;有利于受聘者迅速展开工作。

2．缺点

内部招聘的缺点主要有:可能会出现饭店内部"近亲繁殖"现象;可能会造成员工之间的矛盾。

(二)外部招聘及其优缺点

外部招聘可通过媒体广告、人才市场、专题招聘会、院校、网络、"猎头公司"等渠道。

1．优点

外部招聘的优点主要有:有利于缓解饭店内部竞争者之间的紧张关系;有利于外聘者展开工作;为饭店输入了新鲜血液,带来新的管理思路和方法。

2. 缺点

外部招聘的缺点主要有:外聘者对饭店的了解不深入,饭店对外聘者也缺乏深入的了解;会挫伤饭店内部员工的积极性。

三、选拔阶段

人力资源部一般在招聘启事中规定了应聘的方式,一般以信函报名或约定时间直接初次面试。两种报名形式各有利弊:信函报名虽然节约费用,但只凭信函的内容判断,有失客观,约见报名从人力和物力需要一定费用的支出,但相对客观。

四、面试

通过面试对求职者进行综合测评是选择人才最常见的方法之一,可以使组织者和求职者通过谈话、提问等方式使组织对求职者的性格和智力作出判断,并能评价求职者的主观方面。

构成面试的一些基本条件有:面试目的、面试内容、面试方法、面试考官、面试考生、面试试题、面试时间、面试考场、面试信息、面试评定。在不同的面试活动中,这些条件的表现形式和作用是不同的。合理地配置和使用这些条件,是做好面试工作的基础。

(一)面试常用的方法

1. 个别面试

个别面试指一位面试者与一位求职者之间的对话。这种面试的结果受一定主观性的影响。

2. 小组面试

小组面试指由两个以上人员组成的面试小组对求职者从不同角度分别提问。

3. 情景面试

情景面试指通过对求职者在一系列假设问题情景下的反应情况作出评价。

4. 结构型面试

结构型面试指主考官事先准备好各种针对招聘职位的问题和提问的顺序,按照这一事先设计好的程序对每位求职者进行相同的内容的面试。这种面试优于非结构面试,对求职者均按统一标准考核,对考核结果便于比较、分析,同时也减少了主观性,增加了可靠性和准确性。

5. 非结构型面试

非结构型面试指无固定模式,主考官多会提出开放性的问题,具有很大的灵活性。但这类面试性不利于横向比较,具有一定的主观性。

6. 压力面试

压力面试是指主考官故意制造紧张空气,有意为难求职者,使求职者感到不自在,明显感到压力的一种面试。一般这种面试适合于对高级管理人员进行测试。

(二)面试中提问的技巧

1. 简单提问

简单提问可以缓解求职者的心理压力,使其轻松进入角色。

2. 追问式提问

追问式提问是指在求职者笼统概括问题的时候,主考官为了获取更多的信息而采取的提问方式。例如："为什么你认为自己在这项工作中起到了重要作用?"

3. 选择式提问

选择式提问指主考官要求求职者在多个事物间进行选择。如："你认为什么样的奖励对你最有价值,为什么?"

4. 举例回答的提问

这种方式可以了解求职者的实际解决问题的能力。例如："你在降低员工流动率的问题上,做了哪些具体工作?"

5. 评价式提问

例如："你对某某问题如何看? 应该如何解决?"这类问题一般比较敏感,借以进一步考察求职者的能力。

在面试中,多一些开放式问题,少一些封闭式问题,例如："你认为你能胜任这项工作吗?"求职者只能回答"是的"。此外,涉及个人隐私、宗教信仰或者是可能引起法律纠纷的问题也应回避。

五、录用

综合评定各种考核和测验的结果,严格挑选出符合饭店岗位要求的人员名单。并与入选者商议确定工资、待遇,正式录用。饭店正式录用的标志是:签订劳动合同。

六、评估

招聘评估是为了将以往和现在的招聘工作进行比较,来评价招聘工作的成效。其内容一般包括:成本与效益评估、招聘的数量和质量的评估、选拔方法成效的评估。

第三节　员工培训

一、培训概述

(一)培训的含义与特点

饭店员工培训就是根据不同岗位要求,按照饭店人力资源管理计划,有步骤地向员工灌输正确的政治思想、职业道德和饭店的各种观念与意识,传授有关工作、管理的知识,训练其适应工作要求的各种技能,并增强其相应的管理能力的活动。在饭店中,无论是合格的服务人员还是管理人员,都离不开培训。

饭店职业培训不同于学校教育,其主要目的不是基础知识的充实,而是改善员工的工作态度、丰富员工的业务知识、提高员工的职业能力。因此,饭店职业培训有其自身的特点,这主要体现在以下几方面。

1. 针对性

饭店应根据饭店的工作要求和受训者的需求开展相应的培训活动,要有针对性。其核心是培训内容的实用性、培训方法的灵活性和培训时间的速成性。培训内容不对路,学而无用,不能解决实际问题,所以,培训内容的安排应强调学以致用;培训方法死板,不适应饭店员工的学习,就激不起受训者的兴趣,从而影响培训效果。因此,应根据培训对象、内容、时间等因素灵活运用各种培训方法;培训时间安排应及时、省时和适时,否则就不能适应饭店的工作需要。

2. 实践性

饭店职业培训的对象大多具有较丰富的社会经验和工作经验。他们通常带着工作中遇到的实际问题来接受培训,希望通过培训有所收获和提高,如解决问题、获得新知识、掌握新方法、了解新动态等。因此,要想确保培训效果,就要求培训者具有丰富的饭店实践经验,同时应谦虚谨慎,要多与受训者交流,以其之长补己之短,真正做到教学相长、经验共享。此外,培训教材的选用也应以实用为原则。

3. 层次性

饭店员工存在着职务、年龄结构、知识结构和技术等级等方面的差异,再加上每位员工的经历、经验、背景各不相同,因而其培训需求也不同,所以,饭店职业培训应分层次进行。不同层次的员工,其培训内容、方法、形式、渠道应该有所区别。

4. 持续性

员工在日常工作中灵活运用经过培训所掌握的知识和技能后可提高其工作效率,而同时又会发现新的问题和自己的不足,于是,又会产生新的培训需求,从而去接受新的培训……所以,饭店职业培训具有"培训—工作—再培训—再工作"的运行规律。但这些持续的再培训过程,不只是原来意义上的简单重复,而是人们的一般认识规律,即"实践—认识—再实践—再认识"的循环过程在饭店职业培训上的体现,是一个不断循环上升的过程。员工每接受一次新的培训,就有新的收获,也会有新的提高。

(二)培训的形式与渠道

1. 培训的形式

由于每家饭店和每位员工的具体情况不同,饭店职业培训应采取不同的培训形式。

(1)根据培训性质来分类,有岗前培训、在岗培训、转岗培训、晋升培训、岗位培训、技术等级培训等。

(2)根据培训时间来分类,有长期培训、短期培训、速成培训、全脱产培训、半脱产培训、业余学习等。

(3)根据在职时间来分类,有岗前培训、岗中培训等。

2. 培训的渠道

不同形式的饭店职业培训,其培训渠道也是多样的,主要有以下几种:

(1)参加由政府各部门组织的以获取各类许可证书、资格证书、技术等级证书为目的的培训,如饭店各级管理人员的岗位证书培训等。

(2)饭店自己组织培训。根据经营需要,各饭店通常利用业余时间或营业淡季组织由本饭店专、兼职培训员授课的培训,一般多为专题培训、素质提高培训等。

(3)委托培训机构或其他饭店的培训。各饭店往往会委托一些培训机构进行培训,如浙江大学旅游学院、南京金陵旅馆管理干部学院、上海旅游高等专科学校、浙江旅游培训管理中心等。与此同时,一些新开业的饭店或经改建的老饭店,为使员工尽快熟悉并掌握饭店业务,会选送部分管理者或服务人员去一些知名的饭店实习或培训。

(4)国外培训。饭店业具有国际性的特点,为使受训者了解并掌握饭店业比较发达的国家的先进经验和方法,许多饭店选送员工去国外培训,如浙江省人力资源与社会保障厅、浙江省旅游局于 2011 年选派 19 位浙江省饭店业高端人才赴美国休斯敦大学希尔顿饭店管理学院进行为期三个月的培训。

（5）成人学历教育、专业证书班学习。饭店应鼓励员工参加相关专业的成人学历教育，如给他们报销学费等。

（6）其他渠道。如去国内外其他饭店参观、考察，参加饭店服务技能大赛等。

（三）培训的作用

美国饭店业培训专家Ｌ·Ｃ·小福雷特斯曾经说过："一个不培训的决定，实际上是一个不要效率、不要利润的决定。"因此，饭店应正确认识到职业培训将直接影响饭店的经营成败。具体地说，饭店职业培训的作用主要体现在以下几个方面。

1. 提高服务质量，增强竞争能力

随着竞争的日趋激烈和消费者自我保护意识的增强，宾客对饭店服务质量的要求越来越高。而饭店服务质量的提高有赖于高素质的员工，而培训即可提高员工的素质。

另外，饭店职业培训还可以使员工树立正确的观念与意识，改善服务态度，更新本职工作所需的知识，提高管理与服务能力，从而提高饭店服务质量。而饭店服务质量的提高，可从根本上增加宾客在生理、心理两方面的满意程度，使更多的宾客成为饭店的忠诚消费者。忠诚的宾客不仅给饭店带来直接的经济效益，而且他们会向亲朋好友宣传该饭店的优点，从而带来更多的潜在宾客。几乎没有一个营销计划会比宾客的口头宣传更有效，更有说服力，所以培训无疑会使饭店的竞争能力大大增强。

2. 增加销售，降低损耗，提高经济效益

实践证明，通过培训可强化员工的服务意识，丰富其服务与管理知识，增强其推销能力，从而扩大饭店的销售，为饭店带来更多的收益。另外，通过培训还可使员工更好地了解饭店的服务标准，从而降低损耗，减少事故的发生。根据美国饭店协会对纽约州饭店业的统计，像客房、洗衣场、餐饮部等损耗较大的部门，培训可以减少73％的浪费。在饭店行业的一些研究中还发现，未受过培训的员工所造成的事故数量是受过培训员工的事故数量的三倍。

随着社会的进步和科技的发展，越来越多的新技术、新设备在饭店中普及，如电脑、大型清洁设备等。这就要求运用技术或使用设备的员工必须不断更新知识，才能跟上科技的发展，并适应工作需要，如充分利用新设备的功能、善于进行设施设备的维护保养，以延长设施设备的使用寿命，并全面发挥设施设备的功效，也即降低了饭店的成本费用。

3. 提高工作效率，降低劳动力成本

如果员工业务不熟练，饭店的劳动力成本将大幅度上涨，更可能由于没有达到质量标准而使宾客不满意，导致他们不再光临。因此，没有抓培训的饭店可能是同行中花费最高的。饭店业的供过于求使饭店的增收难度越来越大，饭店迫切需要通过节支以弥补减少了的收入。因此，许多饭店都提出了"减员增效"的口号。但其前提是必须提高所有员工的工作效率。而只有通过培训，才能使员工掌握最优的工作方法和技能，从而大幅度提高工作效率。如客房清扫员在接受精心组织的专业化培训后，其效率可从每天清扫10～12间客房提高到每天12～14间，甚至可以达到16～18间。此外，培训还可增强员工的工作责任心，从而减少旷工和迟到现象，也会激发员工的主人翁精神，降低员工流动率。因此，通过培训可大大降低饭店的劳力成本，也即提高了饭店的经济效益。

4. 培育良好的团队精神

饭店的服务或管理工作不是某一个人或几个人就能做好的，饭店业务的特点之一就是需要良好的团队精神。因此,美国饭店管理界认为饭店管理理论是机器理论,即饭店犹如一台机器,需要各零部件都处于完好状态并配合默契才能使其正常运转,任一零部件的不佳都会使机器不能正常运行甚至瘫痪。而日本饭店管理界则认为饭店管理理论是人体理论,即饭店犹如一个人,需要各组织、器官等的完好无损并互相协调才能健康生活,任一脏器的不佳都会使人生病甚至死亡。这一切都说明饭店业务需要所有人员的精诚合作才能实现其预定目标。而培训,尤其是各部门间的交叉培训可以让员工增进相互之间的了解和理解,并能够设身处地地为其他部门或员工着想,做好配合工作,且能在出现问题时及时弥补其他部门工作的不足,体现出良好的服务意识和团队精神。

5. 利于员工独立工作并参与管理

饭店的很多员工需要独立工作,如客房部的清扫员、对客服务员、餐饮部的送餐员等,这就需要他们具有较强的自觉性和自律能力。另一方面,现代饭店为更好地发挥员工的作用,充分发挥其主人翁精神,而把很多管理职能下放给员工,让员工在不同程度上参与饭店的管理。参与管理要求上司能知人善任,积极与员工沟通协调,并善于授权;也要求下属充分发挥主观能动性,积极探索解决日常工作中所遇问题的方法,并及时向上级提出其合理化建议或意见。而所有这些都必须通过专业化的培训才能实现。

6. 使饭店管理更有效

饭店的有效管理,简单地说,就是要以最小的投入获得最大的社会效益和经济效益。要达到这一点,就必须重视饭店的基础能力建设。按照现代管理学的观点,饭店最基础的能力是员工及其应掌握的知识和能力。而要使饭店的所有员工掌握本职工作岗位和其他岗位所需的最新的知识和能力,就必须对他们进行系统培训。

7. 增强凝聚力,吸引并留住人才

从饭店员工本人的期望来看,相当一部分员工,特别是年轻员工,都希望从事具有挑战性的工作,并在自己的工作中有发展的机会。而要做到这一点,培训是一条重要的途径。培训不但使员工熟练掌握现有工作岗位所需的知识和技能,还使他们了解和掌握本专业或本行业的最新动态,以增强他们在实际工作中的创新能力和补位意识。

通过培训可以激发员工的创新意识,不断的创新既可使工作富于变化,使原来较单调的工作变得有趣而富有挑战性,也会使饭店始终宾客盈门,充满生气和活力,进而使员工对饭店充满信心,产生对饭店的归属感,并增强饭店的凝聚力。而饭店的发展和业务的拓展将需要更多的人才,这就使员工有了更多的晋升机会,也使员工对未来和前途充满希望和自信心,更加安心饭店工作。如萧山宾馆于1991年参股并全权管理之江度假村,为萧山宾馆的一些员工提供了晋升机会。事实证明,现代饭店的员工,高工资不再是吸引或留住他们的唯一或最重要的标准,为其提供有吸引力的培训则变得越来越重要了。

我国饭店业长期以来一直面临着缺乏合格求职者以及劳动效率低下、人员流动频繁等问题。饭店职业培训虽然不能从根本解决上述问题,但确信无疑的是:通过培训能大大改善上述情况。因此,饭店应转变对培训的一些不良观念,充分认识培训将带给饭店的巨大收益,从而增加培训投入,并自觉、自动地将培训融入日常经营管理之中。

(四)饭店在培训观念上存在的误区

饭店对职业培训存在观念上的误区,主要有以下几方面。

1. 培训无用

部分饭店认为饭店职业培训无用,在实践中摸索或以师带徒更能解决问题。这种想法主要是由于培训机构的现有培训效果不尽如人意造成的,这也说明许多饭店还停留在传统的经验管理上。

2. 培训麻烦

许多饭店因为下述问题而觉得培训很麻烦:员工抵制不肯学,但只有在培训工作搞得很差或当受训者感到窘迫、受到嘲讽时,这种情况才有可能发生;饭店自己没有好教师,其关键是饭店没有建立自己的兼职培训员制度或对兼职培训员的要求缺乏了解和认识所致;缺少适用的培训资料而无处着手,实际上,饭店的员工手册、规章制度、工作程序、运转表单以及饭店中大量遇到的案例等都是绝好的培训资料。因此,现有的问题不是缺乏培训资料,而是缺少愿意去利用许多现存资料的人。

3. 培训很容易

部分饭店认为培训就是教会员工怎么做,也有部分管理者感到自己工作经验丰富,随便培训一下就能使员工上岗。但这类培训往往不能令人满意。因为有效的培训不仅要让员工知其然,更应让员工知其所以然,是需要经过精心组织和准备才能达到预期效果的。

4. 与己无关

大量的饭店业务部门错误地认为培训不是自己的职能,而是人力资源部(人事培训部、督导培训部、培训部)的事情,因而逃避培训责任。但饭店职业培训是一项涉及面广、内容复杂、任务艰巨的系统工作。人力资源部确实应对饭店职业培训工作负责,组织、实施培训是其职责之一,但它通常只负责新员工的入店教育、外语等非专业性内容的培训,具体的业务知识和能力培训则应由相关业务部门自行负责。人力资源部与业务部门在饭店职业培训方面应有明确的分工,但为保证培训工作的顺利进行,并取得预期的培训效果,还需要彼此之间的通力协作。另外,员工信从他们的培训者,培训者和受训者之间的这种凝聚力有利于今后工作的开展。

5. 有经验的员工无须培训

许多饭店以招用有经验的员工为主,因此错误地认为没有必要对他们进行培训了。实际上,每家饭店都有基本相同之处,但更有其特殊之处。因此,必须通过培训来统一所有员工的工作程序和标准。而且,并非所有的经验都是好经验,极有可能的是这些有经验的员工已经在其他饭店养成不良的工作习惯。

6. 管理者无须培训

较多的饭店片面地认为从基层晋升上来的管理者已经知道有关工作的所有的一切,因此无须培训。但实际上,饭店业的发展变化很快,宾客的需求也在随时变化,饭店管理过程中会不断出现新问题、新内容和新方法,这些管理者若拘泥于原有的知识和经验,不求创新,不拓展自己的知识面,必然难以适应饭店业激烈竞争的需要。

7. 经过培训的员工难管理

许多饭店认为经过培训的员工或是被竞争对手挖走而造成员工流动增加,或是对饭店提出加工资、晋升等要求,上述的种种情况确实发生过,但只要培训得当并加以监督和激励,应该是可以避免的。从另一个角度讲,这实际上反映了某些饭店管理者的不良心态:追求任期内的眼前利益而忽视饭店的长期利益。

8. 没时间培训

一些饭店,特别是新开业的饭店因为宾客盈门而认为没有时间培训,也有的饭店认为培训是例外工作,而非日常工作。但是饭店不能因业务繁忙而忽略许多现存问题,如服务质量下降、协作精神缺乏等。而对一些新饭店而言,大量宾客光临是其好奇、求新心理所致,如有更新的饭店开业,它们必将失去客源。因此,当饭店在最值得花时间和精力的领域中因缺乏时间而没有采取相应的措施时,他们就丧失了管理的本质。饭店必须认识到:人力资源的开发与饭店中任何其他方面的管理同等重要。

二、培训原则

1. 整体培训原则

饭店从总经理至保洁工都是受训者,全员也是培训者。

2. 差异培训原则

接受能力不同的人选择不同的培训方式,培训内容因人而异,做到需要什么培训什么。

3. 随时培训原则

在工作中发现问题及时纠正,培训做到随时随地。

4. 创新培训原则

培训内容不是一成不变的,需要不断吸收新的理念,培训新的技能。

三、培训需求

培训是一个过程,培训工作具有系统性的特点。任何一项培训活动都必须事先确定培训计划。而培训需求分析是制订培训计划的基础。未经科学的调研、分析而进行的培训必将是盲目而无效的。

(一)培训需求的涵义

培训需求是指饭店员工的态度、知识、能力等未达到饭店对其要求的工作水平和行为标准而产生的要求培训的愿望。一般说来,培训需求可用公式表示为:培训需求＝应有工作表现－实际工作表现。但应注意的是必须明确区分到底是哪些员工存在培训需求。如经调查发现前厅问讯员对宾客的询问不能快速准确地回答,或是餐厅服务员对菜单上所供菜肴不熟悉而不能向宾客很好地推荐等问题时,说明饭店的服务人员存在培训需求,应通过培训来解决"从不懂到懂,从知之不多到知之较多"的问题。但当发现有的员工知道怎么做,由于缺乏动力而不愿做的问题时,则说明管理人员存在培训需求,应通过培训使管理人员掌握激励等管理方法并加强管理以解决员工懂而不做的问题。因此,在进行培训需求调查后应予以仔细地分析,从而了解真正的培训需求。

(二)培训需求的调查

对培训需求的了解与否直接影响到培训内容的针对性和培训效果的好坏。因此,饭店应通过调查的方式了解、掌握并分析受训者的培训需求。

1. 调查表

饭店通过设计有关调查表,让受训者填写后进行汇总、分析,即可对受训者的培训需求有所掌握,利于在培训中有针对性地解决受训者提出的问题。

2. 实地调查

饭店培训教师可以通过座谈、深入基层等方式对饭店的实际情况有更多的了解,从而了解受训者的真实培训需求,使培训的内容更适合饭店的实际情况,培训效果也会更好。

3. 检查

饭店应检查服务人员在工作中表现出来的态度、知识、能力等与饭店应达到的服务质量标准是否相符;同时还应检查管理者的管理目标完成率。当发现存在较大差距或不能胜任时,就应分析原因,以确定他们在哪些方面存在培训需求。

4. 宾客意见及宾客投诉分析

饭店应根据宾客意见及宾客投诉的分析记录来判断饭店目前的服务质量水平,当发现宾客满意程度下降时,就需分析这种状况是由什么原因造成的,以确定哪些员工存在培训需求。如是员工的知识和能力方面有问题,即说明服务人员存在培训需求;如是员工的态度有问题,则说明管理人员存在培训需求。

5. 员工流动率

过高的员工流动率势必会造成饭店服务质量的不稳定。饭店应密切关注各级员工的流动情况,当发现员工流动较大、新员工较多时,应尽快组织相应的培训,以提高这些员工适应工作的能力,从而确保饭店的服务质量水平。

6. 量、本、利的变化分析

在发现饭店的营业收入降低、成本费用上升或利润下降时,饭店应迅速分析原因,如是由于员工的服务意识、推销能力等因素造成的,则应设法通过相应的专题培训予以解决。

7. 其他

当发生下述情况时,也说明存在着培训需求:新招员工,员工转岗、晋升,员工之间、员工与上司之间失和,部门内及部门之间不协调,工作失误多、意外事故频生等等。

寻求培训需求的方法是多变的,切忌只使用以上介绍的某一种方法。在不同情况下要使用不同的方法,最好把这些方法综合使用。

四、培训计划

(一)制订培训计划的依据和原则

1. 制订培训计划的依据

(1)饭店经营总目标。经营是企业一切工作的核心,是各项工作的龙头,企业一切工作的开展都应紧密配合这一中心工作。员工培训当然也不例外。

(2)员工的素质状况。员工是实施培训的主要对象。通过培训需求分析,找出企业发展对人力资源素质的要求与员工队伍现有素质之间的差距,为制订培训计划确立起点。

(3)现有的培训资源。现有的培训资源包括饭店人力、物力、财力、时间和场地五个方面。在考虑以上这些因素时,一定要兼顾培训需求与培训可能,以可能为基础。

(4)上级单位的要求。劳动、消防、旅游等行政部门对饭店有关岗位的人员持证上岗有明确要求,因此,在制订培训计划时,要充分考虑这些因素。

2. 制订培训计划的原则

(1)需要原则。要从实际需要出发,充分考虑企业的生产经营和发展需要,充分考虑企业对员工素质的要求。

（2）可行原则。要考虑培训计划的可操作性：工学矛盾能否克服，经费能否保障，领导是否重视，学员的学习热情等。这些都是研制培训计划时要充分考虑的因素。

（3）协作原则。饭店培训涉及饭店各部门的全体员工，为此，在制订培训计划时，应与有关部门进行沟通和协商。只有调动起员工的培训积极性，发挥部门的作用，才能保证培训计划的实施。

（4）效益原则。培训也要注意效益，考虑投入产出。要充分认识培训是一种直接的人力资源投资。

（5）不断完善原则。现实情况总会不断发生变化。因此，必须把培训计划的制订看成一个动态的过程，在实施中不断总结、完善和调整。

(二)制订培训计划的步骤

饭店培训计划的制订过程一般可划分为以下三个阶段。

1. 需求分析阶段

需求分析是培训部门分析培训需求，了解培训可能性的过程。

2. 要素确定阶段

（1）培训目标。培训目标具体指通过学习实现预先设定的期望或学员经过富有成效的学习后所应具有的特征。受训者所需达到的工作要求、完成工作要求所需的素质与技能、受训者应达到的合格成绩标准，这三方面是构成培训目标不可缺少的。

（2）指导思想。用什么理念指导培训工作，这对培训计划的实施非常重要。

（3）培训对象。谁需要参加培训、培训的重点是什么，这在培训计划中要有明确的规定。

（4）培训项目。在一年、一月中需要做哪些类型的培训，培训计划要有安排。

（5）培训方式。培训方式很多，按照不同的培训目的。可划分为岗位资格培训、晋升培训、提高培训等；按照被培训者是否在岗，可分为岗位培训和脱产培训两种；按培训内容是否系统，可分为专题性培训和系统性培训。培训项目不同，培训方式也要有所差异。

（6）经费预算。培训经费应纳入饭店的总预算中。

（7）培训管理。通过何种手段、采取什么措施才能达到培训目标，这就是培训管理问题。

3. 汇总成文阶段

根据确定的各培训要素的情况，制订出切实可行的培训计划。

五、培训内容

以入职培训为例，培训内容主要有以下内容。

1. 组织机构

通过组织机构培训可使员工明确自己在组织中的位置和上下左右之间的关系，明白自己该向谁负责，谁又对自己负责，同时也清楚地知道与谁进行沟通协调。

2. 岗位职责

培训应使员工牢记本岗位工作职责，明确自己的工作内容。

3. 工作程序

熟练掌握并运用工作必需的各种程序可使员工明确如何完成自己的工作内容。

4. 管理表单

培训应使员工明确在工作中应该如何填写、传递和处理各种与本岗位工作相关的表单。

5. 管理制度

学习以员工手册为主的管理制度可使员工明确自己能干什么、不能干什么。

六、培训方法

饭店培训的方法多种多样,需根据培训的目的与需求、培训内容与教材、受训者层次与水平、训练时间、场地与人数等的因素考虑而选用。

(一)在职培训的方法

1. 针对管理人员的培训方法

(1) 工作轮换。让员工在相类似或稍高水平的工作岗位分别工作一段时间,通过实际做某项工作来学会做这项工作。

(2) "助理"方式。"助理"方式是培训和开发本饭店未来高层管理人员的重要途径,同时也是一种对员工的提升方法。饭店让有潜力的员工在一段时间内担任某职务的助理,让其对这一职务有更多的了解,同时也帮助他增加工作经验与培养胜任这一职务的能力。

(3) "初级董事会"。初级董事会是指通过将管理人员受训者组成一个初级董事会,并让他们对整个饭店的政策如组织结构、经营管理、部门之间的冲突等提出建议,将这些建议提交给正式的董会。

(4) 指导法。受训者直接与他(她)将要取代的人一起工作,而这个人就负责对受训者进行辅导。受训者不承担一定的经营责任,这样便为受训者提供了学习工作的机会。采取这种方法,可保证现任管理人员因退休、提升、调动、辞职等原因离开现在的工作岗位而出现岗位空缺时,饭店能有训练有素的人员顶上,也有助于饭店保证管理人员的长期开发。

2. 针对员工的培训方法

(1) 师徒制。由一经验丰富的师傅带一名或几名新员工。

(2) 员工发展会议。在这类会上,讨论每个员工的工作特点及其应如何提高员工的工作绩效。

(3) 指导法。饭店新员工上岗一般都会有某种陌生与局促感。要让新员工感到自己就是饭店的一员,一个较好的办法就是给予个别指导,给新员工以专人指导,使之逐渐适应新的环境。专门指导者负责向新员工详细介绍饭店的各种设施;告诉其更衣室、员工餐厅、布草房的位置,及其各种员工设施的使用及注意事项等;将其他同事介绍给新员工等。

(4) 操作示范法。一般由技术能手担任培训员,在现场向受训员工简单地讲授操作理论与技术规范,然后进行标准化的操作和表演,学员则反复模仿实习,经过一段时间的训练,使操作逐渐熟练直至符合规范程序与要求,达到运用自如的程度。

(二)脱岗培训的方法

1. 短期课堂学习

其针对性强,内容安排紧凑,受训者能在短时间内获得大量的信息。

2. 学历教育培训

饭店鼓励员工参加成人高考及夜大进修课程,专业涉及饭店管理及外语学习。

3. 饭店外各类会议

饭店外各类会议,如年会、研讨会、行业会议、技术标准会等。

(三)课堂培训的方法

1. 讲授法

讲授法属于传统的培训方法,主要通过培训者讲授知识,受训者记忆知识,中间穿插一些提问。

2. 视听技术法

通过现代视听技术如电影、闭路电视、录像、多媒体技术等,对员工进行培训。

3. 案例研讨法

案例研讨法是指为受训人员提供有关一个饭店问题的书面描述,让其自己去分析这个案例,诊断案例问题所在,在与其他受训者一起讨论时提出自己的研究结果和解决问题的一种方法。

4. 角色扮演法

角色扮演法又称情景模拟法,即设计一系列尖锐的人际矛盾和人际冲突,要求受训者扮演某一角色,利用情景模拟进入该角色去处理各种问题和矛盾,看受训者是否符合角色的身份和素质要求,使他们真正体验到所扮角色的感受与行为,以发现和改进自己的工作态度和行为表现,从而提高积极地面对现实和解决问题的能力。

5. 敏感训练法

敏感训练法亦称互动学习法,是一种在培训教师指导下的改善关系小组"实验室"中公开表达情感,提高参加者对自己行为以及他人行为洞察力的方法。让学员以在培训活动中的亲身体验来提高他们处理人际关系的能力。

6. 游戏法

游戏法是指受训者在一些商业竞争规则的情景下收集信息并将其进行分析,做出决策的过程。受训者在游戏中所做的决策类型涉及饭店各方面的管理活动,如市场营销、新产品开发、财务预算等。

七、培训技巧

(一)培训准备

1. 了解听课者

(1) 他们是谁?

(2) 多少人?

(3) 对该课题他们已经了解些什么?

(3) 他们的期望是什么?

(4) 他们的兴趣是什么?

(5) 他们的心态是什么?

(6) 他们的学习风格是什么?

2. 明确培训目标

培训的目标应该达到以下标准:

(1) 具体又可行。

(2) 可以测评。

(3) 能够做到。

(4) 注重结果。

(5) 有时限。

(6) 能接受。

(7) 灵活性。

3. 了解培训方法和教材

培训者应该了解使用哪些培训方法和培训教材才能实现培训目标。应注意以下几方面内容：

(1) 给受训者参与的机会。

(2) 使用直观教具,如电视机(录像机)、录音机、电影机、幻灯机、讲台、活页架、示意板、黑板、银幕、电影胶片、幻灯片、投影片、活页图纸、录像(音)带、图表、示意图、操作流程图等。

(3) 检查变动情况及时间安排。

4. 场地准备

培训场地准备包括以下内容：

(1) 教学双方的位置。

(2) 采光照明。

(3) 湿度、通风设备。

(4) 音响设备。

(5) 直观教具、笔具。

(6) 讲师用材料。

(7) 学员用材料。

(8) 茶杯和饮料。

(9) 钟。

(10) 安全检查,等。

5. 自我准备

(1) 排练,检查时间安排是否恰当,必要时作修改。

(2) 检查教学器材(尤其是讲义等教学资料和仪器)。

(3) 检查自己外表。

(4) 检查自己的声音。

(5) 检查自己的呼吸。

(二)培训过程中的介绍技巧

在具体的培训过程中,介绍至关重要,可归纳为下属五大要素(INTRO)。

1. 兴趣(interest)

吸引学员的注意力和兴趣。

2. 需要(need)

向学员阐明培训对他们的重要性。

3．名称(title)

告诉学员培训课程的名称。

4．范围(range)

简介课程的大致要求和延续时间。

5．目标(objective)

阐明期望学员在怎样的情况下于课程结束时所达到的课程目标。

(三)培训过程中的交流技巧

1．声音

(1) 音量。

(2) 吐字。

(3) 连贯性。

(4) 语音速度。

(5) 抑扬。

(6) 发音。

2．形体语言

(1) 姿势。

(2) 眼神。

(3) 面部表情。

(4) 位置移动。

(5) 手势。

(6) 举止。

(7) 形象。

(四)培训过程中提问技巧

1．提问的目的

(1) 探测学员的能力。

(2) 保证培训的进度适合学员的水准。

(3) 调动学员参与和维持学员的兴趣。

(4) 引导学员主动思考,自己得出合理的答案。

(5) 检查、确定学员是否理解了你的指导。

2．提问技巧

(1) 避免导致学员仅回答"是"或"不是"的问题。如果学员这样简单回答,就问他(她)"为什么?"。

(2) 不要给学员猜测的机会。

(3) 问题不要含糊,不要导致综合复杂的回答。

(4) 问题要简明扼要,字句清晰。

(5) 事先准备好要提的问题。

3．处理学员回答的技巧

(1) 回答正确:予以肯定和赞扬,在基础上进一步提问。

（2）回答错误：有可能学员没理解问题，换一种方式提问如学员仍不明白，让其他人或小组回答。

（3）回答部分正确：赞扬回答正确的部分，对答错部分换种词句提问，必要时予以提示。

（4）没有回答：检查学员是否理解问题，予以提示，换种方式提问。

（5）应始终给学员提问的机会，你可能对某些问题不知道答案，告诉学员你将寻找答案，并确实去做。

（6）准备充分多的提问以回顾并检查学员是否掌握了这次培训课程的要点。

八、培训效果评估

首先应根据培训目标确定对培训效果进行评估的内容，如：思想观念有无转变，业务知识有无增长，操作技能有无提高，工作态度有无改善等等。然后收集有关培训效果的各种信息，如：培训时的笔试、口试、操作考试等各种考核成绩，问卷或口头调查情况，实地对员工工作的观察以及管理者对员工的考评等。最后，对照评估内容和培训目标，根据所收集的各种培训效果信息，客观地评价饭店的培训效果，并总结经验，提出不足，作为下一次培训的需求和参照，以提高培训质量。

第四节 人力资源利用

饭店人力资源的利用，就是对员工科学地进行排列和组合，使之趋于合理，形成合力，发挥出群体的最佳效应，同时使每个人各尽所能。

一、编制定员

饭店的编制定员，是根据饭店的经营方向、规模、档次、业务情况、组织机构、员工政治思想和业务素质等，本着节约用人、提高效率的宗旨，在建立岗位责任制的基础上，确定必须配备的各类人员的数量。

（一）编制定员的依据

编制定员主要有以下依据。

（1）设施设备利用率。

（2）工作标准。

（3）组织形式。

（4）劳动效率。

（5）建筑结构。

（6）机械化程度。

（7）法定工作时间。

（二）编制定员的方法

1. 岗位定员法

按工作岗位确定员工数量，如部门文员。

2. 设备定员法

按设备运行的特点和要求配备员工，如配电房。

3. 比例定员法

按设施与员工的比例来确定员工数量,如 20 个餐位配备一名餐厅服务员。

4. 效率定员法

按劳动效率来确定员工数量,如一位客房清扫员每天清扫 15 间客房。

二、科学用人

为使饭店有限的人力资源发挥尽可能大的作用,管理者在人力资源的使用中应掌握以下原则。

1. 用人所长

在饭店管理中,一切要素都是有用的。但就某一个要素(包括人或事)来看,在某种条件下或某一方面可能发挥不了作用,但在另一条件或另一方面可能发挥的作用就很大。古人云,"骏马能历险,力田不如牛;驾车能载重,渡河不如舟",说的就是这个道理。因此,管理者在选拔任用人才时,应该坚持"无一人不可用"的原则,尽可能避其所短,扬其所长。

2. 按能授职

按能授职即管理者经过综合考察,根据每个人的才能,把他放在与之相适应的岗位、职位上,使工作的职位与人的能力相匹配,实现在其位、谋其政、尽其责、得其利、获其荣。这样才能充分发挥每个人的才能和积极性。

3. 公平竞争

在饭店业竞争日趋激烈的情况下,管理者在招收一些职位时,可以采取公平竞争的方式,从内部提升员工。通过员工之间的公平竞争,可以激发其工作热情,促使其主动地开拓新领域和解决新问题,也使新的人才脱颖而出。

4. 不拘一格

用人应该有"格",即基本的德与才要具备,但不拘泥于传统的不合时宜的条条框框。当遇到具有真才实学的员工时,甚至可以破格提升,不考虑诸如个人经历、工作年限、学历等条件,不论资排辈。以求为饭店选出真正适合的人才。

5. 结构优化

饭店管理者在进行员工配置时,应注意知识结构、专业结构、智能结构、年龄结构、性格结构等的互补与合理组合,形成最大合力,尽量避免各种内耗。

6. 动态管理

动态管理就是在人员调配和流动的动态中使用和管理好人力资源,充分发挥个人的积极性创造性,最终达到吸引人才、培养人才,并留住人才的目的,消除压制人才,闲置人才和用非所长等不合理现象。

三、薪资管理

薪酬管理是人力资源管理的核心之一,是饭店增强竞争力、吸收人才和留住人才,从而有利于改善饭店整体绩效的重要手段。

(一)薪酬种类

薪酬包括货币性薪酬和非货币性薪酬。

1. 货币性薪酬

货币性薪酬包括直接的货币薪酬和间接的货币薪酬。

(1) 直接货币薪酬,主要有岗位薪酬、绩效薪酬、红利、股权、津贴等。

(2) 间接货币性薪酬,主要有各种保险、补助、带薪休假、优惠等。

2. 非货币性薪酬

非货币性薪酬主要是指工作本身的挑战性、趣味性,是否有利于员工的个人发展、成长,使员工有自我实现的成就感以及饭店内部的工作环境、管理制度和饭店的社会声誉、发展前景等。

(二)薪酬制度

在制定薪酬制度的时候应考虑到制度的公平合理性和具有的激励作用。制定薪资制度主要有以下几个步骤。

1. 做好薪资调查

了解当地其他同档次饭店业同岗位的薪资水平、其他行业相似工作岗位的薪资水平等。

2. 确定薪资政策

薪资政策作为饭店激励手段之一,力求公平合理,同岗同酬,兼顾新老员工的薪资水平。

3. 确定薪资结构

在确定薪酬结构的薪率和薪幅时,饭店决策层既要考虑职位结构,又要将技能因素考虑进去。

薪资管理不是一成不变的,在相对稳定的前提下,根据饭店内外环境信息的变化对部分政策作适时调整,使饭店的薪资水平更具有吸引力和竞争力。

四、员工激励

激励(motivation),从字面上理解就是激发、奖励或鼓励,即激励是指激发人的动机,使人产生内在的动力,并朝着一定的目标行动的心理活动过程,也就是调动人的积极性的过程。

(一)员工激励的原则

1. 以人为本的原则

对饭店满意的员工在服务中,会处处让客人满意,因此管理者应尊重员工,尊重员工的兴趣爱好,尊重员工的劳动,使员工由被动激励转化为自我主动激励。

2. 目标激励原则

在饭店目标实现过程中,使饭店目标和员工个人目标结合起来,员工的个人能力和潜能得到发挥,体现了尊重员工的个人价值,达到二者双赢的积极作用。

3. 物质和精神相结合的激励原则

根据马斯洛需求层次理论,饭店管理者应掌握员工各个阶段内心最需要什么,避免在激励时不分层次,不分时期,都单纯地给予物质激励或精神激励,形式单一,造成激励效应递减。

4. 公平合理原则

饭店管理者在实施激励的时候,应掌握好激励的尺度,过大或过小都会影响激励力;同时也要避免轮流坐庄搞平衡的激励措施。

5. 正负激励相结合的激励原则

饭店的奖惩措施就是对符合饭店目标的行为进行奖励,惩罚或削弱不符合饭店目标的行为。相对而言,前者是积极行为,后者是消极的,饭店管理者在运用此激励措施时,坚持以正激励为主、负激励为辅。

6. 激励的时效性原则

对饭店提倡或禁止的行为,管理者适时做出反应,并针对行为采取适当的措施。超前或滞后的激励,有失效果。

(二)激励方式

饭店在激励员工工作积极性过程中所采用的方式主要有以下几种。

1. 需要激励

需要激励是饭店中应用最普遍的一种激励方式。其理论基础是前面所提到的美国心理学家马斯洛的需要层次理论。饭店管理者要按照每一个员工对不同层次需求的状况,选用适当的动力因素来进行激励。如对追求物质需求的员工,可强调富有竞争力的工资、工作期间的休息、工作餐和制服等;对追求安全和保险需求的员工,可强调工作安全、健康保险、工作保障和退休金计划等;对追求归属需求的员工,可多组织团体活动,经常与他们进行沟通;对追求自尊的员工,可对其工作成绩及时给予表扬和关注,给予一定的物质或精神奖励;对追求自我实现的员工,可授予其责任和权力,安排挑战性的工作,让其获得成就与荣誉感。在当前物质条件还没有达到十分充足的情况下,物质激励还是很有效的,但要注意把物质奖励和职工的工作成绩、工作表现以及努力程度结合起来,而不能搞平均主义,否则会使物质奖励失去应有的激励作用。

2. 目标激励

目标激励是指饭店管理者通过确立一定的目标,使员工在达成目标的过程中发挥自己的潜力,并实现自己的个人目标。如果饭店目标与员工个人的目标方向一致,员工必然为达到饭店目标而努力工作。因为饭店目标的完成,意味着个人也达到了目标。因此在确定目标时,管理者应注意所设定目标的难度与期望值,目标过高或过低都会降低员工的积极性。

3. 情感激励

人对事物的认识和行动都是在情感的影响下而完成的,情感激励是针对人的行为最直接的激励方式。情感激励的正效应可以使员工自觉地努力工作,而负效应则会大大地影响员工的工作情绪。情感激励的关键是管理者必须用自己的真诚打动员工。

4. 信任激励

管理者充分信任员工并对员工抱有较高的期望,员工就会充满信心,并产生强烈的荣誉感、责任感和事业心。这样的员工愿意承担工作,更愿意承担工作责任,同时也愿意在自己工作和职责的范围内处理问题。因此,管理者应对其明确工作的责、权、利,即使将各项工作的标准定得稍高一些,他们通常也会尽最大努力去设法达到要求。同时,他们希望在完成任务时能遵循规定的程序和标准,而不希望管理者过多地干涉他们的工作。否则会认为是上级对自己不信任,从而影响其工作积极性。

5. 榜样激励

榜样激励就是通过满足员工模仿和学习的需要,引导员工行为向组织目标所期望的方向发展。榜样是实实在在的个人或集体,来自于员工之中,因而显得生动鲜明,比说教式的教育更具有说服力和号召力,也容易引起员工感情上的共鸣,激起其摹仿和追赶的愿望。这种愿望就是榜样所激发出来的力量。另一方面,饭店管理者的行为本身就具有榜样作用,对员工产生着一种巨大的影响力,管理者的工作态度、工作方法、性格好恶甚至言谈举止都会给下属以潜移默化的影响,因此,管理者应注意树立自身的良好形象,成为有效激励员工的榜样。

6. 惩罚激励

惩罚激励是对员工的某种不符合饭店要求的行为予以否定和惩罚,使之减弱、消退,来达到激励员工的目的,即负强化。饭店管理者在运用惩罚激励方式时,必须明确批评和惩罚仅仅是一种手段,而不是目的。饭店管理者应恰如其分地利用批评、惩罚等手段,使员工产生一种内疚心理,并消除消极因素,把消极因素转化为积极因素。而不应给员工的心理造成太大的压力,使危机感超过了安全感。危机感过大,会造成员工的逆反心理,出现短期行为,不利于饭店的管理工作。因此,批评和惩罚要有度。

五、员工绩效管理

员工绩效管理就是企业根据自身的发展目标和经营目标,对员工的工作业绩以及其发展潜力的评价和奖惩。它是一个系统,有一定的周期性。

员工绩效管理涉及员工的工作结果以及工作影响结果的员工行为和素质,因此员工绩效考评是员工绩效管理的有效手段。

(一)绩效考评的原则

1. 绩效考评的公开性和透明性

饭店制定出来的考核标准及对员工的要求应明文规定,并广而告之,使员工充分理解考核的内容、步骤及目标;实施考评时透明度要高。

2. 绩效考评的公正性

考核时,考核人对被考核人的要求是一致的、客观的,杜绝主观臆断。

3. 考评结果及时反馈性

考评结束后,及时反馈考评结果,让员工及时了解自己在本考核期内的业绩是否符合饭店要求,积极的内容坚持下来,不足的地方及时加以改进和纠正;与考评结果相联系的各项奖惩措施,及时付诸实施。

4. 绩效考评的制度性

绩效考评管理从内容、考核时间、考核周期明文规定下来,形成制度,从而利于员工的发展、饭店的有效管理。

(二)绩效考核的步骤

1. 确定考核的目标

饭店根据对每个岗位和层级的不同要求,确定考核内容,设计考核方法。

2. 确定考核责任者

饭店根据考核方案,确定不同的考核责任者。一般来说,是直接上级对下属的考核,也可以加入自我评价和同级之间的互评。

3. 评价业绩

在考核公正的原则下,对被考评人打分,并对结论进行分析。

4. 公布考评结果

考评结果与本人见面,考评人和被考评人进行有效沟通。最后将绩效考评结果备案。

在绩效考评时,应掌握考核内容的正确性,实施过程中的可行性和可操作性。

(三)员工能力评估

这里以饭店对主管、领班的能力评估为例来介绍员工能力评估,主要从以下方面进行。

1. 分析与计划能力

(1)能够理解和领悟饭店的定位与战略计划。

(2)拥有对工作环境、任务进行分析的能力。

(3)根据饭店的整体目标和计划,制订班组的工作目标和计划。

2. 有效执行

(1)能够较好把握部门/班组的工作重心。

(2)及时、有效完成上级的任务和计划的目标。

(3)确保班组的制度/标准/流程得到有效的贯彻。

3. 创建团队文化

(1)建立同事之间、不同部门之间的良好的协作关系。

(2)争取下属的服从和支持。

(3)有效组织班组的培训和学习。

4. 对业务精益求精

(1)职务技术方面的佼佼者。

(2)对部门的经营管理观念/制度/流程/标准有良好的把握。

(3)对财务/市场/人力资源管理的持续学习和领悟能力。

5. 关注总收入/成本

(1)积极开展销售工作,创造增加营业收入的机会。

(2)有效控制成本,节能降耗。

6. 坚持以人为本

(1)积极培养人才,指导下属提高工作业绩与职务能力。

(2)关心/帮助员工,与员工保持经常的/双向的/积极的沟通。

六、员工职业生涯管理

员工职业生涯管理是指饭店根据发展战略的要求对员工的个人目标进行引导和管理,使每个员工的个人发展和饭店发展结合在一起。

饭店各级管理者应提高自身对员工职业生涯管理的认识,了解员工个人发展的需求,正确引导员工的发展方向,关心不同员工不同阶段的不同愿望,并创造条件帮助员工实现需求,以增强他们的成就感和自信心,从而提高了他们对饭店的忠诚度,关注饭店的发展。

饭店管理者在员工职业生涯管理上,可采取轮岗培训、职业生涯个别咨询和职业设计研讨会等方式,从而关注员工的发展。

思考与练习

1. 饭店人力资源管理的含义是什么？

2. 饭店人力资源管理有哪些目标和要求？

3. 面试中有哪些技巧？

4. 员工培训应遵循哪些原则？

5. 如何了解培训需求？

6. 培训方法有哪几种？

7. 如何进行培训准备？

8. 培训过程中有哪些介绍技巧？

9. 培训过程中有哪些提问技巧？

10. 人力资源的利用有哪些原则？

11. 制定薪酬制度有何步骤？

12. 如何激励员工？

13. 绩效考核的步骤有哪些？

14. 什么是员工职业生涯管理？

第十三章 饭店服务质量管理

◆ 了解服务质量的含义和特点,掌握服务质量的构成内容。
◆ 掌握服务质量管理方法。

第一节 饭店服务质量概述

随着旅游业的发展,饭店业的规模急剧扩张,从而使饭店之间的竞争日趋激烈。饭店之间的竞争,其实质是服务质量的竞争,因为饭店服务质量的高低直接影响饭店的声誉,也即关系到一家饭店对宾客吸引力。因此,饭店服务质量是饭店的生命线,不断提高饭店服务质量,以质量求效益是每一家饭店发展的必经之路,也是每一位饭店管理者必须重视的管理要点。

一、饭店服务质量的涵义

1. 服务的概念

服务是一方能够向另一方提供的任何一项活动或利益,它本质上是无形的,并且不产生对任何东西的所有权问题,它的生产可能与实际产品有关,也可能无关。租用饭店的客房,去餐厅用餐,跟团旅游,去景区游玩,在银行存款,乘飞机旅行,理发,看电影……所有这些内容,均涉及购买一项服务。

2. 质量的含义

国际标准化组织(ISO)对质量的解释是反映产品或服务满足明确和隐含需要的能力的特性总和。

3. 服务质量的含义

饭店服务质量是指饭店凭借设施设备为宾客所提供的服务在使用价值上适合和满足宾客物质和心理需要的程度。简单地说,饭店服务质量即是宾客享受服务后得到的感受。其感受好坏即体现了一家饭店的服务质量的优劣。

4. 饭店品质的含义

品质主要指定型的科学技术内在信息状态,作为企业要素的人力、人才、产品、服务等,都必须借助科学技术手段,不断地提升其内在的科技内涵,进行必要的信息化披露,准备接受质量标准的衡量和评测。具体而言,产品品质是指产品所具备的一种或几种为达到客户满意所具备的固有特性。从管理角度而言,品质是通过管理而形成的稳定的产品或服务质量。

因此,饭店服务质量的管理实际上是对饭店所提供服务的使用价值的管理。饭店所提供服务的使用价值适合和满足宾客需要的程度高低即体现了饭店服务质量的优劣。适合和满足宾客的程度越高,服务质量就越好,反之,服务质量就差。

饭店向宾客提供的服务通常是由饭店的设施设备、实物产品、劳务服务的使用价值共同组成。从整体来说,饭店所提供的服务带有无形性的特点,但局部上具体的服务又带有物质性和有形性的特点,因此,饭店服务质量实际上包括有形产品质量和无形产品质量两个方面。饭店服务的质量比一般实物产品的质量要复杂且更难把握。

二、饭店服务质量的构成

饭店向宾客提供的服务通常是由饭店的设施设备、实物产品、劳务服务的使用价值共同组成。从整体来说,饭店所提供的服务带有无形性的特点,但局部上具体的服务又带有物质性和有形性的特点,因此,饭店服务质量实际上包括有形产品质量和无形产品质量两个方面。饭店服务的质量比一般实物产品的质量要复杂且更难把握。

(一)设施设备的质量

饭店是凭借其设施设备来为客人提供服务的,所以,饭店的设施设备是饭店赖以存在的基础,是饭店劳务服务的依托,反映出一家饭店的接待能力。因此,设施设备质量是饭店服务质量高低的决定性因素之一。

饭店设施设备质量的要求主要有以下几方面。

1. 结构合理

饭店设施设备的设计与布局应从方便宾客使用的角度来进行。饭店不能仅仅考虑设施设备的拥有量,更应考虑其实用性。

2. 舒适美观

设施设备的舒适美观程度的高低一方面取决于设施设备的配置,另一方面取决于其维修保养程度。因此,随时保持设施设备完好率,保证各种设施设备正常运转,充分发挥设施设备效能,是饭店设施设备管理的要点。

3. 操作简单

设施设备的操作应简单,如较为复杂,应以明确的方式告知宾客其具体使用方法,以免宾客不恰当的使用导致设备的损坏。

4. 性能良好

凡是提供给宾客使用的设施设备均需完好无损,否则会带来安全上的问题。

饭店只有保证设施设备的质量,才能为客人提供多方面的感觉舒适的服务,进而提高饭店的声誉和服务质量。

(二)实物产品质量

实物产品可直接满足饭店宾客的物质消费需要,其质量高低是影响宾客满意程度的一个要素。饭店的实物产品质量通常包括以下几方面。

1. 菜点酒水质量

餐饮产品质量在宾客的心目中占有的重要位置,因此,必须引起高度重视。其要求为:

(1)原料选用准确。原料质量直接影响菜肴的成品质量,因此,在选择原料时,应充分考虑其适用性。

（2）加工烹制精细。加工烹制是菜肴质量的关键。饭店管理者应关注菜点加工烹制的每一环节，以确保菜点质量。

（3）产品风味适口。菜点、酒水质量的好坏以宾客感觉是否适口来评价。

（4）餐饮价格适中。餐饮价格是宾客消费时关注的焦点，也是饭店竞争力的体现。

另外，饭店还必须保证饮食产品的安全卫生。

菜点酒水质量是饭店实物产品质量的重要构成内容之一。

2. 客用品质量

客用品也是饭店实物产品的一个组成部分，它是指饭店直接供宾客消费的各种生活用品，包括一次性消耗品（如牙具、牙签等）和多次性消耗品（如棉织品、餐酒具等）。客用品质量应与饭店星级相适应，避免提供劣质客用品，如一梳齿就断的一次性梳子，一穿就破的一次性拖鞋，一刷满口牙刷毛的一次性牙刷，都会给客人留下极其恶劣的印象。饭店提供的客用品数量应充裕，能够满足客人需求，而且供应要及时。另外，饭店客用品的品种还应切实满足宾客的需要，而不仅仅是摆设，如某些三星级饭店也提供纸质指甲锉、棉签等，即为多余，而客用品品种过多势必增加饭店成本，最终必会损害到客人利益，影响服务质量，所以客用品配备应适度，以能够满足本饭店客源需求为佳。最后，饭店还必须保证所提供客用品的安全与卫生。

3. 商品质量

为满足宾客购物需要，饭店通常都设有商场部，商场部商品质量的优劣直接影响饭店服务质量。饭店商品质量应做到：

（1）花色品种齐全。商品的花色品种应符合本饭店目标市场客源的购物偏好。

（2）商品结构适当。商品的结构应以其是否适销对路来决定。

（3）商品陈列美观。商品的陈列应有艺术性，不能只是简单的罗列，而应给人以美感，并刺激宾客的购物欲望。

（4）商品价格合理。商品价格的高低是宾客是否愿意在饭店商场购物的一个关键因素，因此，饭店必须合理定价。

另外，饭店必须注重信誉，坚决杜绝假冒伪劣商品，而且饭店所供商品应符合宾客的购物偏好。

4. 服务用品质量

服务用品质量是指饭店在提供服务过程中供服务人员使用的各种用品，如客房部的清洁剂，餐饮部的托盘等。它是提高劳动效率、满足宾客需要的前提，也是提供优质服务的必要条件。服务用品质量要求品种齐全、数量充裕、性能优良、使用方便、安全卫生等。管理者对此也应加以重视，否则，饭店也难以为宾客提供令其满意的服务。

（三）服务环境质量

常常会出现这种情况，你对一家饭店的印象特别好，但却说不出为什么，这种良好的印象只是一种感觉，实际上，这种感觉常常是因为受到该饭店服务环境的影响。

饭店服务环境质量就是指饭店的服务气氛给宾客带来感觉上的享受感和心理上的满足感。它主要包括独具特色、符合饭店等级的饭店建筑和装潢，布局合理且便于到达的饭店服务设施和服务场所，充满情趣并富于特色的装饰风格，以及洁净无尘、温度适宜的饭店环境和仪表仪容端庄大方的饭店员工。所有这些构成饭店所特有的环境氛围。它在满足宾客物质方面需求的同时，又可满足其精神享受的需要。

(四)劳务服务质量

劳务服务质量主要满足宾客心理上、精神上的需求。如餐厅服务员有针对性地为客人介绍其喜爱的菜肴和饮料，前厅问讯员圆满地回答客人关于饭店内各种服务项目信息的询问，都会使客人感到愉快和满意。

劳务服务质量也是饭店服务质量的主要内容之一，它主要包括以下几个方面。

1. 礼节礼貌

礼节礼貌是以一定的形式通过信息传输向对方表示尊重、谦虚、欢迎、友好等态度的一种方式，礼节偏重于仪式，礼貌偏重于语言行动。它表明了饭店对宾客的基本态度和意愿。饭店礼节礼貌主要要求服务人员具有端庄的仪表仪容，文雅的语言谈吐，得体的行为举止，良好的服务意识等。

2. 职业道德

饭店服务过程中，许多服务是否到位实际上取决于员工的良心和责任感，因此遵守职业道德也是饭店服务质量的最基本构成之一，它无可避免地影响着饭店的服务质量。作为饭店员工，应遵循"热情友好、真诚公道，信誉第一、文明礼貌，不卑不亢、一视同仁，团结协作、顾全大局，遵纪守法、廉洁奉公，钻研业务、提高技能"的旅游职业道德规范，真正做到敬业、乐业和勤业。

3. 服务态度

服务态度是指饭店服务人员在对客服务中所体现出来的主观意向和心理状态，其好坏是由员工的主动性、创造性、积极性、责任感和素质高低决定的，因而饭店要求服务人员应具有"宾客至上"的服务意识并能够主动、热情、耐心、周到地为宾客提供服务。饭店员工服务态度的好坏是很多宾客关注的焦点，尤其当出现问题之时，服务态度常常成为解决问题的关键，宾客可以原谅饭店的许多过错，但往往不能忍受饭店服务人员恶劣的服务态度，因此，服务态度是劳务服务质量的关键所在，直接影响饭店服务质量，应引起管理者的高度重视。

4. 服务技能

服务技能是饭店提高服务质量的技术保证，是指饭店服务人员在不同场合、不同时间，对不同宾客提供服务时，能适应具体情况而灵活恰当地运用其操作方法和作业技能以取得最佳的服务效果，从而所显现出的技巧和能力。服务技能的高低取决于服务人员的专业知识和操作技术，要求其掌握丰富的专业知识，具备娴熟的操作技术，并能根据具体情况灵活应变地运用，从而达到具有艺术性、给客人以美感的服务效果。只有掌握好服务技能，才能使饭店服务达到标准，保证饭店服务质量。

5. 服务效率

饭店服务效率大致可分三类：

(1) 用工时定额来表示的固定服务效率，如清扫一间走客房用 30 分钟，夜床服务 5 分钟，宴会摆台用 5 分钟等。

(2) 用时限来表示服务效率，如总台入住登记每位宾客不超过 3 分钟，办理结账离店手续不超过 3 分钟，租借物品服务要求服务人员 5 分钟内送至客人房间，接听电话不超过三声等。

(3) 有时间概念，但没有明确的时限规定，是靠宾客的感觉来衡量的服务效率，如餐厅点菜后多长时间上菜,代购物品何时完成等,这类服务效率问题在饭店中大量存在着,若使客人等候时间过长,很容易让客人产生烦躁心理,并会引起不安定感,进而直接影响着客人对饭店的印象和对服务质量的评价。

但服务效率并非仅指快速,而是强调适时服务,即应根据宾客的实际需要灵活掌握,要求在宾客最需要某项服务的前夕即时提供。

(五)安全卫生质量

1. 确保宾客安全

饭店安全状况是宾客外出旅游时考虑的首要问题,因此,饭店必须保障宾客的安全。

(1)人身安全。饭店应确保宾客的人身不受任何伤害。

(2)财物安全。饭店应确保宾客的财物没有任何损失。

(3)心理安全。饭店应营造出一种能令宾客有从容不迫之感的气氛,主要体现为环境气氛、服务人员得体的服务等。

2. 搞好卫生管理

饭店清洁卫生主要包括:

(1)环境卫生。

(2)食品卫生。

(3)用品卫生。

(4)个人卫生。

(5)操作卫生。

饭店清洁卫生直接影响宾客身心健康,是优质服务的基本要求,所以也必须加强管理。

三、饭店服务质量的特点

饭店服务所需要的人与人、面对面,随时随地提供服务的特点以及饭店服务质量特殊的构成内容使其质量内涵与其他企业有着极大的差异。为了更好地实施对饭店服务质量的管理,管理者必须正确认识与掌握饭店服务质量的特点。

(一)饭店服务质量构成的综合性

饭店服务质量的构成内容既包括有形的设施设备质量、服务环境质量、实物产品质量,又包括无形的劳务服务质量等多种因素,且每一因素又有许多具体内容构成,贯穿于饭店服务的全过程。其中,设施设备、实物产品是饭店服务质量的基础,服务环境、劳务服务是表现形式,而宾客满意程度则是所有服务质量优劣的最终体现。它既涵盖了衣食住行等人们日常生活的基本内容,也包括办公、通讯、娱乐、休闲等更高层面的活动,因此,人们常用"一个独立的小社会"来说明饭店服务质量的构成所具有的极强的综合性。

饭店服务质量构成的综合性的特点要求饭店管理者树立系统的观念,把饭店服务质量管理作为一项系统工程来抓,多方搜集饭店服务质量信息,分析影响质量的各种因素,特别是可控因素,既要抓好有形产品的质量,又要抓好无形服务的质量,不仅做好自己的本职工作,还要顾及饭店其他部门或其他服务环节,更好地督导员工严格遵守各种服务或操作规程,从而提高饭店的整体服务质量。正如人们平时所说的"木桶理论",一只由长短不一的木条拼装而成的木桶,它的盛水量,取决于最短的那根木条的长度。由此饭店服务质量应该有自己的强项和特色,但不能有明显的弱项和不足,否则就要影响服务质量的整体水平。

(二)饭店服务质量评价的主观性

尽管饭店自身的服务质量水平基本上是一个客观的存在,但由于饭店服务质量的评价是由宾客享受服务后根据其物质和心理满足程度进行的,因而带有很强的个人主观性。宾客的满足程度越高,他对服务质量的评价也就越高,反之亦然。饭店管理者不能无视客人对饭店服务质量的评价,否则,将失去客源,失去生存的基础。饭店也没有理由要求客人必须对饭店服务质量作出与客观实际相一致的评价,实际上是无法办到的,更不应指责客人对饭店服务质量的评价存在偏见,尽管有时确是一种偏见。相反,这就要求饭店在服务过程中通过细心观察,了解并掌握宾客的物质和心理需要,不断改善对客服务,为客人提供有针对性的个性化服务,并注重服务中的每一个细节,重视每次服务的效果,用符合客人需要的服务本身来提高宾客的满意程度,从而提高并保持饭店服务质量。正如一些饭店管理者所说,"我们无法改变客人,那么就根据客人需求改变自己"。

(三)饭店服务质量显现的短暂性

饭店服务质量是由一次一次的内容不同的具体服务组成的,而每一次具体服务的使用价值均只有短暂的显现时间,即使用价值的一次性,如微笑问好、介绍菜点等。这类具体服务不能储存,一结束,就失去了其使用价值,留下的也只是宾客的感受而非实物。因此,饭店服务质量的显现是短暂的,不像实物产品那样可以返工、返修或退换,如要进行服务后调整,也只能是另一次的具体服务。也就是说,即使宾客对某一服务感到非常满意,评价较高,并不能保证下一次服务也能获得好评。因此,饭店管理者应督导员工做好每一次服务工作,争取使每一次服务都能让宾客感到非常满意,从而提高饭店整体服务质量。

(四)饭店服务质量内容的关联性

客人对饭店服务质量的印象,是通过他进入饭店直至他离开饭店的全过程而形成的。在此过程中,客人得到是各部门员工提供一次一次具体的服务活动,但这些具体的服务活动不是孤立的,而是有着密切的关联,因为在连锁式的服务过程中,只要有一个环节的服务质量有问题,就会破坏客人对饭店的整体印象,进而影响其对整个饭店服务质量的评价。因此,在饭店服务质量管理中有一流行公式:$100-1<0$,即 100 次服务中只要有 1 次服务不能令宾客满意,宾客就会全盘否定以前的 99 次优质服务,还会影响饭店的声誉。这就要求饭店各部门、各服务过程、各服务环节之间协作配合,并做好充分的服务准备,确保每项服务的优质、高效,确保饭店服务全过程和全方位的"零缺点"。

(五)饭店服务质量对员工素质的依赖性

饭店产品生产、销售、消费同时性的特点决定了饭店服务质量与饭店员工的表现的直接关联性。饭店服务质量是在有形产品的基础上通过员工的劳务服务创造并表现出来的。这种创造和表现能满足宾客需要的程度取决于服务人员的素质高低和管理者的管理水平高低。所以,饭店服务质量对员工素质有较强的依赖性。因为饭店服务质量的优劣在很大程度上取决于员工的表现,而这种表现又很容易受到员工个人素质和情绪的影响,具有很大的不稳定性。所以要求饭店管理者应合理配备、培训、激励员工,努力提高他们的素质,发挥他们的服务主动性、积极性和创造性,同时提高自身素质及管理能力,从而创造出满意的员工,而满意的员工是满意的客人的基础,是不断地提高饭店服务质量的前提。

(六)饭店服务质量的情感性

饭店服务质量还取决于宾客与饭店之间的关系。关系融洽,宾客就比较容易谅解饭店的难处和过错,而关系不和谐,则很容易致使客人的小题大做或借题发挥。因此,饭店与宾客间关系的融洽程度直接影响着客人对饭店服务质量的评价,这就是饭店服务质量的情感性特点。

事实上,无论饭店如何努力,饭店服务质量问题还是会出现在饭店的任何时间和空间。所不同的是存在的问题数量和层次,这是一个无可回避的客观现实。作为饭店管理者所应做的是积极地采取妥当的措施,将出现的服务质量问题对客人的影响降至最小,避免矛盾的扩大化,其中最为有效的办法,就是通过真诚为客人考虑的服务赢得客人,在日常工作中与客人建立起良好和谐的关系,使客人最终能够谅解饭店的一些无意的失误。

第二节 饭店服务质量管理方法

服务质量管理就是饭店管理者以最低的成本,预防服务质量问题的发生,如果发生了服务质量问题则要迅速采取纠正措施和预防再次发生类似问题的措施。

饭店要更好地进行服务质量管理,首先须制定饭店服务规程;其次要建立饭店服务质量管理保证体系;第三,采取有效的服务质量管理方法;最后,做好服务质量控制工作。

一、制定饭店服务规程

在饭店服务质量管理过程中,通常是通过对服务标准和规程的制定和实施,以及各种管理原则和方法的运用,达到服务质量标准化、服务形式规范化、服务过程程序化,最终以优质服务赢得客人。饭店服务规程是饭店进行质量管理的依据和基础,是饭店根据各自的等级而制定出的适合本饭店实际情况的管理制度和作业标准。

(一)饭店服务规程的定义

饭店服务规程是指以描述性语言对饭店某一特定的服务过程所包含的作业内容和顺序及该服务过程应达到的某种规格和标准所做的详细而具体的规定。简单地说,它是指某一特定服务过程的规范化程序和标准,包含四个方面内容:

(1)服务规程的对象和范围。

(2)服务规程的内容和程序。

(3)服务的规格和标准。

(4)服务规程的衔接和系统性。

(二)饭店服务规程的制定依据

饭店服务规程直接影响着饭店服务质量的优劣,所以必须建立在科学合理的基础上,能够真正符合宾客的需要。由此,制定饭店服务规程必须考虑以下因素。

1.《旅游饭店星级的划分及评定》(GB/T14308—2010)

星级评定标准是各星级饭店制定饭店服务规程的基础,它提出了饭店服务基本原则和基本要求,并规定了星级饭店的服务质量保证体系,即具备适应本饭店运行的、有效的整套管理制度和作业标准。

2. 客源市场需求

饭店服务规程的制定应以宾客需求为依据,应能够适应本饭店特定客源市场的要求。因此,饭店在制定规程前,必须对市场需求进行详细的调查和分析,寻找客人真正需要的服务和对服务的要求,使所制定的饭店服务规程真正成为饭店服务质量的保证。

3. 本饭店的特点

饭店服务规程的制定还要结合本饭店特点,如客源特点、饭店组织的特点、业务特点、员工素质特点以及周围环境特点等,扬长避短,最终要能够突出本饭店的特色。

4. 国内外饭店管理的最新信息

饭店应了解国内外饭店管理的最新信息,制定饭店服务规程时,要在力所能及的范围内,结合国内外饭店业的现状和趋势,力求使规程更加合理和符合客人的需求,且具有一定的时代感。

(三)饭店服务规程的制定方法

饭店服务规程的制定有两种方法:一种是由集体讨论,一人执笔编制成文;另一种是由一人或数人编出规程草案交相关人员讨论定稿。不管采用哪种形式,饭店服务规程的制定过程如下。

1. 提出目标和要求

由饭店决策层管理人员根据饭店等级并经深入的分析研究后,提出本饭店服务规程应达到的目标和具体要求,并将其布置落实到饭店每一相关部门。

2. 编制服务规程草案

各部门管理者召集下属主管、领班和资深服务人员讨论确定本部门的所有服务内容和服务过程,并制定出每一服务过程的规程草案。

3. 修改服务规程草案

首先,应将草案交该服务过程所在班组的全体员工进行讨论,修改其中之不合理、不可行、不必要或不符合标准和要求的部分,使其更趋可操作性。

其次,将规程草案在小范围内试行,在实践中进行修改,删除不现实的部分,补充应做的内容,使其更具可行性。

最后,将规程草案交饭店决策层审定。

4. 完善服务规程

饭店应随时调整服务规程,并定期修订,使之更趋于适用和完美。

二、建立饭店服务质量管理体系

饭店服务质量与各个部门的工作质量以及服务过程中的每一环节的服务质量紧密地联系在一起,因此,优质服务要求饭店内每位员工树立质量意识,关注宾客的需求,并努力提高各自的工作质量,以给宾客带来满足感。饭店服务质量管理体系正是饭店为提高其服务质量而建立的,由质量管理各要素组成的一个管理系统。其主要内容包括以下几方面。

(一)建立服务质量管理机构

饭店应建立以总经理为首的服务质量管理机构和网络,全面负责饭店的服务质量管理工作。饭店各级管理者在总经理的直接领导下,根据本部门工作的实际情况,组建以各级管理者为首的服务质量管理小组,全面控制本部门或班组的服务质量。

(二)进行责权分工

在饭店服务质量管理过程中,应明确规定饭店总经理、质管部、各业务部门和职能部门、各班组及岗位员工服务质量的应尽责任和权限,做到责、权统一。

(三)制定并实施饭店服务规程和服务质量管理制度

制定和实施饭店服务规程是提高饭店服务质量的关键,也是饭店服务质量管理体系的中心内容。服务质量管理制度的内容主要有:服务质量标准及其实施工作程序、服务质量检查制度、信息管理制度、投诉处理程序以及服务质量考核(奖惩)制度等。

(四)重视质量信息管理

服务质量信息是饭店进行服务质量决策的基础与前提;是计划、组织服务质量管理活动的依据,更是质量控制的有效工具,因而也是饭店服务质量管理体系的组成部分。所以饭店管理者必须高度重视质量信息的管理。

三、服务质量管理方法

只有采取有效的服务质量管理方法,才能真正提高饭店服务质量,为宾客提供令其满意的服务,使饭店取得良好的经济效益。目前,饭店中通常采用的服务质量管理方法主要有以下几种。

(一)饭店全面质量管理

全面质量管理(total quality control,简称 TQC)起源于本世纪 60 年代的美国,首先在工业企业中应用,后又推广到服务性行业,取得了良好的效果。它是把经营管理、专业技术、数据统计和思想教育结合起来,形成从市场调查、产品设计、制造直至使用服务的一个完整的质量体系,使企业质量管理进一步科学化、标准化。日本在推行全面质量管理中取得了卓越的成果,并使之又有了很大发展。我国在 1978 年引入目标管理的同时引入了全面质量管理的方法,并开始在工业企业中推行,后又将其引入商业、饭店业等服务性行业,现已在各行业得到广泛的应用,并取得了一定成效。

1. 饭店全面质量管理的涵义

饭店全面质量管理是指饭店为保证和提高服务质量,组织饭店全体员工共同参与,综合运用现代管理科学,控制影响服务质量的全过程和各因素,全面满足宾客需求的系统管理活动。它要求以系统观念为出发点,通过提供全过程的优质服务,达到提高饭店服务质量的目的。

2. 饭店全面质量管理的特点

饭店全面质量管理的特点可归纳为以下四个方面:

(1) 全方位的管理。如前所述,饭店服务质量不仅包括有形产品质量,还包括无形产品质量;既有前台服务质量,又有后台工作质量。所以,饭店服务质量包括饭店工作的各个方面。全面质量管理就是针对饭店服务质量全面性的特点,对所有服务质量的内容进行管理,即全方位的管理,而不是只关注局部的质量管理。

(2) 全过程的管理。因为饭店服务质量构成内容的全面性,且饭店服务质量是以服务效果为最终评价的,所以,影响服务质量的因素是全方位的,既有服务前的组织准备,又有服务中的对客服务,还有服务后的善后处理,而这三者又是一个不可分割的完整的过程。而饭店服务质量管理正是对此全过程的管理,形成了全面质量管理有别于传统管理的两个观念:其一是侧重预防为主,防患于未然,服务质量管理的重点从"事后把关"转变为更重事先预防,事实上,饭店服务出现问题,其事后的弥补是非常困难的;其二是要求饭店内部树立"如果你不直接为客人服务,那么,你就应为为客人服务的人服务"的观念,即强调工作的下一个环节就是你的客人,就是你服务的对象,你必须负责让其满意。最终使得饭店服务过程中的每一个环节都符合饭店质量管理的要求,即全过程管理。

(3)全员参与的管理。饭店服务基本上是通过员工的手工劳动来完成的,因此,饭店中的每位员工及其工作都与服务质量密切相关。而且饭店所提供的优质服务也不仅仅是前台人员努力的结果,同时也需要后台员工的配合才有保障。所以,全面质量管理要求全体员工都参加质量管理工作,并把每位员工的工作有机地结合起来,从而保证饭店的服务质量。所以说,饭店服务质量管理是全员性的管理。

(4)方法多种多样的管理。饭店服务质量的构成丰富,且影响质量的因素复杂,既有人的因素,又有物的因素;既有客观因素,又有社会、心理因素;既有内部因素,又有外部因素。要全面系统地控制这些因素,就必须针对具体情况采取灵活不同的管理方法,才能使宾客全面满意。因此,全面质量管理要求饭店管理者能够灵活运用各种现代管理方法,从而提高服务质量。

综上所述,全面质量管理是饭店以宾客需求为依据,以宾客满意为标准,以全过程管理为核心,以全员参与为保证,以科学方法为手段,运用全面质量的思想和观念推行的服务质量管理,它是达到饭店预期的服务质量效果的一种有效的管理方法。

(二)PDCA 管理循环

PDCA 即计划(plan)、实施(do)、检查(check)、处理(action)的英文简称。PDCA 管理循环是指按计划、实施、检查、处理这四个阶段进行管理工作,并循环不止地进行下去的一种科学管理方法。PDCA 循环转动的过程,就是质量管理活动开展和提高的过程。

PDCA 管理循环的工作程序分以下四个阶段。

1. 计划阶段(P)

PDCA 管理循环的计划阶段内容包括:分析服务质量现状,用圆形图找出存在的质量问题;进而用因果图分析产生质量问题的原因;然后找出影响质量问题的主要原因;最后,提出解决质量问题的质量管理计划,即应达到的目标及实现目标的措施方法。

2. 实施阶段(D)

实施阶段即饭店管理者组织有关部门或班组以及员工具体地实施质量管理计划所规定的目标。

3. 检查阶段(C)

饭店管理者应认真、仔细地检查计划的实施效果,并与计划目标进行对比分析,看是否存在质量差异,是正偏差还是负偏差。

4. 处理阶段(A)

处理阶段即总结成功的管理经验,使之标准化,或编入服务规程,或形成管理制度加以推广应用。同时,吸取失败的教训,提出本轮 PDCA 循环悬而未决的问题,自动转入下一循环的第一步,并开始新一轮的 PDCA 管理循环。

PDCA 管理循环的四个阶段缺一不可。只计划而没有实施,计划就是一纸空文;有计划,也有实施,但没有检查,就无法得知实施的结果与计划是否存在差距和有多大差距;若计划、实施、检查俱全,但没有处理,则不但已取得的成果不能巩固,失败的教训不能吸取,而且发生的问题还会再次重复,如此,服务质量就难以提高。因此,只有 PDCA 四个阶段都完成且不断地循环下去,才会使饭店服务质量问题越来越少,即饭店服务质量不断提高,最终趋向于零缺点。

(三)巡视管理

1．巡视管理的目的

(1) 检查准备工作,预防质量问题发生。

(2) 监督对客服务质量标准的执行。

(3) 指导和激励下属。

(4) 及时消除质量问题隐患并处理投诉。

2．巡视管理的范围

(1) 质检人员:全饭店所有服务现场。

(2) 基层管理者:自己管辖的服务现场。

(3) 中层管理者:本部门的所有服务现场。

(4) 高层管理者:全饭店所有服务现场。

3．巡视管理的要求

(1) 随时听取宾客的意见和要求,并给予反馈。

(2) 注意听取员工的意见和建议,并给予反馈。

(3) 指出并纠正员工不符合质量要求的行为。

四、服务质量控制

饭店质量管理的目的是为了有效地控制饭店服务质量,确保质量标准。一般来说,服务质量的控制主要是以下三方面的内容。

1．事前质量控制

随着全面质量管理和零缺点管理的推广,事前质量控制日益受到饭店管理者的重视。事前质量控制要求饭店根据服务质量管理标准,贯彻"预防为主"的方针,做好有形产品和无形劳务两大方面的充分准备,以确保在宾客到来之前有备无患。

2．事中质量控制

服务过程质量控制是根据饭店服务质量管理体系的要求,通过各级管理者的现场巡视管理和严格执行服务规程,确保宾客满意程度的提高。

3．事后质量控制

事后质量控制应根据饭店服务质量信息,即服务质量管理的结果,对照饭店服务质量标准,找出质量差异及其产生的原因,提出有效的改进措施,避免过错的再次出现,确保饭店服务质量管理工作的良性循环。

尽管饭店服务质量管理难度较大,但只要各方重视,方法得当,措施得力,坚持不懈,就一定能达到饭店服务质量管理的目标和要求。

思考与练习

1.什么是服务? 饭店服务质量有什么含义?

2.饭店服务质量的构成内容有哪些?

3.饭店服务质量管理有何特点?

4.如何制定服务规程?

5. 建立饭店服务质量管理体系有哪些内容？

6. 全面质量管理有何含义？

7. PDCA 管理循环的要求是什么？

8. 巡视管理的目的是什么？有何要求？

9. 服务质量控制有哪些内容？

图书在版编目(CIP)数据

饭店管理概论/沈建龙主编. —西安:西安交通大学出版社,2012.9(2017.8重印)
ISBN 978-7-5605-4525-7

Ⅰ.①饭…　Ⅱ.①沈…　Ⅲ.①饭店-企业管理-高等职业教育-教材
Ⅳ.①F719.2

中国版本图书馆 CIP 数据核字(2012)第 198629 号

书　　名	饭店管理概论	
主　　编	沈建龙	
责任编辑	袁　娟	

出版发行	西安交通大学出版社	
	(西安市兴庆南路 10 号　邮政编码 710049)	
网　　址	http://www.xjtupress.com	
电　　话	(029)82668357　82667874(发行中心)	
	(029)82668315(总编办)	
传　　真	(029)82668280	
印　　刷	虎彩印艺股份有限公司	

开　　本	787mm×1092mm　1/16　　**印张** 14.125　　**字数** 339 千字	
版次印次	2012 年 9 月第 1 版　　2017 年 8 月第 2 次印刷	
书　　号	ISBN 978-7-5605-4525-7	
定　　价	34.00 元	